Hannover

Die Landeshauptstadt

EDITION TEMMEN REISEFÜHRER

Hannover

Die Landeshauptstadt

von Bernd F. Gruschwitz

Edition Temmen

Land und Leute

Willkommen in Hannover! 7
Stadtplanung, Verkehr und Architektur 10
Dialekt und Hochsprache 14
Ein Hauch von Who's who 18
Großstadtsymphonie … hier spielt die Musik 31
Stätten der letzten Ruhe 35

Geschichte

Eine kleine Geschichte der Stadt 41
- Vorzeit und Antike 41
- Mittelalter 42
- Von der Reformation bis zur Französischen Revolution 45
- Das letzte Jahrhundert adeliger Herrschaft.................................. 52
- Von der Weimarer zur Bonner und Berliner Republik.................... 55

Geschichtliche Ereignisse im Überblick 60

Unterwegs

1. Rundtour: Vom Hauptbahnhof zum Neuen Rathaus 67
- Rund um den Opernplatz.............. 70
- Am Aegi.. 74

2. Rundtour: Vom Neuen Rathaus zum Hauptbahnhof 80
- An einer Leine ohne Wasserkunst .. 83
- Die neue Altstadt 85
- Zum Kreuzkirchenviertel................ 91
- Architektur und Kunst am Steintor .. 94

Unterwegs in der Calenberger Neustadt 96
- Eine Rundtour von der Reformierten Kirche durch die Rote Reihe und zurück zum Waterlooplatz............ 96
- Kleine Tour entlang der Skulpturenmeile.......................... 102

Unterwegs in Linden.................... 104
- Einstieg an der Ihme-Brücke 106
- Zu Hanomag und auf den Lindener Berg............................ 107
- Ins Zentrum von Linden-Mitte....... 109
- Die Limmerstraße und mehr 112

Unterwegs in ausgewählten Stadtteilen ... 114
- In der Nordstadt ... 114
- In der Oststadt ... 115
- In der List ... 116
- Im Stadtteil Zoo ... 118
- In der Bult ... 119
- In der Südstadt ... 119

Unterwegs in den Stadtoasen ... 121
- Rund um den Maschsee ... 121
- Der Stadtwald Eilenriede ... 132
- Die Herrenhäuser Gärten ... 139

Ausflüge

Messestadt Hannover ... 151

Unterwegs in der Umgebung ... 163
- Rund um das Steinhuder Meer ... 163
- Wie reizvoll, über den Deister zu gehen ... 169
- Weltkulturerbe in Hildesheim ... 171

Von A bis Z

Von A bis Z ... 177

Register ... 197

Impressum ... 204

Auf einen Blick

Infos und Tipps für Hannover und Umgebung

Hannover-Sammelsurium ... 9

Haltestellen als Hingucker ... 11

Lüttje Lage ... 24

Die Welfen ... 29

Spielstätten und Musikclubs ... 34

Ein Exportschlager und frühe Kaptalisten ... 46

Die Göttinger Sieben ... 53

Leichenteile in der Leine ... 56

Hodler und der »Genfer Protest« ... 78

Hannover 96 ... 130

Schützen in der Stadt ... 132

Land und Leute

Willkommen in Hannover
Stadtplanung, Verkehr und Architektur
Dialekt und Hochsprache
Ein Hauch von Who's who
Großstadtsymphonie ... hier spielt die Musik
Stätten der letzten Ruhe

Willkommen in Hannover!

Freuen Sie sich auf eine besondere und wunderbare Stadt. In ihr lassen sich Freizeit und Beruf, Kür und Pflicht auf das Angenehmste vereinbaren. Das schafft ein Klima, das auch den aufgeschlossenen Besucher anspricht und einbezieht. Hannover ist eine entspannte Großstadt im Grünen wie keine andere in Deutschland. Darüber hinaus gehört sie als weltweit ausstrahlende Industrie- und Messestadt, als überregionales Handels- und Einkaufszentrum und als vielseitige, bunte Universitätsstadt zugleich zu den mondänsten der Republik. Die Metropole an der Leine ist nach dem Zweiten Weltkrieg wie Phönix aus der Asche wiedererstanden: moderner, glanzvoller und angenehm weltoffen. Die tonangebende Hauptstadt Niedersachsens ist das blühende kulturelle Zentrum einer ganzen Region. Als klingende Stadt der Musik ist Hannover eine echte Fest- und Feieroase, die gern im Rest der Republik – wie jeder Besucher schnell erkennt – sehr zu Unrecht unterschätzt wird.

Bereiten Sie sich darauf vor, einem großen Spektrum an liebenswerten Facetten zu begegnen. Es reicht vom netten Plausch mit Bekannten und Unbekannten, von der erlebnisreichen Fahrradtour mit erfrischendem Bad in einem der Seen bis zum urbanen Bummel durch eine pulsierend elegante Georgstraße, von einem bewegenden Besuch in der Staatsoper bis zu einem musikalisch untermalten Feuerwerksspektakel der feineren Art in den Herrenhäuser Gärten.

Das Feuerwerk einer Stadt

Ruf und Realität der Stadt

»Große Stadt, mit kühlen Wimpern.«

Karl Krolow

Im Titel eines Bildbandes wird Hannover als schönste Stadt der Welt bezeichnet. Diese Behauptung ist in den verbreiteten Meinungen über die Stadt eher selten und erinnert etwas an die emphatische Schwärmerei eines Verliebten, der seiner Partnerin vermitteln will, dass sie für ihn die einzig Begehrens- und Verehrenswerte ist. So wie eine schöne Frau bei aller inneren Genugtuung einen solchen Spruch einzuordnen weiß, so weiß man auch in Hannover, dass es eines solchen Superlativs gar nicht bedarf, denn man ist gerne in der Stadt und wohl auch kein bisschen unfroh darüber, wenn die Kirche im Dorf gelassen wird. Mehr als Reaktion auf Anwürfe von außen als aus eigenem Bedürfnis konzediert man der Stadt allenfalls, mit einer gewissen, kaum erkennbaren, möglichen, unspezifischen Langeweile behaftet zu sein, aber man fühle sich dabei ganz wohl. Denn so kann man seinen Alltag gut bewältigen, sein Ding machen und die übrige Welt die Münder zerreißen lassen. So ist es auch zu erklären, dass ein berufsmäßiger geistiger Provokateur wie Harald Schmidt gleich mehrmals in seinen Sendungen mit einer hämischen Freude auf ein fiktives Hannover eindreschen zu müssen glaubte, weil kaum jemand außer denen, die die Stadt nicht kennen, sich angesprochen fühlte. Sein dezenter Hinweis, Hannover sei zwar nicht der Arsch der Welt, aber man könne ihn von dort aus sehen, konnte in der Stadt niemanden so richtig erschüttern, denn er hat damit ja nur kundgetan, dass er als einer der wenigen einen Kennerblick für ein solches globales Gesäß besitzt.

Der Verdacht ist nicht ganz von der Hand zu weisen, dass Harald Schmidt

Hannover-Sammelsurium

Stadt Hannover

- 13 Stadtbezirke, 51 Stadtteile
- 518.000 Einwohner
- 204 km² Fläche
- 88,5 km² Grünflächen mit Landwirtschaft, Wald und Gewässern

Höchste Erhebung: Kronsberg (118 m)

Ältestes Bauwerk: Nikolaikirche (1284)

Höchstes Bauwerk: Telemax: 282 m

Hannöversche Rekorde:

- Im Jahr 1685 entwickelte Leibniz den »Vorfahr des Computers«, die erste funktionsfähige Rechenmaschine.
- 1825 wurden erstmals in Europa Gaslaternen zur Straßenbeleuchtung eingesetzt. Und zwar wo? Klar! In Hannover.
- 1902 fuhr das erste Feuerwehrauto der Welt durch die Straßen Hannovers.
- Im selben Jahr ließ Hermann Bahlsen erstmals in Deutschland eine Leuchtreklame montieren.
- Am 18. August 1903 unternahm Karl Jatho mit seinem in Eigenarbeit entwickelten Motordrachen erste Flugübungen; damit war er drei Monate früher dran als die berühmten Brüder Wright aus den USA.
- 1924 lief zum ersten Mal Hanomags »Kommissbrot« vom Band und revolutionierte damit die Automobilproduktion.
- 1928 wurde mit der Hindenburg-Schleuse die zu der Zeit größte Schleuse Europas erbaut.
- 1954 wurde in Hannover die erste Fußgängerzone in Deutschland gebaut, heute zählt sie zu den beliebtesten Einkaufsmeilen der Republik.
- Das Fest der Superlative: Alljährlich treffen sich in Hannover weit über eine Millionen Besucher auf dem größten Schützenfest der Welt.
- 1962 erfand der Elektrotechniker Walter Bruch in Hannover das Farbfernsehen.
- Pünktlich zur Jahrtausendwende wurde Deutschlands erste Weltausstellung, die EXPO 2000, ausgerichtet.

aus irgendwelchen Restmitteln des städtischen Fremdenverkehrsverbandes für sein Insistieren honoriert wurde oder dass er sich heimlich ins Goldene Buch der Stadt eintragen durfte, denn die Aufmerksamkeit, die er der genüsslich geschmähten Stadt verschafft hat, wäre durch eine positive Werbekampagne nie und nimmer erreicht worden. Jeder Besucher fühlt sich seither animiert, etwas genauer hinzuschauen, und siehe da, angeblicher Ruf und tatsächliche Realität klaffen selten schön auseinander.

Stadtplanung, Verkehr und Architektur

Es mag zynisch erscheinen, aber die verheerenden Zerstörungen durch die alliierten Bombenangriffe in Hannovers Innenstadt gaben den Stadtbehörden die ungewollte Gelegenheit, den Grundriss und die Gestaltung der Stadt auf neuer Basis festzulegen. Die Frage war: Alles wieder so aufbauen, wie es gewesen, einen radikalen Neuanfang an anderer Stelle wagen oder an alter Stelle ein neues Stadtkonzept entwickeln? Die prägende Person des Wiederaufbaus war Stadtbaurat Rudolf Hillebrecht. Als er 1948 seine Stelle antrat, verwirklichte er ein Konzept der »autogerechten Stadt«, das der künftig wachsenden Bedeutung des Individualverkehrs Rechnung tragen sollte. Dieses Konzept hat der Stadt ein neues, an manchen Stellen radikal gewandeltes Gesicht gegeben.

Das Konzept der »autogerechten Stadt«

Nach Hillebrechts Konzept sollte die Innenstadt einerseits gut erreichbar sein, andererseits vom Verkehr nicht überrollt werden. Zu diesem Zweck wurde um sie herum ein Gürtel breiter Straßen angelegt, der City-Ring, der wie eine weit offene Schneise die Innenstadt von den umgebenden Stadtteilen trennt. Breite Radialstraßen in alle Richtungen verbinden den City-Ring mit einem weiteren Ring von Schnellstraßen, auf denen man die Stadt zügig umfahren kann. Diese Schnellstraßen leiten den Verkehr zielstrebig von den Autobahnen heran oder zu ihnen hin. Ein Messeschnellweg führt die Besucher zielgerichtet zu den Messehallen im Süden der Stadt.

In der Innenstadt selbst entstand die erste große zusammenhängende Fußgängerzone einer Großstadt in Deutschland. Sie reicht vom Hauptbahnhof zum Kröpcke und der Georgstraße und erstreckt sich bis zum Steintor und zur Osterstraße. Diese Fußgängerzone mit feinen Boutiquen und großen Kaufhäusern hat Hannover in Kürze den Ruf einer mondänen Einkaufsstadt eingebracht. Weitere verkehrsberuhigte Zonen umfassen die Altstadtbereiche um die Marktkirche und den Ballhof, wo kleinere kundenfreundliche Läden und Lokale den Ton angeben.

Hochhäuser sollten nach Möglichkeit nicht in der Innenstadt gebaut werden, da sie dort das Verkehrsaufkommen erhöhen würden. Sie sollten jeweils als Wohnscheiben oder Firmenzentren außerhalb des City-Rings angesiedelt werden. Industrieanlagen und Gewerbegebiete wurden weitgehend an die Peripherie verbannt. Die wenigen vom Bombenhagel verschonten Fachwerkhäuser wurden umgesetzt und zu einem Fachwerkbezirk in der Innenstadt zusammengefasst. Der unkundige Besucher vermeint eine originale Altstadt zu erleben. In Wirklichkeit hat es im Mittelalter zwar jede Menge enger Gassen, aber eine solche Zusammenstellung nie gegeben. Daran scheint sich niemand zu stören. Die Beliebtheit dieses Ensembles ist ungebrochen.

Als von Bauhaus-Ideen beeinflusster Stadtplaner ließ Hillebrecht zum Entsetzen vieler Hannoveraner eine Reihe von Gründerzeitbauten aus dem Weg

Haltestellen als Hingucker

Ab 1994 wurden renommierte Architekten und Designer damit beauftragt, neun Bushaltestellen in Kunst zu verwandeln. Ihre Artefakte könnten unterschiedlicher kaum sein: Andreas Brandolini hat an der Leinaustraße in Linden-Nord das Dach begrünt und die Sitzbank mit den für ihn charakteristischen, abgeknickten Beinen versehen. Am Braunschweiger Platz schützt ein geschupptes Dach wie von einem Gürteltier den Busstopp von Frank O. Gehry (Bild). Gewölbt wie ein Sportboot steht Massimo Iosa Ghinis windschnittiger Entwurf vor dem Kestner Museum am Friedrichswall. Wolfgang Laubersheimer hat an der Nieschlagstraße eine Flüsterecke eingerichtet. Am Steintor hat sich Alessandro Mendini Kuben in gelb-schwarzem Schachbrettmuster ausgedacht, mit goldenen Hütchen drauf. Schlichte Eleganz zeichnet Jasper Morrisons Stopp am Aegidientorplatz aus. Am Sprengel Museum in Maschsee-Nähe hat Heike Mühlhaus eine Walfluke über die Wartenden gebreitet. Ettore Sottsass spielt am Königsworther Platz mit dem großen X und Oscar Tusquets Blanca lässt die Busreisenden an der Stadthalle unter einem abstrahierten Pagodendach aus Metall und Glas nicht im Regen stehen.

räumen, selbst wenn sie nur geringfügig beschädigt waren. Als seine größte Sünde gilt der Abriss der Wasserkunst beim Leineschloss. Er selbst soll später bekannt haben, dass dieser Abriss ein Fehler gewesen sei. Als kümmerliche Überreste kann man die am Leinetunnel angebrachten Köpfe von Wassergeistern sehen. Mittlerweile macht sich eine Bürgerinitiative für die Rekonstruktion der Wasserkunst stark. In diesem Zusammenhang wird auch deutlich, dass beileibe nicht allen Hannoveranern das glatte moderne Gesicht ihrer Stadt gefällt.

Der »autogerechten Stadt« wurden schließlich von der wachsenden Masse der Fahrzeuge die Grenzen aufgezeigt. Als Alternative zum Individualverkehr wurde der Ausbau des öffentlichen Nahverkehrs zur Notwendigkeit. Hannover verfügt über ein flächendeckendes Bus- und Stadtbahnnetz, das ab 1975 durch ein U-Bahn-Netz im Kernbereich der Stadt ergänzt wurde. An der U-Bahn-Station Kröpcke kreuzen sich alle in den Untergrund gelegten Linien. Hinzu kommen Regional- und S-Bahnen, die die Stadt mit dem Umland verbinden. Rund 170 regionale Buslinien komplettieren die Anbindung an die Umgebung. Jährlich werden durch dieses umfassende System bis zu 200 Millionen Fahrgäste durch die Stadt und die Region Hannover befördert.

Die Altstadt brummt

Die Stadt im Grünen

Bei aller Dominanz einer großzügigen Straßenführung hat die Stadtplanung darauf geachtet, Hannover als eine Stadt im Grünen zu bewahren und zu fördern. Über vierzig Prozent der Stadtfläche Hannovers besteht aus Grünflächen, einschließlich der Gewässer, der Landwirtschaft, der Friedhöfe und der Wälder. Hierin steht Hannover in Deutschland an erster Stelle, was ihm 2007 den Titel »Grünste Stadt Deutschlands« eingetragen hat. Entlang der Straßen hat man über 42.000 Bäume gepflanzt. Es gibt über die Stadt verteilt rund 19.000 Kleingärten. Die Eilenriede, die Herrenhäuser Gärten und die See- und Flusslandschaften mit dem Maschsee, mit den Ricklinger Kiesteichen, mit Leine und Ihme sind Trumpfkarten, um die man die Bewohner der Stadt nur beneiden kann.

Architektonische Kleinode

Trotz der großen Zerstörungen im Zweiten Weltkrieg und der sogenannten Zweiten Zerstörung danach kann Hannover mit einigen Gebäuden aufwarten, die sich als Erinnerungsmarken im Gedächtnis der Besucher festsetzen. Abgesehen von der Tetralogie der althergebrachten Innenstadtkirchen sind das Alte und Neue Rathaus, egal welchem architektonischen Geschmack man frönt, städtische Ausrufezeichen. Einzigartig ist das Anzeiger-Hochhaus. Auch der Hauptbahnhof setzt einen starken Akzent. Die Oper und das neue Schauspielhaus zeigen zwei bemerkenswerte historische Varianten der Bühnenbaukunst. Der Gehry-Tower und das verschachtelte Glaskonstrukt der Landesbank Nord stechen ins Auge. Der Kuppelsaal im Stadtviertel Zoo gehört ebenso zu den Ikonen Hannovers wie das Welfenschloss inmitten des Welfengartens. In Linden und in List gibt es ganze Straßenzüge, die gefallen können. Damit sind nur einige ins Auge fallende Sahnehäubchen angesprochen. Im Weiteren werden noch etliche erwähnt. Wie es um die Vielzahl der modernen Gebäude ästhetisch steht, sei dem Urteil des Lesers überlassen. Darüber lässt sich sicher trefflich streiten. Meinungsbildende Informationen folgen auf den weiteren Seiten.

Kunst im öffentlichen Raum

Ohne ständig Hannover mit anderen Städten vergleichen zu wollen, fällt doch auf, wie sehr in Hannover darauf geach-

Das Anzeiger-Hochhaus bei Nacht

tet wurde, die offenen und neu geschaffenen Räume der Stadt mit den Phantasiegebilden der führenden modernen Künstlerinnen und Künstler zu beleben. Manches hat zunächst Hohn und Spott und das allgegenwärtige Steuerzahlerargument auf den Plan gerufen, an manches hat sich die Einwohnerschaft mittlerweile gewöhnt und es schließlich schätzen gelernt. Die anfangs bestenfalls belächelten Nanas der Niki de Saint Phalle sind heute fester Bestandteil der Bildwelt der Stadt; vielleicht sogar mehr als alle anderen Skulpturen der Skulpturenmeile zwischen der Altstadt und der Calenberger Neustadt. Auch manches Relikt aus den unseligen Zeiten des nach Helden schreienden Dritten Reichs kann noch im öffentlichen Raum zur Kenntnis genommen werden und offenbart ungehindert, häufig mit aufklärendem Kommentar versehen, seine Inhalte dem kritischen und weniger kritischen Geist. Ein schöner Einfall sind die von internationalen Künstlern entworfenen neun Haltestellen an Bus- und Stadtbahnlinien. Auch siebzehn der U-Bahn-Stationen sind besonders ausgestaltet. Wo ein Bezug zur Umgebung an der Oberfläche herzustellen war, hat man dies unterirdisch einfließen lassen. An der Station Lister Meile/Sedansplatz ist so der größte deutsch-amerikanische Comicstrip entstanden.

Caroline, Charlotte oder doch Sophie?

Dialekt und Hochsprache

In Süddeutschland, wo vor allem in den Städten ein vom lokalen Dialekt eingefärbtes Hochdeutsch gesprochen wird, kann man des Öfteren die hohe Meinung hören, dass in Hannover das beste Deutsch, gemeint ist Hochdeutsch, gesprochen wird. Diese Meinung ist so verkehrt nicht, kann aber auch für andere Städte Norddeutschlands gelten.

Spricht man in Hannover das beste Deutsch?

Als gegen Ende des 19. Jahrhunderts die Bemühungen zunahmen, der Normierung der Rechtschreibung auch eine Vereinheitlichung der Aussprache folgen zu lassen, sprach man in Hannover und anderen norddeutschen Städten quer durch alle Klassen und Schichten ein niederdeutsches Platt oder verstand es zumindest. Wenn man einen Roman aus dieser Zeit in die Hand nimmt, ist das gut zu erkennen. Die wörtliche Rede wird darin häufig oder stellenweise, um das Lokal- und Zeitkolorit anzudeuten, in einem für Bewohner des südlichen

Deutschlands eher rätselhaften Platt wiedergegeben. In Thomas Manns »Buddenbrooks« gibt es Beispiele dafür, die nicht nur für Lübeck, sondern für weite Teile Norddeutschlands gelten können. Bereits in der zweiten Zeile dieses Gesellschaftsromans wird vorgeführt, dass man niederdeutsch sprach und es, wenn man vornehm sprechen oder ins Hochsprachliche wechseln wollte, mit Französisch vermischte: »Je, den Düwel ook, c'est la question, ma très chère demoiselle!« Zwei Seiten weiter heißt es: »›Immer‹ sprach sie wie ›Ümmer‹ aus.« Ähnliches bezüglich der Sprachgewohnheiten gilt auch für Hannover, vielleicht mit dem Unterschied, dass aufgrund der Verbindungen zu Großbritannien neben dem Französischen auch ins Englische, als sprachlicher Ausweis höheren Standes oder demonstrativer Weltläufigkeit, gewechselt wurde.

Wie kommt es nun dazu, dass gerade hier das beste Hochdeutsch zu Hause sein soll? Letztlich durch eine Festlegung! Als man 1898 eine Norm für die »deutsche Bühnenaussprache« vereinbarte, entschied man sich für die norddeutsche Aussprache der hochdeutschen Schreibformen, sodass die strenge Unterscheidung zwischen stimmhaften und stimmlosen Mitlauten verbindlich wurde. Als einziges, wesentlich süddeutsches Einsprengsel wurde die Lautung von »sp« und »st« mit »schp« und »scht« vorgeschrieben, sodass man sich auf hochdeutschen Bühnen an keinem »sspitzen Sstein« »sstoßen« konnte.

Der »dtv-Atlas zur deutschen Sprache« schiebt noch eine Erklärung hinterher: »Da die niederdeutschen Plattsprecher das Hochdeutsche quasi als Fremdsprache erlernen, haben sie eher

... den eigenen Charme sprechen lassen

das Bewusstsein, die ›richtige‹ Aussprache zu besitzen und von mundartlichen Eigenschaften frei zu sein, was bei süddeutschen und rheinischen Sprechern, wo Dialekt und Hochsprache näher beieinanderstehen und stufenlos ineinander übergehen, nicht der Fall ist.« Die so festgelegte »deutsche Bühnenaussprache« wurde schließlich von den maßgeblichen Wörterbüchern der deutschen Hochsprache verbindlich übernommen. Mit dem allmählichen Verschwinden des niederdeutschen Platt, vor allem in der Stadt, hat der Hannoveraner keinen Dialekt mehr, sondern spricht quasi von klein auf Hochdeutsch. Ob es das beste Deutsch ist, hängt dann noch sehr von seiner Sprachgewandtheit, Stilsicherheit und Ausdruckskraft ab.

Mit der korrekten Aussprache begnügt sich aber nicht jeder Hannoveraner. Einige, rund 70 an der Zahl, haben sich in einem Sprechchor zusammengefunden und pflegen ein chorisches

Hannover-Mitte mit Altem Rathaus, Marktkirche und Anzeiger-Hochhaus (von rechts)

Sprechen mit einer mitreißenden Intonation und Rhythmik. »WortOrt« heißt diese nun schon rund 20 Jahre währende, die Generationen übergreifende Gemeinschaft. Sie tragen Gedichte und geeignete Texte aller Epochen vor. Neben Goethe und Brecht haben sie auch die Sprachkunststücke von Kurt Schwitters im Programm.

Ein Hauch von Who's who

Ungefragt wird jeder Mensch geboren. Wie in einer großen Lotterie regiert der Zufall darüber, an welchem Ort, in welcher Epoche und in welchen sozialen Verhältnissen jemand das Licht der Welt erblickt. Selbst wenn man als Eichhörnchen in der Eilenriede oder als Karpfen im Maschsee auf die Welt gekommen wäre, man hätte es nicht verhindern können. Von daher wird im Folgenden nicht nur auf geborene Hannoveraner hingewiesen, sondern auch auf einige Personen und Persönlichkeiten, die anders als rein durch ihre Geburt eine Beziehung zur Stadt haben. Zufall und Willkür in der Auswahl spielen auch hier eine Rolle, denn der Erwähnung wert wären noch bedeutend mehr.

Gottfried Wilhelm Leibniz (1646–1716)

Nein, den Butterkeks hat er nicht erfunden. Das war Hermann Bahlsen, der das Gebäck nach dem Vorbild industriell hergestellter englischer Cakes herstellen ließ und auf den Markt brachte. Keks sollte das Gebäck heißen, weil die deutsche Aussprache von Cakes nicht reklameträchtig war. Leibniz schien sich analog zu Mozartkugel und Bismarckhering für eine Benennung dieser Kekse gut zu eignen, weil er in Hannover und weltweit eine Berühmtheit war. Immerhin seinen Namen kennt seither auch jedes Kind.

Einfach infinitesimal!

Gearbeitet hat der aus Leipzig stammende »letzte deutsche Universalgelehrte« Gottfried Wilhelm Leibniz an so etwas Abstraktem wie dem binären Zahlensystem mit der 0 und der 1, sodass heute jeder mit Handy, Tablet und Rechner teilhaben kann am internationalen Datenaustausch, bis hin zur NSA. Die Liste seiner Erfindungen ist lang und reicht in Bereiche des Bergbaus ebenso wie in die der Medizin. Nachdem er 1676 als Hofrat und Bibliothekar nach Hannover berufen worden war, schuf er eine verbesserte mechanische Rechenmaschine, mit der man die vier Grundrechenarten ausführen konnte. Leibniz war der Meinung, Rechnen ohne Maschine sei Zeitverschwendung.

Als früher Aufklärer versuchte er den in seinen Augen nur scheinbaren Widerspruch zwischen Vernunft und theologischen Glaubensgrundsätzen als lösbar zu beweisen. Die Gespräche mit Königin Sophie Charlotte von Preußen bewegten ihn dazu, seine Gedanken in dem verkürzt »Theodizee« genannten Werk in populärer Weise darzulegen. Auf Französisch naturellement! Darüber hinaus versuchte er ein logisch begründetes Fundament zu schaffen, auf dessen Basis sich die unterschiedlichen christlichen Konfessionen einigen können sollten, um wieder eine Glaubensgemeinschaft zu bilden; quasi die Vorwegnahme des ökumenischen Gedankens.

Mit seinem Namen ist auch der längste Plagiatsstreit in der Wissenschaftsgeschichte verbunden. Newton beschuldigte ihn, sich als Erfinder der Infinitesimalrechnung darzustellen, obwohl er, Newton, diese vor ihm entwickelt und nur nach ihm publiziert hatte. Der Streit währte über Leibniz' Tod hinaus und wurde erst über 200 Jahre später dergestalt gelöst, dass man nun beiden zugestand, unabhängig voneinander zu ihren Ergebnissen gekommen zu sein.

Leibniz war viel als Diplomat und Förderer der Wissenschaften in den Hauptstädten Europas unterwegs. Auf seine Anregung hin wurden nationale wissenschaftliche Akademien in Berlin, Wien und St. Petersburg gegründet; der Akademie in Berlin stand er selbst als erster Präsident vor. Sein umfangreicher Briefwechsel mit 1100 Ansprechpartnern in sechzehn Ländern umfasst über 20.000 Briefe. Rund 15.000 davon werden in der Leibniz-Bibliothek in Hannover aufbewahrt. Dieser Schatz ist seit 2007 von der UNESCO als geschützter Bestandteil des Weltgedächtnisses anerkannt.

König Georg I. von Großbritannien und Irland (1660–1727)

Mehr Zufall geht kaum. Als Georg Ludwig geboren wurde, richtete sich der ganze Ehrgeiz seines Vaters, des Herzogs Ernst August, darauf, für das Haus Hannover die Kurfürstenwürde zu erlangen. 1692 hatte er damit bei Kaiser Leopold I. Erfolg. Außerdem wollte er sichergestellt wissen, dass die Besitzungen welfischer Seitenlinien an das Stammhaus zurückfielen. Eine geschickte Heiratspolitik war gefragt. An eine Thronbesteigung in London oder gar an den Beginn einer fast 200-jährigen Dynastie des Hauses Hannover in England war da nicht zu denken.

Georgs Mutter Sophie von der Pfalz war zwar eine Enkelin des Stuartkönigs Jakob I., aber in der Thronanwartschaft stand vor ihr eine Reihe von Stuarts obenan. Doch dann erließ das englische Parlament im Jahre 1701 den »Act

Georg I. in der Pose eines Sonnenkönigs

Zur Feier der englisch-hannoverschen Tradition

of Settlement«. Nun wurden nur noch Protestanten auf dem Thron geduldet. Da die Ehen des protestantischen Königs Wilhelm III. von Oranje ebenso wie die seiner Nachfolgerin Königin Anna ohne überlebende Erben blieben, kamen für die Thronfolge nur noch Sophie von der Pfalz bzw. ihr Sohn Georg infrage. Als Sophie und Anna kurz nacheinander starben, war der Weg für Georg frei. 1714 wurde er in Westminster als Georg I. zum König von Großbritannien gekrönt.

Georg hatte aus Staatsräson seine Cousine Sophie Dorothea geheiratet, was beim Ableben ihres Vaters dazu führte, dass das Fürstentum Lüneburg wie erwartet an Hannover fiel. Privat war Georg das ganze Gegenteil seiner lebenslustigen Gattin, und spätestens nach der Geburt ihres zweiten Kindes zog sich Georg von ihr zurück und widmete sich seiner Mätresse Ehrengard Melusine von der Schulenburg. Seine Gattin, die sich in den Oberst der Leibgarde, den attraktiven Philipp Christoph Graf Königsmarck, verliebt hatte, wurde nach der publik gewordenen Affäre von Georg geschieden, auf das Wasserschloss Ahlden verbannt und zeitlebens von ihren Kindern getrennt. Ihr Liebhaber fiel einem nie restlos aufgeklärten Mord zum Opfer.

In England mit Robert Walpole, dem ersten veritablen englischen Premierminister, an seiner Seite, widmete sich Georg vorrangig der Außenpolitik. Das wirkte sich positiv auf Hannover aus, sodass beispielsweise die Herzogtümer Bremen und Verden nach kurzer dänischer Herrschaft Hannover zugeschlagen wurden. Dennoch sah er die Personalunion mit Großbritannien auch kritisch, da sich Interessenkonflikte zwischen beiden Herrschaften nicht vermeiden ließen. Die Trennung von beiden, die er in seinem Testament verfügte, kam aber nicht zum Tragen, weil sein Sohn und Nachfolger, Georg II., das Testament kassierte.

Georg I., der Latein beherrschte und Deutsch, Französisch, Holländisch und Italienisch flüssig, aber Englisch nur mäßig sprach, blieb seinem Stammland sehr verbunden. Die Engländer nannten ihn wegen seiner vermeintlich provinziellen Herkunft Rübenkönig (»Turnip King«). Er besuchte sein Kurfürstentum Hannover fünf Mal. Beim sechsten Besuch erlitt er einen todbringenden Schlaganfall.

Ludwig Hölty (1748 – 1776)

Der in Hannover früh an Schwindsucht gestorbene Dichter war Mitglied des Göttinger Hainbundes, einer Vereinigung von jungen Poeten, die sich in der Verehrung für Klopstock in Eichenhainen trafen, um sich ihre Frühlingslieder vorzutragen. Hölty galt als der begabteste unter ihnen, und sein volksliedhaftes Gedicht »Üb immer Treu und Redlichkeit« wurde als der romantische Ausdruck deutscher Zuverlässigkeit angesehen. Neben heiteren Versen gehören seine von Melancholie, Schwermut und Todessehnsucht geprägten elegischen Oden, wie sie der zum englischen Modedichter gewordene Edward Young (Zitat aus dessen »Night Thoughts«: ›I wake: how happy they who wake no more!‹) pflegte, zu seinen besten Werken.

Hätte unsere heutige Zeit mit ihrer Schwemme an Fantasy-Romanen und -Comics eine lyrische Ader, so wäre Hölty wieder brandaktuell. Noch vor August Bürgers »Lenore« ist er der Schöpfer erster »Schauerromanzen«, in denen Tote weder zur Ruhe kommen noch die Lebenden in Ruhe lassen. Als Beispiel sei hier nur auf seine Ballade »Adelstan und Röschen« verwiesen.

Kurt Schwitters (1887 – 1948)

In Hannover wird einer von Schwitters Texten mit Füßen getreten. Wo? In der Knochenhauerstraße. 1987 hat der Künstler Siegfried Neuenhausen ein Schwitters-Gedicht als Bodenrelief mitten in den Weg gelegt. Es handelt von Anna Blume und davon, dass man Anna vorwärts- und rückwärtslesen kann und was es bedeuten soll, wenn man Hannover rückwärtsliest. Überhaupt war Anna Blume eine seiner Lieblingsfiguren, und auch viele Hannoveraner haben sich in die Gedichte über sie verliebt.

Anna Blumes erster öffentlicher Auftritt war spektakulär. Eines Tages im Jahre 1920 konnte man an allen Litfaß-

Hölty! Dein Freund, der Frühling, ist gekommen …

Poesie am Boden und mit Füßen getreten?

säulen der Stadt ein Gedicht über sie lesen. Es war die Ankündigung eines Gedichtbandes. »Rot liebe ich Anna Blume, rot liebe ich dir! – Du deiner dich dir, ich dir, du mir. – Wir?«, hieß es da. Kurt Schwitters verstand es, mit Grammatikmerksätzen, mit Jargon und unverblümten Gefühlen Gefühle zu erzeugen. Den Nazis gefiel nicht, was er machte. Was Kurt Schwitters schuf, war keine systemkonforme oder gar systemtragende Kunst. Sie wollte auch nicht politisch sein; deshalb wehrte sich Schwitters auch, mit den Dadaisten in ein Regal geschoben zu werden. Seine Kunst war MERZ. Das zufällige Schnipsel, das aus dem Wort »Kommerz« übrig geblieben war, gab seiner Kunst den Namen. Auch sich selbst nannte er manchmal Kurt MERZ Schwitters, aber auch einfach nur Kuwitter.

Kurt Schwitters wurde 1887 in Hannover geboren. Seine Eltern besaßen ein Bekleidungsgeschäft. Ein früher Wohnort hat ihn besonders berührt: die Veilchenstraße. »Ich selbst bin ein solches Veilchen, welches mit Absicht im Verborgenen blüht, weil ich überzeugt bin, dass ich dort schöner dufte.« Nach dem Abitur besuchte er die Kunstgewerbeschule in Hannover, später die Kunstakademie in Dresden. Sein Schaffen lässt sich nicht auf eine der Künste festlegen. Er ist ein multimedialer Künstler, der malt, bildhauert und werkelt, dichtet, der Werbetexte verfasst und grafisch aufbereitet. Er trägt seine Texte öffentlich vor und experimentiert mit Sprachkompositionen, die nur noch einen Hauch von unmittelbarer Bedeutung wiedergeben.

Obschon die Zuhörerschaft, die eher konventionelle Kunst gewohnt war, seine Schöpfungen nicht unmittelbar sinnhaft begreiflich fand, kam es immer wieder zu begeisternden Auftritten. Eine »Sonate in Urlauten«, an der Schwitters jahrelang feilte, um sie kompositorisch und im Vortrag zu perfektionieren, wurde ein Höhepunkt seiner Vorstellungen. Hans Richter, der der Vorführung einer Vorform beiwohnte, berichtete: »Die vornehmen alten Damen, die steifen Generäle schrien nach Luft schnappend, schlugen sich auf die Schenkel und husteten … Das alles störte Kurtchen nicht, noch hinderte es ihn am Vortrag … Das Resultat war phantastisch. Dieselben Generäle, dieselben reichen Damen, die vorher Tränen gelacht hatten, kamen nun zu Schwitters wieder mit Tränen in den Augen, aber jetzt um ihre Bewunderung auszudrücken …«

1937 verließ Kurt Schwitters Deutschland und ging ins Exil nach Norwegen, später bei Kriegsbeginn nach England, wo er interniert wurde. Er kam nach dem Krieg nicht nach Deutschland zurück. Seine Wohnung in Hannover war ausgebombt, der MERZbau, ein dreidimensionales Kunstgebilde, an dem er in seinen Räumen kontinuierlich gearbeitet hatte, war zerstört. Er starb in England. Sein Grabstein auf dem Friedhof Engesohde stellt kein Veilchen, sondern eine stilisierte Herbstzeitlose dar.

Elly Beinhorn (1907–2007)

Eine Frau hebt ab. Die Eltern waren entsetzt, als ihre gerade mündig gewordene Tochter ihnen 1928 mitteilte, nun Fliegerin werden zu wollen. Die Flugschule in Hannover verweigerte ihr als Frau die Ausbildung: Sie würde sowieso keine Anstellung als Pilotin erhalten. Doch noch im selben Jahr machte sie in Berlin in einer der fliegenden Kisten ihren Flugschein. Um sich das Fliegen leisten zu können, erwarb sie einen Kunstflugschein in Würzburg. Als Nächstes überführte sie ein Flugzeug nach Ostpreußen, wo sie später vor den Augen von Ernst Udet an einem Flugtag teilnahm. Der Weltkriegspilot mokierte sich über ihre Luftschleifen und tanzte mit ihr den ganzen Abend.

Deutschlandweit wurde sie bekannt, als sie 1931 auf dem Rückflug von Afrika mit gebrochener Ölleitung notlanden musste. Tagelang galt sie als verschollen, bis sie nach einem 50-km-Fußmarsch in Timbuktu eintraf und Entwarnung geben konnte. Wieder in Deutschland angekommen, hielt sie Vorträge über ihre Abenteuer, allein schon um ihre Schulden abzutragen. Gegen Ende desselben Jahres erfüllte sie sich einen lang gehegten Wunsch: einen Alleinflug um die Welt. Dieser ließ sie endgültig zur Legende werden. Sie flog ohne Funkgerät, nur mit Karte und Kompass versehen. Ihr mit Sperrholz beplanktes und mit einem 80-PS-Motor ausgerüstetes Flugzeug ließ große Ozeanüberquerungen, wie die von Australien nach Lateinamerika, nicht zu. Sie musste ihr Sportflugzeug zweimal zerlegen und wieder zusammenbauen und auf ein Schiff verladen, sodass sie per Schiff in Bremerhaven wieder ankam. Von dort flog sie nach Berlin, nachdem sie rund sieben Monate unterwegs gewesen war. Unter den fliegenden Frauen in Deutschland war Elly Beinhorn nun der unbestrittene Star.

Bei einem Autorennen in Brünn wurde sie dem zwei Jahre jüngeren Sieger Bernd Rosemeyer vorgestellt. Die beiden wurden zum Traum- und Glamour-Paar der Presse des Dritten Reiches. Doch ihr privates Glück währte nicht lange, denn bereits im Januar 1938 verunglückte Bernd Rosemeyer während eines Weltrekordversuchs auf der Autobahn Frankfurt–Darmstadt bei einer

Lüttje Lage

Die einheimische Trinksitte aus der Zeit Cord Broyhans, ein kleines, gefülltes Bierglas mit Daumen und Zeigefinger und ein Gläschen Korn mit Mittel- und Ringfinger übereinander zu halten und den Inhalt des unteren Glases hinter die Binde zu gießen, wobei der Inhalt des oberen Glases in das untere nachfließt, heißt »Lüttje Lage« und wird, weil es bei Anfängern häufig missglückt, zur »Hannover-Taufe« für Binder, Anzug, Hemd und Mann. Frauen können das, ohne zu üben.

Geschwindigkeit von 430 km/h. Er war sofort tot.

Elly Beinhorn flog bis ins Alter von 72 Jahren immer noch selbst. Zu ihrem 100. Geburtstag ging sie zum letzten Mal in die Luft. Diesmal allerdings als Fahrgast zu einem Rundflug, der ihr spendiert worden war. Bald darauf starb sie und wurde in Berlin neben ihrem ersten Mann begraben. Weil sie während der Nazizeit weder in die Partei eingetreten war noch sich als Fliegerin im Weltkrieg hervorgetan hatte, galt sie trotz ihrer propagandistischen Vereinnahmung durch die Nazis als unbelastet und wurde in der Bundesrepublik mit Ehrungen bedacht.

Karl Krolow (1915 – 1999)

Der in der Nachkriegszeit als Nestor der deutschen Lyrik bezeichnete Karl Krolow war einer der fruchtbarsten Poeten seiner Zeit. Noch in den letzten Lebensjahren verfasste er Hunderte von Gedichten. Er wurde mit namhaften Literaturpreisen bedacht, darunter auch mit dem bedeutendsten, der in der Bundesrepublik vergeben wird, dem Georg-Büchner-Preis. Der in Hannover geborene und aufgewachsene Schriftsteller begann seine Laufbahn als freier Autor mitten im Zweiten Weltkrieg. Er verschrieb sich einer Naturlyrik in der Tradition von Wilhelm Lehmann und Oskar Loerke. Nach dem Krieg durchlief er mehrere Phasen seines Schaffens, in denen er, angeregt durch seine Übersetzungen französischer Surrealisten und unterschiedlicher spanischer Poeten, deren Weltsicht in seinen eigenen Gedichten verarbeitete. Sein Bezug zur gesellschaftlichen Realität blieb seltsam distanziert, auch wenn er aufscheinen ließ, dass er die sozialen und politischen Veränderungen, wie beispielsweise den Fall der Berliner Mauer, zur Kenntnis nahm.

Seine dichterischen Anfänge im Dritten Reich führten zu Diskussionen, die um die Frage kreisten, ob Karl Krolow den Autoren der »inneren Emigration« zugerechnet werden könne oder nicht. Immerhin war er 1937 der NSDAP beigetreten. Festzuhalten bleibt, dass seine Naturlyrik als der Rückzug eines Poeten aus der ungemütlichen Wirklichkeit seiner Zeit gewertet werden kann. Darin mag man eine Distanzierung und Abkehr von den Anforderungen des Regimes sehen. In einem Prosabändchen, »Nacht-Leben oder Geschonte Kindheit« hat er noch spät in seinem

Leben seine Kinder- und Jugendzeit dargestellt. Hier erfährt der Leser viel über das Innenleben und über die unmittelbar sinnlichen Erfahrungen des Autors. Die sein Leben umgebende soziale oder politische Realität kommt nur in wenig erhellenden Andeutungen zur Sprache. Karl Krolow ist auf dem Stadtfriedhof Engesohde, Abteilung 13, unter dem markanten Art-déco-Grabstein seiner Familie bestattet. Die Inschrift seines Namens ist sommers hinter Blumen verborgen.

Niki de Saint Phalle (1930–2002)

Die Liebe, die Niki de Saint Phalle und Hannover aneinander gewonnen haben, ist so erstaunlich und wunderbar wie ihre bunten, voluminösen Nanas. Als hätte es in der Luft gelegen und man gespürt, dass der nach dem Zweiten Weltkrieg unter sehr funktionalen Gesichtspunkten wiederaufgebauten Stadt solche verspielten Rundungen fehlen, hat man die Promenade an der Leine gegenüber dem Hohen Ufer mit diesen so gar nicht nüchternen Figuren aufgelockert. Anfangs allerdings hakte und haperte es bei manchem Hannoveraner noch mit der Liebe. Die drei Nanas stehen dort, wo sich allsonnabendlich gegenüber dem Hohen Ufer ein farbenfroher Flohmarkt ausbreitet, und keiner möchte sie mehr missen.

Die Malerin und Bildhauerin Niki de Saint Phalle, aus einer französisch-schweizerischen Familie stammend, wurde 1956 berühmt durch ein Kunsthappening, bei dem sie in ein Gipsrelief eingelassene Farbbeutel mit Schüssen zum Platzen brachte. 1964 schuf sie ihre ersten Nanas, anfangs aus Draht-

In der Grotte des Großen Gartens

geflechten und Stoff, dann zunehmend aus Polyester. Ihre Werke wurden nun weltweit in allen großen Museen und Galerien gezeigt. Aus ihrer Zusammenarbeit und Liaison mit Jean Tinguely ging der »Strawinski-Brunnen« am Centre Pompidou (1982) hervor. Seine Figuren und Wasserspiele sind zu einer Attraktion in Paris geworden.

Im Hannover des Jahres 1974 machte die Installation der Nanas durchaus Furore, denn nicht jeder war von dieser Art Kunst sofort bezaubert. Doch die Liebe wuchs. Entlang der Leine wurde die Keimzelle mit den Nanas zu einer Skulpturenmeile um die Kunstwerke anderer Meister erweitert. Besonders gelungen ist der Künstlerin die Ausgestaltung der drei Grotten in den Herrenhäuser Gärten, mit der sie 1999 beauftragt wurde. Sie sind seit 2003 der Öffentlichkeit zugänglich. Im Jahr der Weltausstellung wurde Niki de Saint Phalle zur Ehrenbürgerin in Hannover. Sie übergab daraufhin der Stadt 400 ihrer Werke, die im neuen Erweiterungsbau des Sprengel Museums gezeigt werden. Bereits zwei Jahre später starb Niki de Saint Phalle in San Diego. Ihre Nanas sorgen weiterhin für gute Laune.

Benno Ohnesorg (1940–1967)

Ein junger introvertierter Mann aus Hannover holte nach einer Lehre das Abitur über das Braunschweig-Kolleg nach. Seine Interessen waren vielseitig. Er hatte eine Neigung zu Kunst und Literatur, las unter anderem moderne französische Klassiker wie Sartre und Camus, auch Beckett. Er ließ sich durch Auslandsaufenthalte, Bekanntschaften und seine Lektüren dazu anregen, sich mit der chinesischen und der arabischen Sprache zu beschäftigen. Schließlich studierte er Romanistik und Germanistik, mit dem Ziel, Lehrer zu werden. Er kümmerte sich auch um Politik, war aber dabei eher zurückhaltend. Er wurde als Pazifist bezeichnet. Als er erfuhr, mit welchen Mitteln der Schah von Persien sich an die Macht gebracht hatte und dort hielt, ging er beim Staatsbesuch dieses modernen Diktators zur Deutschen Oper, wo der Schah, hofiert von der bundesdeutschen Politprominenz, eine Aufführung der »Zauberflöte« besuchte. Er wollte dort gegen diesen Staatsbesuch demonstrieren. Die Situation vor der Oper eskalierte, als eingeflogene Anhänger des Schahs ungehemmt auf die Demonstranten einprügeln durften und die Westberliner Polizei in Uniform und Zivil zusätzlich gewaltsam gegen die angegriffenen Demonstranten vorging. Als Benno Ohnesorg Polizisten in einen Hinterhof folgte, die dorthin fliehende Demonstranten stellten und auf sie einschlugen, wurde er von einem Polizisten in Zivil hinterrücks erschossen.

Die bundesdeutsche Medienlandschaft unter Meinungsführerschaft der Springerpresse rechtfertigte zunächst das gewaltsame Vorgehen der Polizei, bis sich die Faktenlage nach und nach zu klären begann. Nach zehn Tagen hielt immerhin ein wertkonservatives Blatt wie die »FAZ« die demokratischen Spielregeln durch Politik und Polizei in Westberlin für verletzt. Die Polizei habe »... mit Planung, einer Brutalität Lauf gelassen, wie sie bisher nur aus Zeitungsberichten über faschistische und halbfaschistische Länder bekannt wurden«. Der Todesschütze wurde freigesprochen, und ein Teil der studentischen Jugend und viele andere begannen damit, die Handlungsweisen des bundesdeutschen Staates infrage zu stellen, zumal bekannt war, dass der Bundestag eine Notstandsgesetzgebung plante. Die Leiche Benno Ohnesorgs wurde auf dem Stadtfriedhof Bothfeld zu einer frühen letzten Ruhe gebettet. Der Schriftsteller Uwe Timm hat ihm mit seiner Erzählung »Der Freund und der Fremde« ein literarisches Denkmal gesetzt. Eine Ihme-Brücke trägt seinen Namen.

Gerhard Schröder (*1944)

Der ehemalige Bundeskanzler und Ehrenbürger der Stadt Hannover gilt als eine der schillerndsten Persönlichkeiten der bundesdeutschen Politik. Selbst aus kleinen Verhältnissen stammend – er war als Halbwaise einer Kriegerwitwe aufgewachsen –, nutzte er die Möglichkeiten des Zweiten Bildungsweges, um

König Ernst August I. mit großem Bahnhof

das Abitur nachzumachen und schließlich ein Jurastudium abzuschließen. Mit 19 Jahren trat er der SPD bei und war von 1978 bis 1980 Bundesvorsitzender der Jusos. Nach Mandaten im Bundestag und im niedersächsischen Landtag wurde er 1990 zum Ministerpräsidenten von Niedersachsen gewählt.Nach zwei Amtszeiten gewann seine Partei unter seiner Kanzlerkandidatur zusammen mit den Grünen eine Mehrheit im Bundestag. Er erhielt bei seiner Wahl zum Kanzler im Parlament als erster Kandidat auch Stimmen der Opposition.

Sein umstrittenstes Projekt als Bundeskanzler war die Modernisierung des Sozialstaats unter dem Namen Agenda 2010 und damit die Einführung von Hartz IV. Mit dieser Maßnahme sollten die Sozialkassen entlastet und die Arbeitslosigkeit verringert werden, indem man u.a. den Pegel der Zumutbarkeit von Arbeit für die aus dem Arbeitsleben zeitweise oder langfristig Aussortierten senkte. Staat und Wirtschaft gratulierten sich zu einer gewachsenen Konkurrenzfähigkeit des Standorts Deutschland. Die Bewährung der Bundesrepublik in der Finanzkrise von 2008 wurde generell der Agenda 2010 gutgeschrieben.

Die Enttäuschung eines Teils der traditionellen Stammwählerschaft darüber, dass sich ausgerechnet ein Sozialdemokrat am sozialen Netz vergreift, führte zu sinkenden Popularitätswerten. Der Beiname »Genosse der Bosse« machte die Runde. Die Abwahl des rot-grünen Bündnisses 2002 schien schon abgemachte Sache, da ergriff der gewiefte »Medienkanzler« Schröder die Chance, die ihm die Überschwemmungen von Oder und Neiße boten, und profilierte sich als Krisenmanager. Als Angela Merkel den Deutschen auch noch eine Beteiligung der Bundeswehr am Irakkrieg versprach, punktete Schröder mit der Aussage, dass es unter ihm ein solches Engagement nicht geben würde. Die Verstimmung in den USA über das »alte Europa« nahm er bewusst in Kauf.

Zu den Facetten seines Politikverständnisses gehört auch, wie er 2005 die nächste Bundestagswahl vorzeitig herbeiführte und wie er, obwohl seine Partei der CDU/CSU unterlegen war, im ersten Reflex darauf meinte, ihr eine Große Koalition unter seiner Kanzlerschaft aufdrücken zu können. Sein Selbstverständnis ließ ihn auch nicht davor zurückschrecken, kurz nach seinem Ausscheiden aus dem Amt einen hochdotierten Aufsichtsratsposten bei einer zum russischen Gazprom-Konzern gehörenden Gesellschaft anzunehmen, zu deren Erfolg er unmittelbar zuvor als Kanzler noch die Weichen gestellt hatte. Die Einwände aus Gesellschaft und Politik beschränkten sich darauf, dass der Ex-Kanzler wenigstens eine Schamfrist hätte einhalten müssen.

His Royal Highness Ernest Augustus Guelph (*1954)

Der Spross aus dem königlichen Haus Hannover, in dessen britischen Pass die voranstehende Namensbezeichnung eingetragen ist, hat sich mehrfach auffällig benommen. Das hat der Boulevard genutzt, um für Schlagzeilen zu sorgen, die vermutlich jedem, der in die Fänge dieser Presse gerät, unangenehm geworden wären. Wer lässt sich schon gern darauf reduzieren, als »Prügelprinz« oder »Pinkelprinz«, wie ihn die gelben Blätter mit Häme titulierten, im Gespräch zu sein. Die juristische Auseinandersetzung vor Gericht genügt

Die Welfen

Die Welfen sind das älteste Hochadelsgeschlecht Europas. Bereits zu Zeiten Karls des Großen spielten sie in der mittelalterlichen Welt eine zunehmend einflussreichere Rolle. Der vorläufige Höhepunkt ihrer Macht war erreicht, als sich Heinrich der Löwe († 1195) im Besitz zweier Herzogtümer, nämlich Bayerns und Sachsens, zu einer Gegenmacht des deutschen Königs und römischen Kaisers im Reich aufschwingen konnte. Nach zwei Jahrzehnten loyaler Unterstützung des mit einer Welfin verheirateten Stauferkaisers Friedrich I. Barbarossa ließ Heinrich diesen angesichts einer Schlacht in Oberitalien in Stich, wurde vor Gericht gestellt und büßte seine königsgleiche Macht ein. Nur seine Lieblingsstadt Braunschweig blieb ihm.

Nach Jahrhunderten relativer Bedeutungslosigkeit und der Zersplitterung der Besitztümer unter sich zum Teil befehdenden Linien begann im 17. Jahrhundert ein neuer Aufstieg. 1636 erhob Georg I. von Calenberg Hannover zur neuen Residenzstadt, und 1692 setzte Ernst August von Hannover eine neue Kurfürstenschaft im Reich für sein Haus durch. Sein Sohn wurde 1714 auf den englischen Thron berufen und leitete eine Dynastie ein, die erst mit dem Tod von Königin Viktoria 1901 zu Ende ging. 1866 stand das Haus Hannover im preußisch-österreichischen Krieg auf der Verliererseite und musste das seit dem Wiener Kongress zum Königtum aufgestiegene Hannover an Preußen abtreten. Die Welfen gingen nach Österreich ins Exil. Erst 1913 kam es zu einer Versöhnung mit dem Haus Hohenzollern. Mit dem verlorenen Ersten Weltkrieg ging die Monarchie in Deutschland und Österreich zu Ende, und es war hier auch mit den Privilegien der Welfen vorbei. Die Adelsprädikate wurden Bestandteile der Namen, den herrschaftlichen Besitz ließ die Revolution von 1918 weitgehend unangetastet. Die heutigen Welfen sind aufgrund der Besitzverhältnisse und der Geschichte des Hauses Adelige in England, Bürger in Deutschland und Österreich und gleichzeitig mit den Staatsangehörigkeiten dieser drei Nationen ausgestattet.

den gelben Blättern offensichtlich nicht. Man wundert sich sowieso, was eine demokratische Presse und mehr noch ihre Leser daran finden, ständig in aktuellen oder ehemaligen Adelshäusern herumzuschnüffeln.

Die Werbemanager von Lucky Strike setzten noch einen obendrauf, indem sie neben einer zerknautschten Zigarettenpackung den Werbespruch »War das Ernst? Oder August?« platzierten. Das konnte nun der Urenkel Wilhelms II. gar nicht mehr lustig finden und suchte eine abermals unter großer Beteiligung der Boulevard-Presse stattfindende gerichtliche Entscheidung.

Der Welfenprinz Ernst August von Hannover war politisch-dynastisch insofern von Interesse, als er in männlicher Linie unmittelbar von Georg III. abstammt und deshalb ein potenzieller Thronfolger auf den englischen Thron war. *War* deshalb, weil er durch seine Heirat 1999 mit der katholischen Prinzessin Caroline von Monaco dieses Anrecht verwirkt hat. Seine beiden Söhne aus erster Ehe mit der Schweizerin Chantal Hochuli sind jedoch nach wie vor in der Reihe der Thronprätendenten zu finden. Einer von beiden, der auch den Namen Ernst August (*1983) trägt, hat im Übrigen weitgehend die Verwaltung der deutschen und österreichischen Besitzungen des Welfenhauses übernommen und ebenso seine Repräsentation.

Scorpions (*1965)

Es ist ja nicht so, dass Hannover keine guten Bands hätte oder gehabt hat, man denke nur an Fury in the Slaughterhouse, Terry Hoax und Abstürzende Brieftauben, aber mit dem Erfolg der Scorpions können sich in Deutschland generell und, was Hardrock- und Heavy-Metal-Bands angeht, auch auf dem ganzen Globus nur wenige messen.

Als die Band 1965 – unter dem Namen Nameless gegründet – im doppelten Wortsinn noch namenlos in die Arena stieg, waren schon ein paar Entscheidungen gefallen: Die Band hatte sich auf ein gewisses Musikgenre festgelegt und wollte von vornherein international Furore machen. Deshalb trat man fast ausnahmslos mit englischen Titeln und Texten an. Noch im selben Jahr wurde der Bandname Scorpions für dieses Vorhaben für adäquat befunden und angenommen.

Wie das bei Bands dieses Durchhaltevermögens üblich ist, hat es immer wieder Fluktuationen und Auswechslungen der Besetzung gegeben. Das absolute Urgestein verkörpert Rudolf Schenker (Gesang und Gitarre), der schon Mitbegründer von Nameless war. Um 1969 kam Klaus Meine als Sänger und Gitarrist dazu. Trotz einer Stimmkrise Anfang der 1980er Jahre, bei der seine Stimmbänder auch operativ auf Vordermann gebracht werden mussten, ist er bis heute der Frontmann der Band mit dem größten Wiedererkennungswert. Zehn Jahre nach Klaus Meine schloss sich Matthias Jabs (Gitarre) der Formation an und ist nicht mehr wegzudenken. Neben diesem prägenden Dreigestirn waren über ein Dutzend Musiker mehr oder weniger lang Bestandteil der Band. Aus der erfolgreichsten Phase der Band sind vor allem der Bassist Francis Buchholz (1973–92), der Schlagzeuger Herman Rarebell (1977–96) und der Gitarrist Uli John Roth (1973–1978) zu nennen.

Im Laufe ihres Bestehens hat die Band über 100 Millionen Tonträger verkauft. Ihre Auftritte auf allen Bühnen und in allen Arenen der Welt summieren sich auf mehrere tausend Konzerte; im Extremfall gaben sie 80 Konzerte in drei Monaten. 1999 wurde eine CD, »You and I«, für £ 2,89 zufällig der erste Ebay-Verkauf einer Ware in England. Ob in Japan, in den USA, in Griechenland, auf der Insel oder in Deutschland, überall platzierten sich ihre Songs in den Topregionen der Charts. Gold und Platin regnete es ohne Ende. »Wind of Change« wurde Jahrhunderthymne. Den Echo als Auszeichnung für ein Lebenswerk gab es auch schon. Dazu den Stern und Handabdrücke auf dem Rock Walk of Fame in Los Angeles. Jährliche Tour-Umsätze in zweistelligen Millionenhöhen. Einträge ins Goldene Buch der Stadt Hannover. Und immer noch kein Ende. Kein Wunder, dass auch die Stones nicht aufhören können.

Lena Meyer-Landrut (*1991)

Die leichte deutsche Muse ging jahrelang schwer bedrückt durch tiefe Täler und musste Mal um Mal ohne die berühmten »douze points pour l'Allemagne« auskommen. Bis, ja, bis eine dem Anschein nach ungekünstelte und unkomplizierte junge Frau aus Hannover den Bann brach. Lena Meyer-Landrut überzeugte zunächst die nationalen Juroren und wurde 2010 in Oslo beim Eurovision Song Contest auf einer Welle des Wohlwollens von allen Seiten zum Titel getragen, fast dreißig Jahre nach Nicole. Sie sang »Satellite«, ein Lied mit englischem Text, und selbst ihr kleiner Akzent wurde ihr positiv angerechnet.

Ein zweiter Anlauf im Jahr darauf führte zwar nicht zur Titelverteidigung, platzierte sie aber besser als die meisten deutschen Aspiranten in den Jahren vor ihr. Sie nahm es sportlich und mit einem unverwüstlich scheinenden Optimismus. Mittlerweile, Stand 2014, hat sie neben äußerst erfolgreichen Soloplatten drei Studioalben auf dem Markt, hatte zahlreiche (Gast-)Auftritte im Fernsehen, in der Werbung und in der Öffentlichkeit. Sie hat sich zudem als Synchronsprecherin bewährt, zum Beispiel im Tarzan-Film als Stimme der Jane. Im Goldenen Buch der Stadt Hannover steht sie schon. Man darf gespannt sein, was da noch kommt.

Großstadtsymphonie ... hier spielt die Musik

Als die Hamburger Sparkasse 2009 den »Lokalisationskoeffizienten der Beschäftigten in der Musikwirtschaft« unter den 20 größten Städten Deutschlands ermitteln ließ, musste sie feststellen, dass Hamburg beim Verhältnis der in der Musikbranche tätigen Arbeitnehmer in Bezug auf die Einwohnerzahl nicht, wie erwartet, den ersten Rang einnahm, sondern Rang 7, hinter Berlin (6), München (5), Stuttgart (4), Dresden (3) und Leipzig (2). Auf dem ersten Rang landete mit 3187 Beschäftigten in der Musikindustrie und 669 sozialversicherungspflichtigen Musikern die Stadt an Leine und Ihme. Das erzeugte in Han-

Klangvoll durch die Stadt

nover Appetit auf mehr. Seit rund zehn Jahren zeichnet die UNESCO kreative Städte mit dem Titel »City of …« aus. Die bisher im Bereich Musik damit bedachten Städte sind Bogotá, Bologna, Brazzaville, Gent, Glasgow und Sevilla. Warum also sollte sich Hannover nicht als »UNESCO City of Music« bewerben? Gesagt, getan. Am 1. Dezember 2014 wurde Hannover zur UNESCO City of Music erklärt.

Erfindungen, die die Welt beglückten

Hannover hat eine lange Geschichte der Innovationen im Bereich der musikalischen Elektronik. Es begann 1898 mit der Gründung der Deutschen Grammophon-Gesellschaft (DGG) durch Emil Berliner und seinen Bruder Joseph. Emil Berliner hatte in den Jahren davor ein Grammophon und eine Schallplatte aus wachsbeschichtetem Zink entwickelt. Obwohl die Tonqualität noch sehr zu wünschen übrig ließ, sollen sich im ersten Jahr 25.000 dieser Platten verkauft haben. Ab 1898 begann die DGG mit der Massenproduktion von Schellackplatten, an deren Entwicklung Emil Berliner maßgeblichen Anteil hatte.

Sechs Jahre nach dem Zweiten Weltkrieg wurde in Deutschland die erste Langspielplatte aus Kunststoff durch die DGG, die Vorläuferin der heutigen EDC, eingeführt. 1965 ging ebenfalls hier die weltweit erste Serienfertigung von Musikkassetten über die Bühne. Bereits am 17. August 1982 presste man bei Polygram (das Label der DGG für U-Musik) die erste CD der Welt, sechs Wochen bevor der erste CD-Player auf dem Markt war. Es war das Abba-Album »The Visitors«.

Der heute emeritierte Professor der Leibniz-Universität Hannover, Hans-Georg Musmann, war ab 1988 Leiter der Erlanger MPEG/Audio-Forschungsgruppe, die das MP3-Format entwickelte. Dieses Format reduziert die ursprüngliche Datenmenge einer digital aufgenommenen CD auf die tatsächlich vom menschlichen Ohr wahrnehmbaren Signalanteile, sodass die zu speichernde Datenmenge bis auf ein Siebtel reduziert werden kann.

Von Wennebostel in der Region Hannover gehen seit den Anfängen im Jahr 1945 hochwertige Mikrophone und Kopfhörer der Firma Sennheiser in alle Welt. Das »Sennheiser Orpheus«, das in den 1990ern in limitierter Stückzahl produziert wurde, gilt als das teuerste Mikrophon der Welt. Duesenberg-Gitarren des kleinen, aber feinen Herstellers Göldo Music begeistern Gitarristen und Bassisten rund um den Globus. Unter ihnen ist von Bob Dylan bis Keith Richards von den Rolling Stones alles, was Rang und Namen hat, vertreten. Die Gitarren erinnern im Namen an eine der luxuriösesten Automobilmarken der 1930er Jahre in den USA.

Damit jedermann die Musik (und jeden Wortlaut) möglichst gut verstehen kann, gibt es in Großburgwedel/Hannover auch noch die Zentrale eines führenden Herstellers für Hörgeräte. Mit weltweit 650 Fachgeschäften, davon rund 500 in der Bundesrepublik, gilt die nach dem Zweiten Weltkrieg gegründete Firma von Martin Kind als gut aufgestellt.

Musikalische Tradition

Seit 1689 gehört die Aufführung von Opern zur musikalischen Tradition der Stadt. Der seinerzeit einflussreiche Komponist Agostino Steffani eröffnete den

Heute wieder große Oper

Reigen mit der dem Welfenhaus auf den Leib geschriebenen Oper »Enrico Leone« (Heinrich der Löwe). Sie wurde im Theater des Leineschlosses aufgeführt. (Das Niedersächsische Kammerorchester und die in Hannover ansässige »Capella Agostino Steffani« unter der Leitung von Lajos Rovatkay haben 1986 eine faszinierend herzerfrischende Einspielung von Szenen dieses »Dramma per musica« auf CD produziert, die deutlich machen, welch einen Glücksfall die Wiederentdeckung Steffanis darstellt.) Hannover war damals die musikalische Werkstätte Europas, insofern als der Diplomat, Geistliche und Tonsetzer Steffani die Traditionen der italienischen und französischen Barockmusik zusammenführte.

Das spätklassizistische Gebäude der von Laves entworfenen Staatsoper am heutigen Platz wurde 1852 mit Mozarts »Hochzeit des Figaro« eingeweiht. Das im Weltkrieg bis auf die Grundmauern niedergebrannte Opernhaus wurde im Innern modernisiert, äußerlich jedoch weitgehend historisierend wieder errichtet. Mit dem »Rosenkavalier« von Richard Strauss begann die Nachkriegsära. Heute firmiert das Haus unter dem Namen »Niedersächsisches Staatstheater« und ist eines der kulturellen und gesellschaftlichen Zentren der Stadt.

Musikalische Bildung schon für die Kleinen großgeschrieben

In der musikalischen Erziehung ist Hannover Vorreiter. Hier gab es vor 25 Jahren den ersten Studiengang in populärer Musik: JazzRockPop. Die Hochschule für Musik, Theater und Medien ist mit 1500 Studenten und 350 Dozenten die zweitgrößte der Bundesrepublik. Seit

Spielstätten und Musikclubs (Kapazität)

Freiluftorte:
HDI Arena (40.000)
EXPO Plaza (25.000)
Geschlossene Räumlichkeiten:
TUI Arena (12.000)
Swiss Life Hall (5000)
Gilde Parkbühne (5000)
Kuppelsaal (3600, größter Konzertsaal Deutschlands)
Capitol (1800)
NDR, Großer Sendesaal (1200)
Pavillon (1000)
Faust (800)
MusikZentrum (500)
Bluesgarage Isernhagen (400)
Glocksee (300)
Béi Chéz Heinz (300)
Jazz-Club (120)
Marlene (120)
Kanapee (70)
Feinkost Lampe (eher weniger)

2012 gibt es mit der Deutschen POP eine Akademie der Musik- und Medienbranche in Stöcken.

Die Musikschule der Stadt Hannover setzt schon bei den Kleinen an. Sie bietet Kurse für Kinder im Vorschulalter. Die jüngsten Teilnehmer werden in Eltern-Kind-Gruppen bereits mit 18 Monaten spielerisch an den Umgang mit Musik und ihren Phänomenen herangeführt. Im Programm sind auch Vor-Ort-Angebote in Kindertagesstätten. In der Grundschule fächern sich die Optionen aus, sodass neben Gesangsprojekten auch Instrumentalkurse möglich sind. Auf diese Weise gibt es in 22 Schulen der Stadt Bläserklassen. Ausgangspunkt war eine Schule in Hemmingen. In Niedersachsen existieren mittlerweile 120 Schulen mit 500 Bläserklassen und 20.000 Schülern.

In der Nordstadt wurde 1993 das MusikZentrum gegründet, das sich besonders um die musikalischen Interessen der Jugendlichen kümmert, einschließlich derer, die aus armen Familien stammen. Ein mit Instrumenten bestücktes Rockmobil besucht Schulen, Freizeitheime und Jugendzentren, um mit den interessierten Jugendlichen Musik zu machen. Ein rollendes Tonstudio, Sound-Truck genannt, ermöglicht ihnen, ihre Schöpfungen professionell aufzunehmen. Außerdem können von passionierten Bands in fünf umgebauten ehemaligen Luftschutzbunkern 57 Probenräume angemietet werden.

Gesangskultur ist Kult in der Hauptstadt der Chöre

Mit ungefähr 400 Chören, in denen jeweils zwischen 10 und 100 aktive Sängerinnen und Sänger lokales und internationales Liedgut pflegen, ist Hannover eine singende, swingende Stadt. Der älteste noch aktive Chor geht auf das Jahr 1802 zurück. Es ist der Hannoversche Oratorienchor, der als von Bürgern gegründete »Singakademie« mit Haydns »Schöpfung« der Tradition der Sangeskunst in der Stadt ein bleibendes Leben eingehaucht hat. Seither erweiterte sich die Palette auf alle Musikstile. Von der klassischen und Neuen Musik bis zum Jazz, von der traditionellen Kirchenmusik bis zu Gospel und Blues, vom feinen Kammerchor bis zur gemischten Liedertafel, vom Eisenbahner- und Polizeichor zum Seemannschor, Hannover ist da nicht festgelegt. Einige Chöre sind zu Aushängeschildern der Stadt und der Region geworden, wie die beiden Chöre der Mädchen und der Knaben, der Bachchor, der Brahms-Chor und der Niedersächsische Figuralchor.

Musikfeste ohne Ende

Neben dem vollgepackten Programmkalender der einzelnen Musikclubs finden das Jahr über zahlreiche Musikfestivals statt. Großen Zuspruch finden die vom NDR veranstalteten Konzerte auf der EXPO Plaza oder das »Masala-Weltbeat-Festival« (www.masala-festival.de) im Juli, bei dem die ganze Bandbreite der Weltmusik vorgestellt wird.

Im Frühjahr ist in der A-cappella-Woche der Gesang ohne instrumentale Begleitung angesagt. Häufig sind die Spielorte selbst sehenswert, wie das Schloss Landestrost oder das Kloster Mariensee (www.acappellawoche.com). Am Vatertag steht bei »swinging hannover« Jazz im Mittelpunkt (www.swinginghannover.info). Im Sommer rücken die Herrenhäuser Gärten in den Fokus: Beim »Kleinen Fest im Großen Garten« ist nicht nur Musik im Spiel, sondern auch allerlei Kleinkunst. Die »KunstFest-Spiele« glänzen mit Musikern und Orchestern aus aller Welt. Ein Zusammenspiel aus pyrotechnischer Choreografie und Musik wird beim »Internationalen Feuerwerkswettbewerb« geboten (alle www.hannover.de/Herrenhausen). Wenn sich an einem Juniwochenende die Lister Meile mit Buden und Open-Air-Bühnen ausstattet, dann ist ein feines Volksfest der alternativen Art angesagt: das Lister Meile Fest (www.listermeile-hannover.de). Ebenfalls im Sommer findet ein Open-Air-Spektakel am Fluss hinter dem »Faust« statt, das »Fährmannsfest«. Hier rockt Hannover, und häufig haben Bands der unmittelbaren Region ihren großen Auftritt. Auch beim dreiwöchigen »Maschseefest« (www.hannover.de/Maschseefest) ist viel Musik drin. Schließlich ist im September der Westen mit dem musikgesättigten »Limmerstraßenfest« (www.aktion-limmerstrasse.de) an der Reihe. Hier zeigt die Lindener Szene, was sie draufhat.

Stätten der letzten Ruhe

Memento Mori

In Hannover wird gelebt, aber auch gestorben. Seine Friedhöfe sind für beides beredte Zeugen. Am ungewöhnlichsten ist wohl der alte **Sankt-Nikolai-Friedhof**, dem es deutlich an der üblichen Friedhofsruhe gebricht. An der Ruine der Friedhofskapelle beginnt ein Areal mit Grabsteinen, die sowohl auf den Platten der Promenade als auch auf den angrenzenden Rasenflächen errichtet sind. Durchschnitten wird der aufgelassene ehemalige Friedhof von der viel befahrenen Celler Straße. Besonderer Anziehungspunkt ist das bezaubernde Hölty-Grab, auf dem häufig eine frische Blume zu finden ist.

Ebenfalls aufgelassen ist der sogenannte **Gartenfriedhof** an der

Alternativer Grabspruch eines Rechenmeisters

Der Verfasser von Rechenfibeln, Friedrich Krancke (1782–1852), der auf dem Gartenfriedhof bestattet liegt, erhielt von seinen Schülerinnen für seinen Grabstein eine lobende und sehr anhängliche Widmung. Er selbst hatte sich jedoch folgende Inschrift für sein Grab ausgedacht:

»Des Rechnens müde lieg' ich jetzt im Grabe
und werde in die Brüche gehen;
wenn ich mich nicht verrechnet habe,
dann werd' ich dereinst auferstehen!«

aus: Broschüre »Der Gartenfriedhof«, Hannover

Sankt-Marien-Kirche. Er wahrt die äußere Form eines Friedhofs und wird wegen der Prominenz seiner dort zur letzten Ruhe Gebetteten gern von Kennern der Kulturgeschichte der Stadt aufgesucht. Zwei der Beerdigten sollen hier herausgegriffen werden: Charlotte Sophie Henriette Kestner, geborene Buff, und Dr. Georg Friedrich Grotefend. Selten hat eine Frau gleich zwei der bedeutendsten Literaten deutscher Zunge dazu veranlasst, sie in einem Roman zu verewigen. So ist sie die umworbene Lotte aus dem goetheschen Briefroman »Die Leiden des jungen Werthers«. Ein späteres Treffen mit Goethe wurde zur Vorlage für Thomas Manns frei mit der Realität verfahrenden Roman »Lotte in Weimar«. Mit gewohnter Detailtreue lässt Mann »seine« Lotte behaupten, dass ihr Geburtstag, anders als der Grabstein vermerkt, auf den 13.1. falle. Ein schlichtes gezacktes Kreuz aus Eisen markiert das Grab des Schulrats Grotefend. Er steht am Anfang der Entzifferung der persischen Keilschrift; ausgehend von zwei erschlossenen Herrschernamen kam er dem Geheimnis dieser Schrift auf die Spur. Dieses Unterfangen begann mit einer Wette.

An der Oberstraße befindet sich ein **alter jüdischer Friedhof**, der wie ein einziger ummauerter Grabhügel wirkt. Er wurde um 1550 auf einer Düne gegründet und, nachdem auf dem alten Friedhof bereits mehrere Grabschichten übereinandergelegt worden waren, 1864 durch den Friedhof An der Strangriede abgelöst. Auf dem von Bäumen beschatteten Hügel reihen sich an manchen Stellen die Grabsteine dicht an dicht. Etwa 700 sind erhalten geblieben. Der älteste erhaltene Grabstein kennzeichnet das Grab von Heinrich Heines Ururururgroßvater Salomon Gans aus dem Jahre 1654. Leibniz' Schüler und Sekretär, Rafael Levi Hannover, der ein geschätzter Mathematiker und Astronom war, liegt hier ebenfalls begraben. Der **jüdische Friedhof An der Strangriede** ist ein Who's who des emanzipierten Hannoveraner Judentums. Die Grabstätten spiegeln die Stellung der Beerdigten in der städtischen Gesellschaft deutlich wider. Unter den Toten befinden sich meh-

Grabsteine des jüdischen Friedhofs An der Strangriede

rere Mitbegründer der Continental AG, aber auch der Frauenarzt und Marx-Freund Louis Kugelmann.

Der große **Stadtfriedhof Engesohde** am östlichen Südende des Maschsees wird seit 150 Jahren genutzt und zeigt die unterschiedlichsten Varianten der Totenverehrung und der Reflexion über den Tod. Sie reichen von der pfiffig-lakonischen Bemerkung eines Kurt Schwitters »Man kann ja nie wissen« bis zu dem aus dem Stein gehauenen Faustzitat aus dem Anfangsmonolog für Gustav Noske, als stünde dieser noch am Beginn seines Wirkens. Erholungsuchende nutzen den Friedhof mit seinem großen Baumbestand gern als Park.

Zu guter Letzt soll noch der weitläufig angelegte **Stadtfriedhof Stöcken** im Nordwesten erwähnt werden, denn hier wurden in einem Gemeinschaftsgrab die sterblichen Überreste der Opfer des Fritz Haarmann bestattet. Entgegen den Bitten der Eltern dieser jungen Männer spricht die Grabinschrift von Verstorbenen, nicht von Ermordeten. Beschwichtigende Pietät einer Totenstätte.

Für eine Frau, wie sie im Buche steht

Das Zelt auf der Terrasse des Neuen Rathauses für ein Konzert des NDR steht schon bereit

Geschichte

Eine kleine Geschichte der Stadt
Geschichtliche Ereignisse im Überblick

Eine kleine Geschichte der Stadt

Vorzeit und Antike

Steinwerkzeuge und Waffen aus einer Zeit vor etwa 120.000 Jahren deuten auf erste Jäger und Sammler in der Region Hannover hin. Die Hersteller und Benutzer dieser Gerätschaften waren aufrecht gehende Menschenwesen, darunter auch die Neandertaler. Sie durchstreiften vermutlich in Horden auf der Suche nach Nahrung das Terrain und blieben nur temporär an einem Ort. Vor rund 41.000 Jahren betrat wohl der erste Homo sapiens den europäischen Kontinent. Diese einzige überlebende Menschenart teilte sich noch rund 6000 Jahre die Lebenswelt mit dem Neandertaler.

Über die ersten, noch schriftlosen Siedler nach der letzten Eiszeit, deren Eisdecke die Region Hannover nicht mehr erreichte, weiß man nur, was den materiellen Funden zu entnehmen ist. Die Wissenschaft teilt sie nach dem Muster und der Form ihrer Keramiken ein. In der Region Hannover waren wohl um 4000 v. Chr. Bandkeramiker auf lösshaltigen Böden links der Leine sesshaft geworden. Das Verbreitungsgebiet und die Datierung ihrer Gefäße weisen auf eine Einwanderung aus dem Donauraum hin. Weitere Funde späterer Keramiktypen, wie beispielsweise die der

Glockenbecherkultur, lassen vermuten, dass sie nicht nur auf die Sesshaftigkeit einer Kulturgruppe hindeuten, sondern auch ein Indiz für Handelsverbindungen sind. Die ersten Siedlungen rechts der Leine sind auf dem weniger fruchtbaren Geestrücken um 2500 v. Chr. anzusetzen.

Mit dem Beginn unserer Zeitrechnung ist erstmals der Name eines in den Raum Hannover eingewanderten Volksstammes belegt: der germanischen Cherusker. Ihr zeitweise im Sold der Römer stehender Stammesführer Arminius brachte dem Statthalter Varus in einer Art früher Guerilla-Taktik eine Niederlage bei, die möglicherweise dazu beigetragen hat, dass ein Großteil Deutschlands nicht romanisiert wurde. Die Römer drangen zwar mehrmals bis zu Nordsee und Elbe vor, beließen es aber bei der Rheingrenze.

Mittelalter

Zur Zeit Karls des Großen war der Nordwesten Deutschlands Siedlungsraum der Sachsen, die von ihm in aufwendigen Feldzügen in sein Reich gezwungen wurden. Niedersachsen ist nach ihnen benannt. In dieser Zeit gehörte das Geschlecht der Welfen zum einflussreichen Hochadel im Frankenreich, wenn sie auch eher in Burgund und im Süden Deutschlands verankert waren. Die beiden Welfenschwestern Judith und Hemma waren attraktiv genug, von Kaiser Ludwig dem Frommen und König Ludwig dem Deutschen geehelicht zu werden – und nicht nur weil nach den Quellen zumindest die eine, Judith, bildhübsch war.

Der Name Hannover selbst taucht erstmals in einer Heiligenlegende über

Siegel Heinrichs des Löwen

Bischof Bernward auf. Bernward war ab 993 Bischof in Hildesheim und 1022 dort bestattet worden. Laut der »Miracula Sancti Bernwardi« hat ein blindes Mädchen an seinem Grab das Augenlicht wiedererlangt. Es kam aus dem »vico hanovere«; also aus einem Marktflecken namens Hannover. Es wird vermutet, dass zwischen 1124 und 1141 ein Graf Hildebold von Roden als Lehnsmann der Herzöge von Sachsen dort eine dem heiligen Georg geweihte Kirche und einen Markt errichten ließ. In einer Urkunde Heinrichs des Löwen wird der Name Hannover 1163 anlässlich eines Hoftags aktenkundig. Bereits 1189 wurde die Stadt auf Befehl des späteren Kaisers Heinrich VI. im Kampf gegen die Welfen durch Brandschatzung wieder zerstört. In einem Bericht darüber wird Hannover das erste Mal als Stadt (»civitas«) bezeichnet. 1202 lautet die Bezeichnung »oppidum« (ebenfalls Stadt).

Auf dem linken Leineufer wurde vor 1215 die Burg Lauenrode errichtet, von der aus die Grafen von Roden und ihre Nachfolger ein Auge auf die Stadt hatten. Hannover lag an einer gut passierbaren Engstelle des Leinetals und nahe der Kreuzung zweier Handelswege: ei-

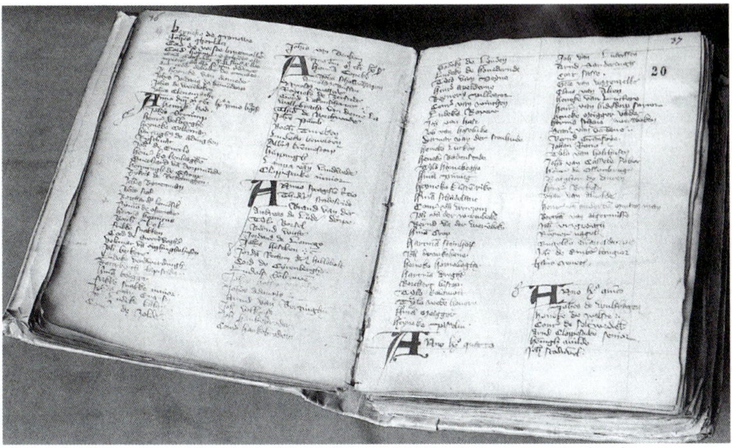
Blick in das Bürgerbuch Hannovers

ner Süd-Nord-Strecke, die aus Italien und Bayern via Hildesheim kommend nach Lüneburg, Bremen, Hamburg und Lübeck führte, und einer Ost-West-Route, die die Niederlande und das Rheinland mit Magdeburg und Frankfurt an der Oder bis hin nach Smolensk verband. Die Kaufmannschaft der Stadt begann, sich am Zwischenhandel zu bereichern, und war bestrebt, darin nicht von dem jeweiligen Landesherrn gegängelt zu werden. Vermutlich gelang es einem Ratsgremium der Stadt noch vor 1239, den Rodener Landesherrn das Selbstverwaltungsrecht abzukaufen. Eine Urkunde von 1241 weist den Welfen Otto, das Kind, als neuen Stadtherrn aus, der das Stadtrecht und die erlangten Privilegien bestätigte. Er erhielt als ideeller Besitzer von Grund und Boden von der Stadt einen Grundzins (»Worthzins«), den sein Stadtvogt in seinem Auftrag einzog, und er war, vertreten durch diesen, auch oberster Gerichtsherr. Das Jahr 1241 gilt offiziell als Stadtgründungsjahr.

Eine Namensdiskussion

Noch Gottfried Wilhelm Leibniz konnte der sicheren Meinung sein, dass Hannover nichts anderes bedeuten kann als »Hohes Ufer«, zumal in alten Schreibungen auch »honovere« benutzt wurde. Da der Name aber schon existiert hat, bevor man dem hohen Ufer mit den Resten der geschliffenen Burg Lauenrode zu einer größeren Höhe verhalf, die vorher etwa drei Meter betrug, sind weitere mögliche Namensbedeutungen ins Gespräch gekommen. Sie reichen von »Anhöhe« über »Ufer am Schilf« bis »hagan« auf einem »over«, also einem »befestigten Herrenhof auf einem Ufer«, den man am Ballhof meint verorten zu können. Dennoch möchte man das »Hohe« im Namen nicht missen.

Stadtansicht Hannovers im 16. Jahrhundert, in der Mitte die Marktkirche

Die spätmittelalterliche Stadt nutzte die Auseinandersetzungen der verschiedenen adeligen Landesherren untereinander, um für sich mehr Freiheiten herauszuschlagen und ihre Selbstverwaltung finanziell besser abzusichern. Ab 1297 galt für Hannover, dass Stadtluft frei macht. Das heißt, dass geflohene Leibeigene oder Hörige nach »Jahr und Tag«, die sie in der Stadt lebten, ohne von ihrem Grundherrn angefordert worden zu sein, freie Männer waren. Frauen jedoch blieben in der Regel lebenslang von ihren Vätern oder Ehemännern abhängig. 1322 erhielt die Stadt das einträgliche Münzrecht. Der »Worthzins« ging ab 1348 als Grundsteuer in den Stadtsäckel.

Im Lüneburger Erbfolgekrieg zwischen dem Haus Askanien und den Welfen schlug sich Hannover jeweils auf die günstigere Seite und erlangte im Großen Privileg 1371 von den Askaniern nicht nur die Garantie aller bisherigen Rechte, sondern auch die Erlaubnis, die Burg Lauenrode zu schleifen. Zudem ging der Wald Eilenriede in den Stadtbesitz über und durfte erweitert werden. Hannover war auch berechtigt, über seine äußere Sicherheit zu bestimmen. 1330 existierten bereits Teile einer Ummauerung mit drei Stadttoren. 1373 wurde die letzte Lücke an der Leine geschlossen.

Aus einer Bestimmung von 1448 wissen wir, dass die ursprüngliche Zahl von zehn Räten aus dem Jahre 1255 nun auf zwölf erhöht war. Vier vertraten die reiche Kaufmannschaft, vier die in Hannover »große Ämter« genannten vier Zünfte, nämlich Bäcker, Knochenhauer, Schuhmacher und Schmiede, vier die Meinheit (brauberechtigte, aber nicht zunftgebundene Bürger), und dazu kamen noch vier Geschworene, die sich der Rat über ein von ihm bestelltes Kollegium zuteilen ließ. Dieses Konstrukt war sicher nicht frei von Mauschelei, sollte es wohl auch nicht sein. Stadtoberhäupter kamen immer aus der Kaufmannschaft. Neben dem Rat blieb weiterhin der Stadtvogt als Vertreter des Landesherrn im Amt und sorgte so für einen immer wieder auszutarierenden Machtdualismus. Mit der gewonnenen Handlungs- und Handelsfreiheit trat der Rat der Stadt auch mit anderen Städten in Verbindung und schloss sich zeitweise der Hanse an. Eine große Beteiligung an Hansetagen ist jedoch nicht verzeichnet.

Von der Reformation bis zur Französischen Revolution

Für Hannover machte sich die Neuzeit durch eine wachsende religiöse Unruhe bemerkbar, gepaart mit sozialen Spannungen. Ein deutscher Mönch hatte es gewagt, der mittelalterlichen Universalkirche große Verfehlungen vorzutragen. Anders als Hus und frühere sogenannte Ketzer konnte Luther nicht auf dem Scheiterhaufen zum Schweigen gebracht werden, auch weil es Fürsten gab, die sich mit ihm als ideologisch-religiösem Fahnenträger eine größere Unabhängigkeit vom katholischen Römischen Kaiser Deutscher Nation und seiner Kirche erstreiten wollten.

Das Volk entschied sich nach zehn Jahre dauernden Auseinandersetzungen am 26. Juni 1533 für den lutherischen Glauben, obgleich der Rat der Stadt und der Landesherr Herzog Erich I. von Calenberg-Göttingen dagegen waren. In einem Schwur auf dem Marktplatz hielt das Volk an seinem Willen fest und der zur alten Religion haltende Rat verließ die Stadt Richtung Hildesheim. Diesen Schwur hält ein monumentales Bild im Hodler-Saal des neuen Rathauses fest. Die Vertretung der reichen Kaufleute im Rat wurde halbiert und die der Meinheit verdreifacht. War der

Der Schwur der Bürger 1533: Ausschnitt aus dem Wandgemälde von Ferdinand Hodler im Neuen Rathaus

Rat quasi die handelnde Verwaltung der Stadt, so bildete sich aus einer Erweiterung des Rates der Meinheit, dem »convent der gantzen stadt«, ein beratendes Gremium mit vier Vertretern der Kaufleute, 20 der Meinheit (einschließlich der Brauergilde) und zwölf der Ämter. Damit hatte, wie man heute sagen würde, die obere Mittelschicht an Einfluss gewonnen. Dieses Beratungsgremium kann als Vorläufer eines Stadtparlaments gesehen werden. Nach wie vor hing über diesen von unten kommenden Veränderungen der politische Wille des Landesherrn wie ein Damoklesschwert.

Noch während des 30-jährigen Krieges, zehn Jahre nachdem die Pest ein Drittel der Einwohner dahingerafft hatte, beschloss Herzog Georg von Calenberg-Göttingen, die mittlerweile größte Stadt seines Herrschaftsbereichs in den Rang einer Residenzstadt zu erheben.

Ein Exportschlager und frühe Kapitalisten

Auf den Tag genau weiß man, wann zum ersten Mal ein hannoverscher Exportschlager hergestellt wurde. Auch dessen Produzent ist bekannt. Es war der 31. Mai 1526, als es dem Brauknecht Cord Broyhan († 1570) gelang, ein haltbares und damit exportfähiges Bier zu brauen. In einer Quelle heißt es: »Als er nun das Bier brauete auf die Hamburger Art, ward ein sonderlich neues Bier daraus …« Sein hellbraunes, obergäriges Bier machte Hannover jahrzehntelang zur Bierexportstadt. Das traditionelle Restaurant »Broyhanhaus« in der Kramerstraße in Marktnähe trägt noch immer seinen Namen.

Rund ein Jahrhundert später betritt ein früher Kapitalist größeren Kalibers die ökonomische Bühne der Stadt. Johann Duve (1611–79) schaffte es für seinen Leinen-, Woll- und Tuchhandel, den ganzen Produktionsprozess vom Flachsanbau und der Schafzucht bis zum gewebten Tuch in der eigenen Hand zu behalten. Selbst das von ihm als »Wohltäter« gestiftete Waisen- und Armenhaus diente ihm dazu, seiner Produktion billige Arbeitskräfte zuzuführen. Damit nicht genug, pachtete er für 100.000 Taler jährlich das Schürfrecht an Nichtedelmetallen im Harzbergbau und belieferte das Heer mit Blei. 1666 pachtete er die städtische Münze. Doch hierbei wendete sich sein Unternehmerglück. Seine Münzen galten als zu wenig wert im Verhältnis zur Angabe. Nach acht Jahren entzog man ihm das Münzprivileg. Als schließlich ein Darlehen über 148.000 Taler an den dänischen König bei einem Schiffsuntergang buchstäblich baden ging, war Duve bankrott. Er wurde in der Kreuzkirche in einer eigenen Kapelle begraben. Einst hatte er für den Turmaufbau dieser Kirche 100 Taler gespendet und am Aufbau selbst 3000 Taler verdient.

Von noch anderem Kaliber ist der vom Schutzjuden zum Hoffaktor in Hannover aufgestiegene Elieser Behrens, genannt Leffmann (1634–1714). Ein Hoffaktor war in der Regel ein Kaufmann, der den Hof zunächst mit Luxusgütern beliefern und mit zunehmendem Ausbau seines Netzwerks auch Finanztransaktionen für seinen Fürsten durchführen konnte. So reiste Behrens im Auftrag des Herzogs Ernst August nach Wien und handelte mit dem kaiserlichen Hof die Summe von 500.000 Reichstalern aus, die für die Kurfürstenwürde zu zahlen war. Bei einer ähnlichen Transaktion unterstützte Elieser Behrens einen anderen jüdischen Hoffaktor namens Lehmann Behrend, um dem Sachsenkönig August dem Starken die polnische Königskrone gegen die französische Konkurrenz zu sichern. Doch ähnlich wie bei Duve endeten seine Geschäfte im Bankrott. Elieser Behrens liegt auf dem jüdischen Friedhof an der Oberstraße begraben.

Hannover war vom Krieg unbeschädigt und ohne größere Besetzungen geblieben. Der Rat wähnte sich schon auf dem Weg zur Freien Reichsstadt – und nun dieser (landes)herrliche Beschluss von 1636! Alle Einwände des Rats konterte der Herzog damit, dass Hannover die den Bürgern damit erwiesene Gnade bald erkennen werde. Spätestens jetzt war Hannover in das Zeitalter des Absolutismus eingetreten.

Als Erstes wurde ein ehemaliges im Besitz der Stadt befindliches Franziskanerkloster enteignet, um an seiner Stelle das sogenannte »Leineschloss« als königlichen Wohnsitz zu errichten. Bereits 1640 konnte der Herzog in die neue, mittelalterlich anmutende Residenz einziehen. Was aber ist ein absoluter Herrscher ohne prunkvolle Repräsentation? – Also wurde 1637 damit begonnen, ein erworbenes Gut im heutigen Herrenhausen zu einer herrschaftlichen Sommerresidenz um- und auszubauen. Die Gartenanlage nach französischem Vorbild – von 1666 bis 1679 ausgestaltet – wurde über die landesherrlichen Grenzen hinaus zum Aushängeschild des Herzogtums.

Auch die Anstellung des Universalgelehrten Leibniz im Jahre 1676 als Hofrat und Hofbibliothekar hatte mit dem Ehrgeiz des aufstrebenden Landesherrn zu tun, denn der Noch-nicht-Kurfürst wollte die Bedeutung seiner Herrschaft aufwerten: erstens durch die Prominenz des Berufenen und zweitens, indem er ihm auftrug, eine Geschichte seines Hauses zu verfassen. Bereits 1170 war eine »Historia Welforum« verfasst worden, die nach antikem Brauch die Ursprünge des Herrscherhauses bis zum Trojanischen Krieg zurückverfolgte. Leibniz legte sein Quellenstudium breit an. Damit zog er sich den Unwillen des angehenden Kurfürsten zu, denn zu einer Veröffentlichung kam es erst 1750, nach beider Tod.

Der Verstimmung des Kurfürsten ungeachtet wurde Leibniz für die aufgeschlossene Kurfürstin Sophie (von der Pfalz) und deren Tochter Sophie Dorothea zu einem gern gesehenen Ansprechpartner in allen Wissenschafts- und Kulturfragen. Gäste aus ganz Europa kamen, um in der toleranten Atmosphäre des Hofes zu disputieren, zu musizieren oder einen Karneval »à la vénitienne« zu feiern. Unter ihnen waren Händel, der Prinz Eugen, Zar Peter.

Sophie war mütterlicherseits eine Stuart. Dies wies ihr in der englischen Thronfolge einen Rang hinter fünfzig anderen Stuarts zu. Da sie aber als Einzige nicht katholisch war, rückte sie mit ihren Nachkommen nach dem Wil-

Der Union Jack auf dem Flohmarkt

len des englischen Parlaments hinter der erbenlosen Königin Anna auf den nächsten Platz. Als beide, Sophie und Anna, 1714 kurz nacheinander starben, wurde Georg Ludwig, Sophies Sohn, als Georg I. neuer König von England und Irland und blieb weiterhin Kurfürst von Hannover. Diese Personalunion beider Herrscherämter überdauerte die Französische Revolution und den Wiener Kongress bis ins Jahr 1837. Sie wurde nur deshalb beendet, weil Königin Viktoria als nächste Hannoveranerin auf dem englischen Thron nicht Kurfürstin sein durfte, denn in den deutschen Kurfürstentümern galt die männliche Primogenitur.

Doch bevor dies so weit war, fanden in Europa und der Welt entscheidende Veränderungen statt. Der östliche Nachbar Hannovers, Preußen, strebte einen Platz im Konzert der europäischen Großmächte an. Unterstützt wurde er dabei von England und nolens volens von dessen verlängertem Arm auf dem Kontinent, Hannover. Der junge Hohenzollernkönig Friedrich II. hatte sich Oberschlesien angeeignet und verteidigte im Siebenjährigen Krieg (1756–63) diese neue Machtposition gegen eine erdrückende Allianz der europäischen Führungsmächte mithilfe englischen Geldes, mit eigenem militärischen Geschick und viel

Die Entwicklung der Calenberger Neustadt

Noch vor der Zeit der Personalunion begann der Ausbau der Calenberger Neustadt. Auch dies ist im Zusammenhang mit der Durchsetzung des Absolutismus zu verstehen. Um den widerspenstigen Bürgern der Altstadt Paroli zu bieten, wurde auf der linken Leineseite eine rege Bautätigkeit für den herzoglichen und späteren kurfürstlichen Hof entfaltet. Man warb Handwerker an, die nicht in Zünften organisiert sein sollten, um den Zünften in der Altstadt die ökonomische Basis ihres Einflusses zu untergraben. Neben Regierungsgebäuden, wie einem erstmals in Deutschland errichteten Archivbau, entstanden Wohnviertel für die Hofbediensteten und die neue Handwerkerschaft. Da die Altstadt anderen als Lutheranern den ständigen Aufenthalt verbot, siedelten sich in der toleranteren Neustadt neben lutherischen Protestanten vor allem Katholiken und Juden, aber auch Hugenotten und andere reformierte Christen an. 1671 wurde sie mit einem eigenen Marktprivileg ausgestattet und Jahrzehnte später ein Rat für wirtschaftliche Belange vom Landesherrn zugelassen. Am Neustädter Marktplatz wurde 1666–70 mit der St. Johannis-Kirche einer der wenigen lutherischen Kirchenneubauten errichtet. Hinzu kamen 1699 ein Gotteshaus für die aus Frankreich eingewanderten Hugenotten, 1703 eines für die deutsche reformierte Gemeinde, 1703/4 eine erste jüdische Synagoge und 1711–18 eine katholische Kirche, deren Bau dem Herzog auferlegt wurde, als er zum Kurfürsten erhoben werden wollte.

Am Leineschloss mit der Schlossbrücke zeigt sich Hannover von seiner fürstlichen Seite

Fortune. Hannovers Befestigungsanlagen hatten sich allerdings gegen die moderne Artillerie als untauglich erwiesen und eine Besetzung durch französische Truppen nicht verhindern können. Sie wurden 1780 niedergelegt und in großzügige Promenaden wie die Georgstraße und den Friedrichswall umgewandelt.

Auf den Kriegsschauplätzen außerhalb Europas erkämpften sich die mit angemieteten deutschen Söldnerkontingenten aufgefüllten englischen Truppen eine koloniale Vormachtstellung in Nordamerika und Indien gegen das ebenfalls imperial ausgreifende Frankreich. Das Haus Hannover stand plötzlich an der Spitze einer Weltmacht, die von Nordamerika einmal um den Globus bis nach Neuseeland reichte, allerdings beschränkt durch die Vorgaben des englischen Parlaments.

In der Folge gelang den amerikanischen Neuenglandkolonien – unter tätiger Mithilfe Frankreichs – der Absprung in die Unabhängigkeit. Die große Revolution in der Grande Nation band Frankreichs Aktivitäten zunächst im Inland. Als es aber unter Napoleon erfolgreich weit über seine Grenzen hinausgriff, gehörte Kurhannover, wie es verkürzt genannt wurde, zu den ersten Unterlegenen. Es wurde einem 1807 von Frankreich gegründeten und von ihm abhängigen Königtum »Westphalen« zugeschlagen und von König Jérôme, einem Bruder Napoleons, regiert. Mit dem Niedergang Napoleons – in Hannover mit der Waterloosäule gefeiert – erhoben sich Land und Stadt Hannover zu neuer Größe. Auf dem Wiener Kongress erklärte das Haus Hannover sein Kurfürstentum zum selbstständigen Königreich im neu gegründeten Deutschen Bund.

Blick vom Rathausturm auf das ehemalige Provinzialmuseum, heute Niedersächsisches Landesmuseum

Das letzte Jahrhundert adeliger Herrschaft

Die Siegermächte über Napoleon hatten mit den bürgerlichen Errungenschaften der Revolution wenig am Hut. Der Code Napoléon, der in den deutsch-französischen und abhängigen Gebieten, also auch in Hannover, eingeführt worden war, wurde wieder abgeschafft und nur zaghafte Ansätze einer liberaleren Verfassung gewährt. 1814 wurde Hannover zum Sitz einer Allgemeinen Landständeversammlung, in der die Einwohner des neuen Königreichs ihre Vertretung sehen sollten. Zehn Jahre später wurden die Altstadt und die Calenberger Neustadt zu einer Stadt vereinigt und erhielten eine Stadtverfassung, in der erstmals Verwaltung und Justiz getrennt wurden. 1831 wurden die Regelungen für die Bauernbefreiung festgelegt und zwei Jahre darauf ein Staatsgrundgesetz erlassen, das die städtische Selbstverwaltung wieder aufleben ließ.

Doch mit der Thronbesteigung Ernst Augusts 1837 kam der erzkonservative Rückschlag: Der König wischte das Staatsgrundgesetz vom Tisch und bestand auf der Ausweitung seiner royalen Rechte. Die Aufregung im Königreich kulminierte im Protest der sogenannten »Göttinger Sieben«. Der König blieb unbeugsam und ließ drei der gelehrten Herrn aus dem Land ausweisen, die anderen verloren ihre Stellungen. Es dauerte vier Jahre, bis Ernst August schließlich einlenkte. In der Revolution von 1848 ließ er als Zugeständnis an die Bürger die Zensur abschaffen, umgab sich mit einem liberalen Kabinett, berief die Stände ein und gewährte eine weniger rigide Verfassung.

Sein Nachfolger Georg V. war noch mehr von seinem Gottesgnadentum überzeugt als sein altersmild gewordener Vater und setzte 1855 die liberale Verfassung außer Kraft. Im Konflikt zwischen Preußen und Österreich um die schleswig-holsteinische Frage nahm er eine legalistische Haltung zugunsten Österreichs und des Deutschen Bunds ein und erhielt prompt eine Kriegserklärung vonseiten des Hohenzollernstaats. Die preußischen Truppen nahmen Hannover ein und beendeten Jahrhunderte welfischer Herrschaft. Das Land wurde preußische Provinz, die Stadt Provinzhauptstadt. Der seit dem vierzehnten Lebensjahr blinde Georg V. ging nach Österreich ins Exil und starb 1878. Hannover wurde 1871 Teil des neuen preußisch dominierten Reiches und erhielt von Wilhelm II. als kaiserliches Trostpflästerchen im Jahr der

Eine Säule zu Ehren der gefallenen Sieger

Die Göttinger Sieben

Sieben Professoren der Göttinger Universität legten 1837 Protest ein, als der neue König Ernst August die liberale Staatsverfassung außer Kraft setzen ließ. Bei den Protestanten handelte es sich um den Staatsrechtler Wilhelm Eduard Albrecht, den Historiker Friedrich Christoph Dahlmann, den Orientalisten Heinrich Ewald, den Literaturhistoriker Georg Gottfried Gervinus, die Juristen und Germanisten Jacob und Wilhelm Grimm und den Physiker Wilhelm Eduard Weber. Auch wenn sich der Prorektor und vier Diakone im Namen der Universität umgehend von den Göttinger Sieben distanzierten, ohne die anderen Ordinarien gefragt zu haben, lagen die Sympathien des liberalen Deutschland bei diesem Fähnchen von sieben Aufrechten. Der intellektuelle Aderlass schadete der angesehenen Universität und wurde von den anderen Ländern des Deutschen Bundes, vor allen von Preußen, mit neuen Aufträgen für die Verfemten genutzt. An die »Göttinger Sieben« erinnert seit 1998 ein Denkmal in der Nähe des Niedersächsischen Landtags.

Entlassung des Reichskanzlers Bismarck den Titel »Königliche Haupt- und Residenzstadt«. Der Kaiser besuchte danach Hannover noch dreißig Mal.

Die seit 1873 durch Geburtenüberschuss, Zuzug und Eingemeindungen zur Großstadt avancierte Provinzmetropole gönnte sich noch vor dem Ersten Weltkrieg ein neues Rathaus, das von unkundigen Besuchern gern mit einem Schloss verwechselt wird. Kaiser Wilhelm II. kam 1913 eigens zur Einweihung dieses für ein Rathaus außergewöhnlichen Kuppelbaus in die Stadt und wurde durchaus hofiert. Fünf Jahre und einen Weltkrieg später war es mit der Monarchen- und Fürstenherrschaft und -herrlichkeit vorbei. Kieler Matrosen hatten eine Revolution angestoßen, und alle Fürstenhäuser kapitulierten. Da das welfische Haus Hannover ohne Herrschaft war und nie auf den Thron verzichtet hatte, ist es das einzige Herrscherhaus, das 1918 nicht formell abgedankt hat.

Die Industrialisierung Lindens und Hannovers

Die Industrialisierung Hannovers begann in Linden, einem Stadtteil, der bis 1920 selbstständig war und rund 80.000 Einwohner hatte. Johann Egestorff (1772–1834), im Volksmund »Kalkjohann« genannt, rettete 1803 eine Kalkbrennerei am Lindener Berg vor dem Bankrott und machte sie wieder flott. Der gelernte Böttcher reichte gute dreißig Jahre später drei Ziegeleien, drei Kalksteinbrüche, 24 Brennöfen, zwei Steinkohlenbergwerke am Deister und eine Zuckerfabrik an seinen ältesten Sohn Georg weiter. Georg Egestorff (1802–68) begann seine eigenständige Unternehmerlaufbahn mit der Gründung einer Saline in Badenstedt. Nach dem Tod des Vaters baute er das Erbe aus und gründete 1835 eine Maschinenfabrik, in der bis zu seinem Tod 323 Lokomotiven hergestellt wurden. Im Besitz von Bethel Strousberg wurde sie zur größten Lokomotivfabrik Deutschlands. Da Strousberg bereits 1871 in Schwierigkeiten geriet, übernahm ein Konsortium und bald hieß das Unternehmen in Kurzform »Hanomag«. Mit diesem Namen verbinden sich Maschinen und Fahrzeuge aller Art, darunter Dampfmaschinen, Lastkraftwagen, Traktoren, Personenwagen (1925 einer mit dem Spitznamen »Kommissbrot«) und Militärfahrzeuge, auch Panzer und Geschosse.

Der Chemiker Carl Hornemann verlegte 1842 nach Hannover eine Farbenfabrik, die er 1838 gegründet hatte, und bot ein Sortiment von Flüssigtinten, Künstler-, Kinder- und Wasserfarben an. 1871 verkaufte er seine Firma an Günther Wagner. Unter dem Logo eines Pelikans, dem Familienwappen Wagners entnommen, und durch die Reisetätigkeit des Prokuristen und späteren Schwiegersohns des Eigners, Fritz Beindorff, wurde Pelikan zur Weltmarke. Beindorff, ab 1896 neuer Alleineigentümer, weitete die Angebotspalette auf Büromaterial aller Art aus. Dazu gehörten der Klebstoff Pekanol, eine dokumentenechte Eisengallustinte, die wegen ihrer Haltbarkeit zur meistverkauften Tinte der Welt wurde, und verschiedene Varianten von Füllfederhaltern, darunter auch explizite Schulfüllfederhalter.

In der zweiten Hälfte des 19. Jahrhunderts wurde ein Unternehmen nach dem anderen gegründet: 1852 wurde die Brauerei Brande und Meyer gegründet, die spätere Lindener Aktienbrauerei (bis 1976). Es folgte 1853 die Schokoladenfabrik Bernhard Sprengel und im selben Jahr die Hannoversche Baumwollspinnerei und -weberei. Die Gummifabrik Excelsior ging 1862 aus einer Manufaktur hervor. Ihr erwuchs 1871 mit der Continental Caoutchouc- und Gutta-Percha Compagnie, den späteren Continental-Gummiwerken, eine Konkurrenz, die bis ins

Jahr 1928 andauerte und mit der dennoch Produktüberschneidungen weitgehend vermieden werden konnten. Während die »Ex« zeitweise nur auf Hartgummiwaren festgelegt war, spezialisierte sich die Continental mehr auf Weichgummiprodukte. Als 1928 die Übernahme durch Continental erfolgte, behielten bewährte Produkte wie der »Excelsior«-Reifen von »Ex« ihre angestammten Namen bei. In Limmer am Stichkanal wurde bis 1999 produziert.

Hermann Bahlsens Keksfabrik, die er 1889 gründete, ist das vielleicht am meisten mit dem Image der Stadt verknüpfte Unternehmen. Das Verschwinden des goldenen Kekses von der Fassade in der Podbielskistraße Anfang 2013 hat dies deutschlandweit allen wieder ins Gedächtnis gerufen. Die haltbar verpackten Kekse, die von Beginn an im Zentrum des Erfolgs der Firma standen, wurden von den als »Krümelmonster« bezeichneten Entwendern als Lösegeld akzeptiert. Die originalen 52 Zähne des Kekses dienten wohl als symbolische Maßeinheit, sodass an 52 Sozialeinrichtungen jeweils 1000 Päckchen verschenkt wurden. Jemand hat ausgerechnet, dass der mit dem Fall verbundene Medientrubel der Firma gut 1,7 Millionen Euro an Werbeetat gekostet hätte.

Die Aufzählung der Firmengründungen ist naturgemäß unvollständig. Was aber nicht fehlen soll, ist der Hinweis auf wesentliche Infrastrukturmaßnahmen, die die Industrialisierung begleiteten. Die Anbindung an den Schienenverkehr fand ihren Höhepunkt im Bau des neuen Bahnhofs 1879, der der erste großstädtische Durchgangsbahnhof in Deutschland war. Was die Wasserwege betrifft, wurde ab 1906 der Mittellandkanal an die Stadt herangeführt. Bei Kriegsbeginn 1914 war der Stichkanal bis Linden fertig, und es wurde der Lindener Hafen ausgebaut. Mit der Hindenburg-Schleuse bei Anderten wurde 1928 die damals größte Binnenschleuse Europas fertiggestellt. Ein 1923 eingerichteter provisorischer Flughafen in der Vahrenwalder Heide wurde 1928 zum Verkehrsflughafen ausgebaut.

Von der Weimarer zur Bonner und Berliner Republik

Die Revolution von 1918 ging in Hannover vergleichsweise schnell und nur nach kurzen Scharmützeln zu einer bürgerlich-demokratischen Tagesordnung unter sozialdemokratischer Führung über. Der Sozialdemokrat Robert Leinert wurde noch im November zum Oberbürgermeister der Stadt gewählt und war damit das einzige während der Anfangswirren der Revolution ordnungsgemäß gewählte Stadtoberhaupt in Deutschland. Seine SPD erreichte zunächst die Mehrheit im Bürgervorsteherkollegium. Als das als Arbeiterstadt angesehene Linden 1920 eingemeindet wurde, ging diese Mehrheit verloren. 1925 wurde Leinert abgewählt, auch weil man ihm und seinen Genossen die

Leichenteile in der Leine

Fritz Haarmann spukt nach fast 100 Jahren noch immer durch das kollektive Gedächtnis der Stadt. Kaum ein heutiger Hannover-Krimi kann sich verkneifen, den geistig beschränkten und doch so dreisten Serientäter der frühen Weimarer Republik zu erwähnen. Sicher ist die Zeile mit dem »Hackebeilchen« populärer als die Originalversion des Gassenhauers vom kommenden Glück.

Worum ging es in diesem Fall? Ein von den Behörden aus den Augen verlorener, amtlich anerkannt unzurechnungsfähiger Mann, der gleichwohl mehrfach wegen Verstößen gegen die Sittlichkeit und anderer Delikte ins Gefängnis geschickt wurde, schleppte nach dem Ersten Weltkrieg unter dem Deckmantel einer halb offiziellen Polizeispitzeltätigkeit Knaben und junge Männer zwischen 10 und 22 Jahren meist im Bahnhofsmilieu ab, um ihnen, wie es hieß, ein Obdach für die Nacht zu gewähren. Weit mehr als zwanzig von ihnen verließen die Wohnungen Haarmanns in der Neuen Straße und der Roten Reihe nicht mehr im lebenden Zustand. Haarmann hatte sie zu sexuellen Handlungen mehr oder minder gezwungen und ihnen dabei in einem trancehaften Rausch die Kehlen durchgebissen. Anschließend hat er sie zerstückelt. Die Knochen versenkte er in der Leine und an anderen Orten. Die Kleidung der Opfer verkaufte oder verschenkte er an seinen ständigen Begleiter Hans Grans oder an andere Bekannte. Da er zudem einen dubiosen Fleischhandel unterhielt, ist es nicht ganz von der Hand zu weisen, dass er auch das Fleisch seiner Opfer an Kunden verkaufte.

Haarmann verfügte zeitweise über einen Polizei- bzw. Detektivausweis und ging so im Bahnhof ein und aus. Ebenso im Polizeipräsidium. Da er kleine Hehler und ihm unliebsame Strichjungen an die Polizei verpfiff, genoss er als »Herr Kriminal« ein gewisses Ansehen bei der Behörde und im Milieu. Das ging so weit, dass Klagen seiner Nachbarn über sein Treiben nach zufällig erfolglosen Razzien fortan unberücksichtigt blieben. Einige Eltern der Opfer mussten Privatdetekteien beauftragen, weil ihr Anliegen, über den Verbleib ihrer Kinder Nachforschungen anzustellen, von der Polizei abgewiesen

wurde. Im Übrigen war es nahezu unmöglich, ihn zu observieren, da er alle Beamten kannte. Man musste zwei Beamte aus Berlin anfordern.

Schließlich verdichteten sich die Verdachtsmomente so sehr, dass man Haarmann festnahm. Man legte schließlich sogar Abschnitte der Leine trocken und fand zweiundzwanzig zusammengehörende männliche Oberschenkelpaare im Flussbett. Nun wollte man Haarmann schnell und ohne einen Skandal zu riskieren, zum Tode verurteilen. Dazu benutzte man wiederum skandalöse Methoden, die erst später über einen Polizeibeamten bekannt wurden. Ein Prozessbeobachter, der Professor der Universität Hannover Theodor Lessing, der in seinen Artikeln die Versäumnisse der Behörden geißelte, wurde kurzerhand und rechtswidrig des Gerichtssaales verwiesen. Zudem hängte man ihm noch ein Disziplinarverfahren an den Hals. Auch Eltern der Opfer wurden vom Richter, weil sie sich kritisch äußerten, mehrfach barsch zurechtgewiesen oder eingeschüchtert.

Leinearm in »Klein-Venedig«, nach dem Ersten Weltkrieg das Viertel der armen Leute und kleinen Ganoven

Haarmann gab zögerlich einen Mord nach dem anderen zu. Schließlich wurde er mehrfach zum Tode verurteilt und am 15. April 1925 mit dem Fallbeil ins Jenseits befördert. Nach Theodor Lessing ein Justizmord, denn Haarmann hätte wegen Unzurechnungsfähigkeit nie vor Gericht gestellt werden dürfen und weit vor seinen Morden in öffentlichem Gewahrsam bleiben müssen.

schweren Zeiten mit Nachkriegselend und galoppierender Geldentwertung anlastete. Die national-bürgerliche Mitte gewann an Einfluss und stellte mit Arthur Menge den neuen Oberbürgermeister, einen der wenigen, den die Nationalsozialisten bis 1937 unangetastet im Amt beließen.

In der ersten Nachkriegszeit war Hannover und sein Bahnhofsviertel zu einem Zentrum von Schiebern und Schwarzhändlern geworden. Es ist die Zeit, in der ein gewisser Fritz Haarmann eine schaurige Aufmerksamkeit auf sich und sein Milieu zog. Unter der dünnen sozialdemokratischen Decke walteten in den Ämtern von Verwaltung und Justiz weiterhin obrigkeitshöriges und patriarchalisches Denken und Handeln. Nach

Ein erster Mord

Mit der Übertragung der Reichskanzlerschaft an Adolf Hitler am 30. Januar 1933 erkannte Theodor Lessing (1872–1933), dass für ihn in Deutschland kein normales Leben mehr möglich war, weshalb er sich ins Exil in die damalige Tschechoslowakei begab. Er hatte sich als fortschrittlicher Demokrat immer rückhaltlos geäußert. Die Rachsucht der neuen Machthaber kannte ihm gegenüber keine Grenzen. Als er am Schreibtisch in seiner Wohnung in Marienbad saß, erschossen ihn vier braune Häscher von der Straße aus durch das geschlossene Fenster noch im selben Jahr. Sie entkamen unbehelligt ins Deutsche Reich. Der Mord wurde nie geahndet, obgleich die Täter bekannt waren. Theodor Lessing war wohl das erste Opfer der Nazis in der Tschechoslowakei. Er war Philosoph, Psychologe, Kulturkritiker und der Sohn jüdischer Eltern. Und kaum jemand wollte das Menetekel an der Wand sehen oder – später befragt – bemerkt haben.

dem Börsenzusammenbruch 1929, der in Hannover die Arbeitslosigkeit auf über 30 Prozent ansteigen ließ, überflügelten die Nazis mit über 40 % der Stimmen in der Reichstagswahl von 1930 erdrutschartig alle anderen Parteien. Etwas mehr als ein Drittel der Wähler jedoch blieb bis 1933 der Sozialdemokratie treu.

Mit dem Machtantritt Hitlers bekam das öffentliche und politische Leben der Stadt einen neuen Charakter. Gegner des Nationalsozialismus und jüdische Bürger wurden offen bekämpft, die noch zögerlichen »Volksgenossen« durch Aufmärsche und Baumaßnahmen beeindruckt. Das jahrelang gehegte Projekt, einen See im Marschland (der »Masch«) hinter dem neuen Rathaus entlang der Leine anzulegen, wurde umgehend in Angriff genommen. Das Resultat kam gut an und ist vielleicht die einzige Errungenschaft des Dritten Reiches, die man in der Stadt nicht missen möchte.

Spätestens im November 1938 konnten jedem die Augen aufgehen, was die neue nationale Ausrichtung nach innen bedeutete. Ein Sohn der Stadt hatte in seiner Verzweiflung über die Abschiebung seiner Verwandtschaft nach Polen und über die eigene ausweglose Situation einen Beamten der deutschen Botschaft in Paris erschossen. Diese als Fanal gedachte Tat des unmündigen Herschel Grünspan (oder polnisch Grynszpan) nutzten Propagandaminister Goebbels und Konsorten, um einerseits einen Zusammenhang mit einer angeblichen jüdischen Weltverschwörung gegen das Dritte Reich zu konstruieren und um andererseits einen Mob von Parteigenossen und Helfershelfern auf die Wohnungen, Geschäfte und Synagogen jüdischer Mitbürger loszulassen. In Hannover wurden über 300 jüdische Bürger ins KZ Buchenwald abtransportiert, 27 jüdische Wohnungen und 94 jüdische Geschäfte zerstört und eine der stolzesten Synagogen im Reich unter den Augen der Feuerwehr niedergebrannt.

Mit dem Überfall der deutschen Wehrmacht auf Polen begann im Spätsommer 1939 der Zweite Weltkrieg in Europa. 1941 wurden in Hannover einige Wohnhäuser zu sogenannten Judenhäusern

Weite Teile der Innenstadt wurden im Zweiten Weltkrieg zerstört: Vorne rechts die Ruine der Aegidienkirche, am oberen Bildrand das Opernhaus

deklariert. Wer von den jüdischen Bürgern noch nicht geflohen war oder kein sicheres Versteck gefunden hatte, wurde in diese Häuser zwangseingewiesen. Mit dem Beschluss der obersten Führer des Dritten Reiches zur endgültigen physischen Vernichtung des jüdischen Volkes auf der Wannsee-Konferenz begann der Abtransport der jüdischen Mitbürger in die Arbeits- und Vernichtungslager im Osten. In Hannover selbst wurden Außenlager des KZ Neuengamme im Umfeld großer Industriebetriebe eingerichtet, um den Konzernen billige und rechtlose Arbeitskräfte auszuliefern.

Spätestens im Oktober 1943 war die Innenstadt Hannovers nach schweren Bombenangriffen der britischen RAF ein einziges Trümmerfeld. Nahezu 90 Prozent der Gebäude waren zerstört. 7000 Zivilisten starben im Bombenhagel. Eine Viertelmillion Menschen verloren im Laufe des Krieges ihre Wohnstatt. Die Alliierten führten gegen die Wehrmacht einen auf eine bedingungslose Kapitulation abzielenden Krieg und bezogen die Zivilbevölkerung gnadenlos ins Kampf-

Das Holocaust-Mahnmal auf dem Opernplatz

geschehen mit ein. Der »totale Krieg«, den Goebbels in Aussicht gestellt hatte, war längst in Deutschland angekommen. Noch vier Tage bevor die ersten US-amerikanischen Truppen Hannover erobern und besetzen konnten, ließen die Nazis 154 sowjetische Kriegsgefangene erbarmungslos erschießen.

Die besondere weltpolitische Mächtekonstellation nach dem Zweiten Weltkrieg bewahrte Deutschland und die Deutschen davor, in Elend und Bedeutungslosigkeit zu versinken. Im Ost-West-Gegensatz wurden beide Deutschlands als Bollwerke der jeweiligen Supermacht gewünscht und entsprechend aufgebaut. Die britische Besatzungsmacht schob in Hannover schon 1947 eine erste große Exportmesse in Laatzen an. Bereits 1952 wurde der erste Neubau eines deutschen Flughafens nach dem Krieg in Hannover-Langenhagen vollendet.

Neben dem deutschen Wirtschaftswunder sprach man auch vom »Wunder von Hannover«. Unter dem 1948 gewählten Stadtbaurat Rudolf Hillebrecht wurde die Idee von einer der Zukunft zugewandten »autogerechten Stadt« ins Werk gesetzt. Einige der von den Bombardierungen geschlagenen Schneisen wurden als breite Fahrstraßen ausgebaut, um einen zügigen Berufsverkehr zu gewährleisten. Ein Wohnbauprogramm wurde aufgelegt, das 100.000 neue Wohnungen bis 1960 schuf. Bereits 1954 hatte sich die Einwohnerzahl des Kriegsendes wieder verdoppelt und erreichte die halbe Million.

Von nun an ging es mit Hannover ständig aufwärts. Unter dem 1972 gewählten, jüngsten Stadtoberhaupt einer Großstadt, Herbert Schmalstieg, wurde die Passerelle, eine vom Raschplatz bis zum Kröpcke verlaufende, unter dem Niveau der Fußgängerzone angelegte Einkaufsmeile, heute Niki-de-Saint-Phalle-Promenade, am Hauptbahnhof in Angriff genommen. 1975 fuhr die erste U-Bahn. Ein besonderer Glanzpunkt, noch immer unter Schmalstieg, war mit der Expo 2000 die erste Weltausstellung auf deutschem Boden. So wie man kurz nach dem Krieg versucht hat, die restlichen Fachwerkhäuser für eine neue Altstadtgestaltung zu retten, so hat man sich fast 70 Jahre später doch noch dazu entschlossen, das Schloss Herrenhausen in seiner früheren äußeren Gestalt wiederzuerrichten. Auch das ist gut gelungen.

Geschichtliche Ereignisse im Überblick

Vorzeit und Antike

Vor 120.000 Jahren: Jäger und Sammler durchstreifen die Norddeutsche Tiefebene und hinterlassen ihre Werkzeuge und Waffen, darunter bei Verden einen Holzspeer, der zwischen den Rippen des Skeletts eines über vier Meter großen Waldelefanten gefunden wurde.

Eiszeiten: Die polare Eiskappe dringt mehrfach unterschiedlich weit in die Norddeutsche Tiefebene vor. Findlingsblöcke, Endmoränen und Urstromtäler geben Hinweise auf die Ausdehnung.

8000 v. Chr.: Nach dem Ende der letzten großen Eiszeit Anfänge einer dauerhaften Besiedlung der Region Hannover.

Gegen Ende der römische Republik: Der germanische Cherusker-Stamm ist im Raum Hannover sesshaft geworden.

Vom Mittelalter bis zur Reformation

Frankenzeit: Der Nordwesten Deutschlands ist Siedlungsgebiet der germanischen Sachsen.

Um 950 n. Chr.: Mehrere mittelalterliche Siedlungskerne am Leineufer.

Um 1150: Erste Nennung des Namens Hannover.

1163: Erste urkundliche Erwähnung Hannovers in einem Dokument Heinrichs des Löwen anlässlich eines in der Stadt abgehaltenen Hoftags. Möglicherweise hierbei schon die Erhebung zur Stadt.

1189: Brandschatzung der Stadt durch den Stauferkönig und späteren Kaiser Heinrich VI., als er Braunschweig, das Machtzentrum der Welfen, nicht erobern kann.

1215: Erwähnung der Burg Lauenrode, die auf einer Insel westlich des Hohen Ufers errichtet ist und dem Hause Roden gehört. Hannover ist zu diesem Zeitpunkt unter dessen Herrschaft. Eine in ihrem Schutz westlich davon erbaute Siedlung bildet die Basis für die Calenberger Neustadt.

Um 1230: Der Bau eines ersten, des alten Rathauses mit Ratsgebäude, Kaufhalle und Hochzeitshaus erfolgt, weil der Stadtherr von Roden wohl das Selbstverwaltungsrecht an die Stadt verkauft hat.

1241: Bestätigung des Stadtrechts am 26. Juni durch den Welfen Otto, das Kind, als er Hannover von den Rodener Herren übernimmt. Der Tag wird offiziell als Stadtgründungsdatum gefeiert.

1322: Hannover sichert sich das Münzrecht.

1368: Hannover wird Mitglied der Hanse.

1371–88: Im Lüneburger Erbfolgekrieg erlauben die Askanier den Bürgern Hannovers, die Burg Lauenrode zu schleifen. Zudem erhält die Bürgerschaft den Stadtwald Eilenriede zum Eigentum.

1448: Verabschiedung einer Ratsverfassung, die die Verankerung der Vorherrschaft der reichen Kaufleute in der Stadt besiegelt.

1468: Aus einer herzöglichen Klage geht hervor, dass Hannovers Bürger auf dem Gelände der geschleiften Burg Lauenrode Schießübungen abhalten, die der Wehrbereitschaft der Stadt dienen.

1529: Die Stadt Hannover erhält das Privileg, jährlich ein Schützenfest zu veranstalten.

Die Anfänge der Neuzeit

1533: Gegen den Rat der Stadt setzen die Bürger die lutherische Reformation durch.

1626: Ein Drittel der Bevölkerung von Hannover fällt der Pest zum Opfer.

1631: Mitten in den Wirren des 30-jährigen Krieges Beginn mit dem Aufbau eines ständigen Heeres aus Landeskindern und Söldnern durch die Welfen.

1636: Hannover wird auf Wunsch Georgs I. Residenzstadt der Calenberger Welfen und verliert seine relative Unabhängigkeit. Absolutistische Bestrebungen der Welfenherzöge.

1637: Errichtung des »Leineschlosses« in der Leinstraße.

1638: Kauf eines Guts in Höringehusen, um dort eine herzogliche Sommerresidenz zu errichten.

1666: Großer Garten in Herrenhausen nach französischem Vorbild gestaltet.

1676: Gottfried Wilhelm Leibniz als Bibliothekar und Hofrat im herzoglichen Dienst.

1692: Unter Ernst August wird Hannover Kurfürstentum.

Blick von der Waterloosäule auf Archiv, Leineschloss und Marktkirche. Links im Hintergrund der Telemoritz

1701: Kurfürstin Sophie wird als künftige Nachfolgerin von Königin Anna in England bestimmt.

1714–1837: Das Haus Hannover regiert England und Hannover in Personalunion.

1746: Beginn der ersten Stadterweiterung mit der Errichtung der Aegidienvorstadt.

1753: Auf Domänen und Privatgütern wurde Geld statt zu leistender Naturaldienste gefordert.

1757: Hannover wird im Siebenjährigen Krieg von den Franzosen besetzt.

1780: Anfang der Beseitigung der für unwirksam erachteten Stadtbefestigungen.

Seit Beginn der Französischen Revolution

1790: Jean-Pierre Blanchard, ein französischer Ballonfahrer und Entwickler des Fallschirms, wird anlässlich einer Ballonflugvorführung erster Ehrenbürger der Stadt.

1801: Hannover erhält seine ersten Straßenbeschilderungen.

1803–13: Wechselnde französische Besatzungen in der napoleonischen Zeit.

1814: Hannover wird Hauptstadt des auf dem Wiener Kongress vereinbarten und erweiterten Königreichs gleichen Namens unter der Herrschaft der Welfen.

1825: Hannover erhält als erste Stadt auf dem Kontinent eine Straßenbeleuchtung mit Gaslaternen.

1837: Am Ende der Personalunion mit England besteigt Ernst August den Königsthron in Hannover.

1842: Gesetzliche Gleichstellung der Juden mit den anderen deutschen Bürgern im Königreich.

1843: Eröffnung einer ersten Bahnverbindung nach Lehrte.

1854: Hannover tritt dem Deutschen Zollverein bei.

1866: Das Königreich Hannover wird im Krieg Preußens gegen Österreich von Preußen annektiert und die Stadt zur Hauptstadt der neuen preußischen Provinz Hannover.

1870: Einweihung der im Stil des Historismus gebauten Neuen Synagoge in der Roten Reihe.
1872: Eine Pferdebahn auf Schienen vom Steintor zum Döhrener Turm wird zum Vorläufer des öffentlichen innerstädtischen Transportwesens mit Trambahnen.

Hannover als Großstadt

1873: Hannover überschreitet die 100.000-Einwohner-Marke und wird Großstadt.
1882: Das Fernsprechamt der Stadt wird mit 75 Anschlüssen eröffnet.
1885: Das von Wilhelm Kröpcke gepachtete »Café Robby« wird zum Inbegriff Hannoveraner Kaffeehauskultur. Der Platz am Knick der Georgstraße wurde 1948 nach Kröpcke benannt.
1889: Hermann Bahlsen gründet seine Keksfabrik.
1890: Hannover erhält den Titel »Königliche Haupt- und Residenzstadt«.
1893: Eine erste elektrische Straßenbahnlinie verbindet den Königsworther Platz mit Herrenhausen.
1898: Emil und Joseph Berliner gründen eine erste Schallplattenfabrik.
1913: Kaiser Wilhelm II. kommt zur Einweihung des neuen Rathauses nach Hannover.
1920: Die 80.000-Einwohner-Stadt Linden wird eingemeindet.
1925: Fritz Haarmann wird als verurteilter mehrfacher Mörder mit dem Fallbeil hingerichtet.
1934–36: Arbeitslose schaffen den Maschsee.
1938: Niederbrennen der Neuen Synagoge in der Reichspogromnacht durch die Nazis.
1943: Zahlreiche Bombenangriffe zerstören nahezu 90 % der Innenstadtgebäude.
1945: US-Amerikaner erobern die Stadt und übergeben sie den britischen Truppen.

Nach dem Zweiten Weltkrieg

1946: Hannover wird Hauptstadt des künftigen Bundeslands Niedersachsen.
1947: Beginn der Ära der Hannover-Messen mit einer ersten Exportmesse in Laatzen.
1952: Der Flughafen Hannover-Langenhagen wird eröffnet.
1972–2006: Amtszeit des einst jüngsten Oberbürgermeisters einer Großstadt, Herbert Schmalstieg.
1975: Einweihung der ersten U-Bahn.
1986: Die CeBIT wird als eigenständige Messe neben der Industriemesse ins Leben gerufen.
2000: Die Expo 2000 ist die erste Weltausstellung auf deutschem Boden.
2001: Die Region Hannover wird aus der Taufe gehoben.
2007: Sea Life Hannover in Herrenhausen wird zur Attraktion.
2009: Die Etz-Chaim-Synagoge wird als erster Synagogenneubau in Deutschland nach 1945 eingeweiht.
2010: Lena holt mit ihrem Siegerlied »Satellite« den European Song Contest nach Deutschland.
2013: Wiederaufbau des im Krieg zerstörten Schlosses in den Herrenhäuser Gärten beendet.
2014: 300-Jahr-Feier der Personalunion von England und Hannover durch Ausstellungen, Feierlichkeiten, Vorträgen und Lesungen in Museen und diversen Veranstaltungsorten.

Unterwegs

Glanzpunkte im Herzen Hannovers
Unterwegs in …
… der Calenberger Neustadt
… in Linden
… in ausgewählten Stadtteilen
… in den Stadtoasen

Glanzpunkte im Herzen Hannovers

Für eine Stadterkundung empfehlen sich zwei Ausgangspunkte. Wer mit dem Zug oder mit der Stadtbahn vom Flughafen kommt, beginnt seinen Bummel in der Regel am **Hauptbahnhof**. An der Südostecke des Bahnhofsvorplatzes befindet sich eine **Touristeninformation**, sodass man sich mit entsprechenden Stadtplänen und Broschüren eindecken kann. Ein dort käuflich zu erwerbender Stadtführer heißt »Der rote Faden«. Mit dieser Broschüre wird man auf eine Besichtigungsrunde geschickt, die alle wesentlichen Punkte, die in der Innenstadt interessieren könnten, im Programm hat. Damit niemand vom Weg abkommt, wird jedes Jahr die rote Markierung – der rote Faden, dem man folgen soll – auf dem Asphalt erneuert.

Tourist Information Hannover
Ernst-August-Platz 8 (30159), Tel.: 0511-12345111, info@hannover-tourismus.de; Mo–Fr 9–18 Uhr, Sa April–Okt. 10–17 Uhr Nov.–März 10–15 Uhr, So April–Okt. 10–15 Uhr Nov.–März geschlossen

Wer nicht gerne Pflaster tritt, sollte eine solche Tour mit dem Fahrrad unternehmen, denn Hannover ist sehr fahrradfreundlich aufgestellt. Einen **Fahrrad-**

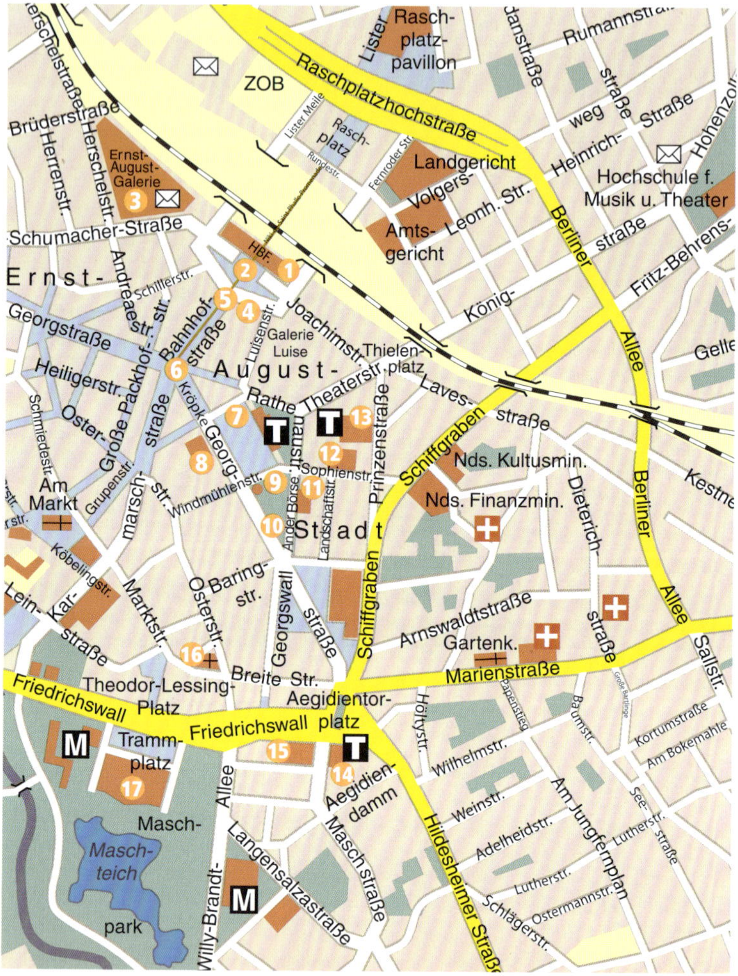

1 Hauptbahnhof
2 Ernst-August-Denkmal
3 Ernst-August-Galerie
4 Gullyman
5 Niki-de-Saint-Phalle-Promenade
6 Kröpcke
7 Opernhaus
8 Georgspalast
9 Holocaust-Mahnmal
10 Leibniz-Denkmal
11 Börse
12 Künstlerhaus
13 Schauspielhaus
14 Theater am Aegi
15 Norddeutsche Landesbank
16 Aegidienkirche
17 Neues Rathaus

verleih gibt es an der Unterführung des Hauptbahnhofs in der Fernroder Straße 2.

Radstation 1
Fernroder Straße 2 (30161), Tel.: 0511-3539640, radstation@step-hannover.de, www.step-hannover.de; Mo–Fr 6–23 Uhr, Sa/So 8–23 Uhr

Ein anderer möglicher Ausgangspunkt ist das **Neue Rathaus** am Trammplatz, und zwar in zweifacher Hinsicht. Erstens gibt es in seinem großen überkuppelten Innenraum drei historische Modelle der Stadt und eins, das in etwa ihrem heutigen Aussehen entspricht. Am aktuellen Modell kann man sich die architektonischen Leckerbissen schon einmal herauspicken. Zweitens kann man sich zum Auftakt seines Besuches eine Fahrt in einem technisch ungewöhnlichen Bogenaufzug zum Aussichtspunkt der Kuppel gönnen und hat so den Überblick über die Stadt nach allen Seiten hin und einen ersten Eindruck von ihren Ausmaßen. Die Tickets gibt es am Infoschalter in der Eingangshalle links.

1. Rundtour: Vom Hauptbahnhof zum Neuen Rathaus

Der **Hauptbahnhof** (1), der mittlerweile als Einkaufsbahnhof beworben wird, wurde in seinem wesentlichen Erscheinungsbild in den Jahren 1876–79 nach den Plänen des Architekten Hubert Stier (1838–1907) erbaut. Er ersetzte einen »Central-Bahnhof« an gleicher Stelle, der 1843 als erster Durchgangsbahnhof einer größeren Stadt in Deutschland errichtet worden war. Die großen Städte leisteten sich gerne repräsentative Kopfbahnhöfe, siehe Stuttgart oder München. Hubert Stiers Baustil firmiert gemeinhin unter der Bezeichnung Neo-Renaissance. Die großen Rundbögen der Fassade waren ein Zugeständnis an die damalige Hannoversche Architekturschule. Mit dem Neubau und dem gewachsenen Schienenverkehr wurden die Gleise fast fünf Meter höher gelegt, um den Straßenverkehr der expandierenden Stadt durch kaum abgesenkte Unterführungen weniger zu behindern. Im Zweiten Weltkrieg blieben nur die Außenmauern des Empfangsgebäudes erhalten. Alle späteren Renovierungen hielten an deren Bestand fest. Der Hauptbahnhof gehört mit täglich einer Viertelmillion Reisenden zu den sechs meistfrequentierten Bahnhöfen Deutschlands. Den längst als Kreuzungsbahnhof ausgelegten Verkehrsknotenpunkt passieren über 600 Züge am Tag. Seit 1998 regelt das damals größte und modernste elektronische Knotenstellwerk der Welt den Betrieb.

Wenn man den Hauptbahnhof in Richtung Innenstadt verlässt, trifft man am Ernst-August-Platz auf ein schwarzes Reiterstandbild, das sich auf einem Sockel aus Harzer Granit erhebt. Dieses **Ernst-August-Denkmal** (2) wurde 1861 von Albert Wolff (1815–92) zehn Jahre nach dem Tod des Monarchen geschaffen. Der als Husar uniformierte König kehrt dem von ihm zunächst behinderten Bahnhofsprojekt den Rücken. Unter dem weit nach hinten ausschwingenden Schweif seines Pferdes verabredet man sich gern zum Stadtbummel. Man trifft sich kurz und direkt »unter dem Schwanz«. Die im vermeintlich hannoverschen Genitiv gehaltene und deshalb gern bespöttelte Sockelinschrift »Dem Landesvater sein

Flanieren und einkaufen in der Niki-de-Saint-Phalle-Promenade

treues Volk« unterschlägt, dass Georg V., der Sohn Ernst Augusts, wegen der taschenlosen Spendierhosen der Untertanen die erheblichen Kosten weitgehend aus eigener Kasse übernehmen musste.

An der Nordwestseite des Bahnhofsplatzes taucht der Name des konservativen Herrschers für ein modernes Konsumtempellabyrinth abermals auf. Die gläserne **Ernst-August-Galerie** (3) beherbergt rund 150 Läden auf drei Ebenen. Ihre Errichtung war umstritten, weil ihr ein historisches Posthauptamt im Stil des Bahnhofs und zwei denkmalgeschützte Gebäude, darunter ein Witwenhaus, weichen mussten. Das **Portal des Witwenhauses** wurde erhalten und kann hinter einer Glasfassade der Galerie besichtigt werden.

Als jüngere Konkurrenz zum Treffpunkt »unter dem Schwanz« erweist sich der **Gullyman** (4). Noch am Ernst-August-Platz in der Nähe zur Bahnhofstraße ertönt plötzlich, als läge unter dem Pflaster der Strand, Musik aus dem Untergrund. Das Programm der ungewöhnlichen musikalischen Berieselung ist unter www.gullyman.eu abrufbar.

Was in der unteren Ebene des Hauptbahnhofs schon beginnt, setzt sich Richtung Innenstadt fort, nämlich eine tiefer gelegte Einkaufsmeile namens **Niki-de-Saint-Phalle-Promenade** (5), vormals Passerelle. Natürlich kann man in den Souvenirläden der Passage auch Miniatur-Nanas verschiedener Größe der in Hannover besonders verehrten Künstlerin erstehen.

Ein weiterer, sehr beliebter Treffpunkt der Hannoveraner ist ein Platz, der nach einem Oberkellner der Kaiserzeit benannt ist, **Kröpcke** (6). Man findet sich bei der grünen Uhr ein, die allerdings nur noch den matten Widerschein einer einstmals verspielten Wettersäule mit einem weithin sichtbaren Chronometer darstellt. Wilhelm Kröpcke war 1878 Oberkellner im »Café Robby« an selbigem Ort geworden. Nach wenigen Jahren übernahm er das Café als Pächter, und 1895 taufte er es auf seinen Namen um. Wer in Hannover zur

Verschnaufpause unter dem
Chronometer am Kröpcke

künstlerischen und literarischen Avantgarde zählte oder zählen wollte, war im »Café Kröpcke« bis in die 1930er Jahre Stammgast. Die Gästeliste reichte von Vicki Baum über die beiden Jünger-Brüder bis zu Erich Maria Remarque. Im Zweiten Weltkrieg wurde das Café zerstört und danach in moderner Form wiederaufgebaut. Wegen des U-Bahnbaus wurde es jedoch wieder abgerissen, in der heutigen Gestalt neu errichtet und zur Expo 2000 schließlich erweitert. Auf dem Ursprungsareal wird es von Mövenpick mit nicht ganz so bohemienhaftem Publikum als Café fortgeführt.

Unter dem Kröpcke befindet sich die größte **Station der Hannoverschen U-Bahn**. Hier kreuzen sich ihre Röhren im Untergrund. Besonders eindrucksvoll ist der mit Mosaiken von Massimo Iosa Ghini ausgestattete Schacht, in dem 33 m lange Rolltreppen zur untersten Ebene führen. Das Szenario erinnert an kühne unterkühlte technokratische Utopien.

Rund um den Opernplatz

Zurück an der Oberfläche führt die Georgstraße in südöstlicher Richtung zum weit ausladenden Opernplatz. Um 1900 gehörten Promenade und Platz zu den schönsten Straßenzügen Deutschlands. Und heute? Urteilen Sie selbst. An drei Sonntagen im Sommer glaubt man sich hier in einer Art historischem Karneval. Die Zeit Georgs III., nach dem die Straße benannt ist, lebt beim sogenannten **»Schorsenbummel«** wieder auf, denn einige Hannoveraner erlauben sich den feierlichen Spaß, in aus der Mode gekommenen Kostümen zu flanieren. Am Opern- und am Georgsplatz spielen dazu Orchester und Kapellen.

Der Opernplatz wird beherrscht vom spätklassizistischen **Opernhaus** (7), dem Opus magnum des Architekten und Hofbaumeisters Georg Ludwig Friedrich Laves. Das von 1845–52 errichtete Gebäude ersetzte das Theater im Leineschloss, in dem seit 1689 regelmäßig Dramen und Opern aufgeführt worden waren, das aber dem König Ernst August nicht mehr eindrucksvoll genug erschien. Die neue repräsentative Staatsoper, errichtet auf ehemaligen Befestigungsanlagen, wurde mit der »Hochzeit des Figaro« von Mozart eingeweiht. Im Zweiten Weltkrieg brannte das Haus bis auf die Grundmauern nieder. Der zügig in Angriff genommene historisierende Wiederaufbau mit zunächst manuell betriebener Bühnentechnik führte bereits 1950 zur Wiedereröffnung als erstes westdeutsches Opernhaus nach dem Krieg. Gegeben wurde »Der Rosenkavalier« von Richard Strauss. Da die Akustik im 1200 Sitzplätze fassenden großen Saal zu wünschen übrig ließ, wurde das Opernhaus Mitte der 1980er Jahre neu gestaltet. Seine Akustik gehört heute zum Feinsten der Opernwelt. Seit 1992 ist das Land Niedersachsen einziger Träger des Hauses, das offiziell den Titel Niedersächsisches Staatstheater Hannover trägt.

Bemerkenswert ist die gegliederte Fassade mit dorischen und in der ersten Etage mit ionischen Säulen. Über den dorischen Säulen erheben sich auf dem Altan zwölf Statuen von berühmten Bühnenautoren und Tonsetzern: Goethe (von Bernhard Wessel geschaffen), Schiller (von Carl Dopmeyer), G. E. Lessing (von August Hengst), Terenz, Sophokles (beide von Heinrich Hesemann), Shakespeare, Goldoni (beide von Ernst von Bandel), Calderón de la Barca (von Ludolf Täger), Weber (von Georg Hurtzig), Molière, Mozart und

Sommersoiree im Opernhaus

Beethoven – quasi der personifiziert Stein gewordene klassische Kulturkanon des 19. Jahrhunderts.

Dem Opernhaus gegenüber steht die Keimzelle der Varieté-Kette GOP, der **Georgspalast** (8). 1992 neu gegründet, erfreut sich dieses klassische Varieté wachsender Beliebtheit. Mittlerweile hat es Ableger in fünf weiteren Städten. Das 1912 in bahnbrechender Stahlskelettbauweise errichtete Gebäude beherbergte ab Mitte der 1920er Jahre das »Café Georgspalast«, in dem man sich traf, um nach der aus den USA herüberschwappenden Jazzmusik zu tanzen oder ihr zuzuhören. Im Dritten Reich blieb es trotz der staatlichen Einschränkungen selbst während des Krieges vor allem bei den Soldaten auf Urlaub beliebt. Es überstand 1943 einen Bombentreffer und wurde kurz darauf wieder inmitten einer Trümmerwüste eröffnet. Ab 1948 begann eine zweite Erfolgsphase, die bis in die Anfänge der 1960er andauerte. Auf kleiner Bühne vor rund 1000 Zuschauern präsentierten sich die allseits bekannten Stars der Ufa Marika Rökk und Zarah Leander, aber auch Gert Fröbe und Heinz Erhardt. Ein von den Massen geliebter Höhepunkt war die tägliche Ankunft Zarah Leanders im weißen Cadillac anlässlich eines vierwöchigen Engagements. 1962 war für dreißig Jahre Schluss mit dem Starrummel.

Südlich der Oper gedenken die Menschen der Stadt mit einem **Holocaust-Mahnmal** (9) der im Dritten Reich deportierten und ermordeten jüdischen Mitbürger Hannovers. Im Sockel in der Form einer abgeschnittenen Pyramide sind die Namen von knapp 2000 Opfern eingraviert. Das Mahnmal wurde 1994 nach dem Entwurf des italienischen Künstlers Michelangelo Pistoletto (*1933) errichtet. Auf einer Tafel ist die Geschichte der jüdischen Bürger während des Dritten Reichs kurz umrissen.

Im Verlauf der Promenade folgen **drei Standbilder** von verdienten Bür-

Die Börse im neogotischen Tudorstil

gern der Stadt: dem Chirurgen Louis Strohmeyer (1804–76), dem Direktor der Polytechnischen Schule (der heutigen TH Hannover) Karl Karmarsch (1803–79) und dem Hofkapellmeister Heinrich Marschner (1795–1861). Die Reihe der Skulpturen sollte fortgesetzt werden, aber dann verlor sich der Gedanke. Beziehungsweise wurde anders fortgeführt, denn kurz vor dem Georgsplatz weist die 2,50 m hohe Bronzesilhouette eines Männerkopfes auf einen der bedeutendsten Männer der deutschen Wissenschaft hin. Es handelt sich um ein **Leibniz-Denkmal** (10), das – neben einem seiner philosophischen Grundsätze – auf Leibniz' Entwicklung von Rechenmaschinen und seine mathematischen Vorarbeiten hinweist, die grundlegend für unser heutiges Computerzeitalter wurden. Das Denkmal hier zu platzieren ist so unpassend nicht, denn hier stehen die Gebäude, in denen mit großen Summen gerechnet wird. Sie bilden Hannovers **Bankenviertel**. Gleich am runden Eck hat die Deutsche Bank in der ehemaligen Hannoverschen Bank eine Zentrale eingerichtet. Das um 1900 von Karl Börgemann (1851–1938) entworfene Gebäude dokumentiert den Eklektizismus der Hannoverschen Schule mit einem Hauch von Jugendstil.

Wenn man der Straße »An der Börse« vom Leibniz-Denkmal im spitzen Winkel nach links folgt, gelangt man zum namengebenden Gebäude. Die **Börse** (11) befindet sich im zinnenbekrönten Haus der Calenberg-Grubenhagenschen Landschaft, das 1846 von Ernst Ebeling (1804–51) im neogotischen Tudorstil errichtet wurde. Seit 1923 ist das Gebäude Sitz der Börse. Ihre Geschichte geht zurück bis auf das Jahr 1785. Seit 1999 ist sie in einer Börsen AG mit der Börse in Hamburg vereint. An beiden Börsen sind rund 11.000 Wertpapiere gelistet. Nach

Frankfurt und Stuttgart liegt die AG mit einem Jahresumsatz von 23,5 Milliarden Euro (2013) auf Rang drei der deutschen Börsenplätze.

Verfolgt man den eingeschlagenen Weg bis zur nächsten Einmündung, sieht man in der Mitte der Sophienstraße einen glitzernden Kronleuchter über der Fahrbahn schweben. Er wurde dort als **»Das große Leuchten«** vom Künstler Stefan Huber zum 150-jährigen Jubiläum des **Künstlerhauses** (12) aufgehängt. Zehn Minuten vor Beginn einer Vorstellung gerät er ins Schwingen und beflügelt die Säumenden. Ursprünglich war das Gebäude als Museum für Kunst und Wissenschaft vorgesehen. Der Architekt und Begründer der Hannoverschen Architekturschule, Conrad Wilhelm Hase (1818–1902), erbaute es in der Zeit von 1853–56 in einer Art Backstein-Neoromanik mit neogotischen Elementen. Die Standbilder von Dürer, Vischer, Leibniz und A. von Humboldt rekapitulieren

Dramen unter weißer Außenhaut

Wenn der Kronleuchter zweimal schwingt

den Zweck des Baus als ein gemischtes Museum. Nach den Zerstörungen im Zweiten Weltkrieg wurde das Haus bis 1960 wiederhergestellt. Es diente nun verschiedenen Kulturvereinen. Seit 1983 ist es Spielstätte des Kommunalen Kinos. Nach einem Um- und Rückbau zur früheren Gestalt gegen Ende des letzten Jahrhunderts wurde es auch zum Hort für das Literaturbüro. Es dient nun als Ausstellungsstätte für den Kunstverein, als Vortrags- und Diskussionsort für Literatur und als Programmkino.

Folgt man der Sophienstraße bis zur Prinzenstraße und biegt dann nach links ab, ist man fast geblendet vom strahlenden Weiß der Aluminiumplatten des **Schauspielhauses** (13). Nach jahrzehntelangem vergeblichen Bemühen um eine neue Spielstätte für das Sprechtheater wurde dieser moderne Stahlbetonbau des Schweizer Architekten Claude Paillard 1992 eingeweiht. Wie ein leuchtendes außerirdisches Konstrukt liegt dieses Gebäude in einem dagegen blassen Gründerzeitensemble. Im Innern fasst der große Theatersaal 630 Sitzplätze. Das Programm ist der Klassik und der Moderne gleichermaßen verpflichtet.

Eine weitere Spielstätte ist ein Treppenhaus, das nirgendwohin außer zum Vergnügen an der Kunst des Schauspiels und anderen Genüssen führt. Gemeint ist der großzügige Treppenaufgang der **Cumberlandschen Galerie**, die man über den Hof des Schauspielhauses erreicht. Zu bestimmten Zeiten kann man in diesem schmucken Ambiente auch einfach nur abhängen. Das Treppenhaus dient auch als Ort für Sonderausstellungen des ebenfalls in diesem Komplex untergebrachten **Theatermuseums**. Im Obergeschoss wurde zudem eine Probenbühne für Stücke umgebaut, die ein Bühnenbild erfordern, denn im Treppenhaus möchte man keinen Schaden mehr durch das Anbringen von Kulissen anrichten.

Am Aegi

Geht man die Prinzenstraße Richtung Thielenplatz weiter, kann man nach rechts in die Lavesstraße einbiegen und dabei den Wandschmuck einiger Häuser bewundern. Wenn man der Lavesstraße folgt, erreicht man den Schiffgraben. Diese Straße war tatsächlich im 19. Jahrhundert noch eine schmale Wasserstraße für Torf- und Holzkähne. Der **Schiffgraben** führt in einem leichten Bogen zum Aegidientorplatz. Unter den Skulpturen am Schiffgraben gehört eine **»Kopf-Stein-Pflaster«** genannte Installation von Timm Ulrichs am Finanzministerium zu den eigenartigsten Kreationen im öffentlichen Raum. Unzählige Kopf-Steine, die Nachbildungen des Schädels des Künstlers sein sollen, bilden eine wörtlich genommene Kopfsteinpflasterung. Schräg gegenüber auf einem kleinen dreieckigen Platz steht die Nachbildung eines **Borghesischen Fechters**, dessen Originalschöpfer in Vergessenheit geraten ist. Wer danach einen Schlenker nach rechts zum Georgsplatz macht, findet noch eine ganze Reihe weiterer Skulpturen. Auch die Georgstraße führt zum Aegidientorplatz, wo auf einer Verkehrsinsel künstliche Birken stehen, der **Aegidienwald**.

Am Aegidientorplatz fällt die Glasfront des **Theaters am Aegi** (14), kurz Aegi genannt, ins Auge. Nach dem Krieg wurde es 1953 als modernstes Theater der Stadt anstelle eines Vorgängerbaus, in dem es ein großes Kino gegeben hatte, wieder errichtet. Das neue Gebäude besaß ein Erstaufführungskino und einen Theatersaal. Bereits 1964 ging es in Flammen auf und musste neu konzipiert werden. Der jetzige Neubau wurde

Fechter oder Faustkämpfer?

mit einem Theatersaal für 1110 Plätze ausgestattet und ersetzte jahrelang ein Schauspielhaus, das bis in die 1990er Zeit immer nur als Vorhaben existierte. Als endlich das Schauspielhaus in der Prinzenstraße stand, sollte das Aegi schließen. Das Engagement kulturbeflissener Bürger suchte das zu verhindern. Im Resultat ist das Aegi heute ein privates Veranstaltungszentrum, in dem sich jährlich rund 200.000 Besucher ein vielfältig gemischtes Unterhaltungs- und Kulturprogramm zu Gemüte führen.

Beim Blick nach Westen streift das Auge den wohl auffälligsten modernen Gebäudekomplex der Stadt, die aus groß dimensionierten gläsernen Kuben aufgeschichtete **Norddeutsche Landesbank** (15) oder NORD/LB. Wer die hannoversche Version der Fernsehserie »Tatort« schaut, kommt an diesem Gebäude nicht vorbei. Maria Furtwängler schreitet des Öfteren mit aufklärerischem Blick durch die Glasröhre des fiktiven Landeskriminalamts. Das mit 40.000 m² Glasfläche ummantelte Gebäude besteht im Wesentlichen aus zwei Trakten: zum einen aus einer an die Traufhöhen der umgebenden Häuser angepasste breit ausgelegte Struktur, zum anderen aus dem auf Fernwirkung ausgerichteten zentralen Hochhauskomplex über einer künstlichen Wasserfläche. Was sich hier wie unmotiviert bis auf 60 bzw. 83 m (mit technischen Aufbauten, z.T. unter Glas) auftürmt, besticht vor allem auch bei Nacht durch das zarte Blau seiner Beleuchtung. Das Gebäude erhebt sich auf einer Bodenplatte, die durch 194 Bohrpfähle von 20 m Länge und einem Durchmesser von 90 cm in stabilen tieferen Erdschichten jenseits einer zu weichen Lehmlage fixiert ist.

Die gläserne Landesbank

Während auf der unteren Ebene gastronomische Einrichtungen vorherrschen, wird der größte Teil der Räumlichkeiten als Bürofläche genutzt, nicht zuletzt durch die Landesbank selbst. In einer angeschlossenen Galerie stellt die Bank vor allem zeitgenössische Kunst aus. An der Gebäudefront zum Friedrichswall hin leuchtet auf einer Höhe von fünf Etagen vor einem Aufzugsschacht eine Lichtinstallation der kanadischen Künstlerin Angela Bulloch. Sie besteht aus 125 Monitoren und trägt den kryptischen Titel **»The Pacific Rim Around & Sideways Up«**.

Ein kleiner Abstecher auf die andere Seite des Friedrichswalls führt in den begehbaren Innenhof der Sparkasse mit einer Stahlskulpturengruppe des Künstlers Robert Schad (**»In Vent«**). Wenn man den Innenhof durchquert, erreicht man die Breite Straße. Noch bevor man zur Ruine der Aegidienkirche gelangt, macht ein

Die Freiluftruine der Aegidienkirche gemahnt an den Bombenkrieg

mittelalterlich anmutendes Gebäude auf sich aufmerksam. Dieser **Ernst-Grote-Haus** genannte Bau stammt ursprünglich aus den dreißiger Jahren des letzten Jahrhunderts und ist nach den Zerstörungen des Krieges in der historisierenden Form wiederaufgebaut worden.

Die Ruine der **Aegidienkirche** (16) ist als Mahnmal und Gedenkstätte für die Opfer von Krieg und Gewalt gedacht. Ursprünglich gehörte die Kirche zu den vier seit dem Mittelalter existierenden Kirchen der Stadt. Teile der Westwand waren Bestandteil einer romanischen Basilika aus dem 12. Jahrhundert. Die übrigen Mauern gehen auf die gotische Hallenkirche zurück, deren Bau 1347 begonnen worden war. Historisch bedeutsam ist die Kirche, weil in ihrer Gemeinde die Reformation in Hannover ihren Ausgang nahm. Seit 1985 hängt im Durchgang unter dem großen Turm eine Friedensglocke aus Hiroshima, die die japanische Partnerstadt der Gedenkstätte gestiftet hat. Ein sich hell abzeichnendes Relief an der südöstlichen Außenmauer soll an die Legende von sieben bei der Verteidigung der Stadt im Döhrener Turm verbrannten Landwehrmännern erinnern. Zumindest der Zusammenhang zwischen dem sogenannten **Siebenmännerstein** und dem geschichtlichen Geschehen ist wissenschaftlich nicht haltbar. Das Relief ist eine Kopie des im Historischen Museum aufbewahrten Originals. Einige Grabplatten lohnen den Rundgang.

Am westlichen Ende der Breiten Straße liegt die **Städtische Galerie Kubus**. Wenn man sich nun wieder dem Friedrichswall zuwendet, nähert man sich einem Gebäude, das auf manche Besucher den Eindruck eines Stadtschlosses macht. Dieser Eindruck wird dadurch verstärkt, dass es sich, etwas abgesetzt, wie ein Schloss hinter dem Trammplatz erhebt. Es handelt sich um das rund einhundert Jahre alte prunkvolle **Neue Rathaus** (17). Zum geflügelten Wort wurde der anlässlich der Einweihung 1913 gegenüber Wilhelm II. geäußerte Satz des stolzen Stadtdirektors Heinrich Tramm: »Zehn Millionen Mark, Majestät – und alles bar bezahlt.« Bautechnisch hatte man ähnliche Probleme wie bei der NORD/LB. Über 6000 Buchenpfähle mussten in den Boden getrieben werden, um dem Gebäude Halt zu verleihen. Nach zwölfjähriger Bauzeit war der Stadtverwaltung schließlich ein Gebäude zugewiesen worden, das in seinem eklektizistischen Überschwang tatsächlich feudaler daherkam, als man es von einer bürgerlichen Institution erwartet hätte. In der Ausgestaltung war die Geschichte der Stadt der leitende Topos. In diesem

Die Stadtgalerie Kubus

Zusammenhang ist der Relieffries an der Außenseite der beiden Seitenflügel zu nennen, der Sagen und historische Begebenheiten thematisiert. Darunter sind die Legende vom blinden Mädchen aus Hannover, das am Grab Bischof Bernwards das Augenlicht wieder erhält, und die Schleifung der Lauenburg durch die Hannoveraner. Auch der Gelehrte Leibniz erscheint und erhält einen Lorbeerkranz aus der Hand der Kurfürstin Sophie. Daneben ist eine Lücke im Fries. Sie sollte den Besuch Kaiser Wilhelms II. abbilden. Weil man sich auf eine angemessene Darstellung nicht rechtzeitig einigen konnte und 1918 die Monarchie abgeschafft wurde, blieb es bei der Lücke.

Im Innern unter der zentralen Kuppel dokumentieren Stadtmodelle von 1689, 1939, 1945 und heute die Entwicklung der Innenstadt in Krieg und Frieden. Bemerkenswert ist ein Gemälde, das der damalige Stadtdirektor Tramm gegen alle Widerstände für einen Sitzungssaal, den heutigen Hodler-Saal, durchboxte. Man kann es in der Regel nur bei einer Führung sehen. Es handelt sich dabei um das Monumentalgemälde – bei 5 x 15 m Größe ist dieser Ausdruck wohl angebracht – des Schweizer Malers Ferdinand Hodler (1853–1918) mit dem Titel **»Einmütigkeit«**. Es stellt den Schwur der hannoverschen Bürger aus dem Jahre 1533 dar, mit dem sie sich zur Reformation bekannten. Hodler hat für seinen Stil das Wort »Parallelismus« geprägt. Das Bild deutet an, was er gemeint hat.

Die Fahrt mit dem **Bogenaufzug** zu dem in fast 100 m Höhe befindlichen

Hodler und der »Genfer Protest«

Dass Ferdinand Hodlers Gemälde »Einmütigkeit« noch heute angeschaut werden kann, ist keine Selbstverständlichkeit, denn der Maler wurde ab 1914 aus allen deutschen Institutionen ausgeschlossen und galt fernerhin als »persona non grata«. Sein Vergehen in den Augen der deutschen Obrigkeit und nationaler Kreise bestand darin, dass er, der vorher in Deutschland vor allem bei Neuerern der Kunst hochgeehrt war, den »Genfer Protest« unterzeichnet hatte, worin vorwiegend Schweizer Bürger und Intellektuelle gegen den Artilleriebeschuss der Kathedrale von Reims durch die deutsche Armee als einen »Akt der Barbarei« Einspruch erhoben hatten. Seine Bilder wurden in manchen Museen abgehängt oder wie in der Uni Jena hinter Schalbrettern verdeckt. Da sein Malstil schon zu seinen Lebzeiten in Kreisen eines konservativen Kunstverständnisses umstritten war, konnte man davon ausgehen, dass seine Werke im Dritten Reich zur »entarteten Kunst« gerechnet werden würden. In manchen Quellen wird das ganz allgemein angenommen oder behauptet; in anderen bleibt dieses Thema unberührt. Es gibt vage Hinweise, dass Hitler Hodlers Bilder geschätzt haben soll. Der »Schwur« jedenfalls scheint unbehelligt geblieben zu sein.

Kuppel und Laterne des
Neuen Rathauses

Aussichtspunkt ist wegen der einmaligen Art des Aufzugs und wegen der herrlichen Aussicht ein Muss. Für ganz Mutige gibt es die Möglichkeit, ein Fenster im Kabinenboden per Knopfdruck transparent zu schalten, sodass ein Blick in die Tiefe möglich ist. Ein weiteres Muss ist der Besuch des **Gartensaals** bzw. der anschließenden Terrasse mit dem Blick auf den **Maschteich**. Kaffee und Kuchen oder andere Köstlichkeiten aus der Küche runden das Erlebnis genüsslich ab.

2. Rundtour: Vom Neuen Rathaus zum Hauptbahnhof

Wer den Ausflug hoch in die Laterne der Kuppel des **Neuen Rathauses** bisher versäumt hat, sollte dies vor Beginn der zweiten Tour durch die Innenstadt noch tun. Auch ein Blick auf die Stadtmodelle mit den beiden hervorstechenden Baulichkeiten, die bei dieser Tour auf dem Programm stehen, kann nicht schaden. Es sind dies die Marktkirche und das Anzeiger-Hochhaus. Um das Neue Rathaus von seiner fotogensten Seite zu sehen, beginnt die Tour mit einem Rundgang im **Maschpark** (1). Das im Maschteich gespiegelte Rathaus gehört zu den beliebtesten Fotomotiven der Stadt.

Wenn man sich beim Verlassen des Gartensaals nach links wendet und den Maschteich um einen Viertelumfang umrundet, sieht man auf der vom Teich abgewandten Seite an der Willy-Brandt-Allee das **Niedersächsische Landesmuseum** (2) im Stil der Neorenaissance. Das Gebäude wurde von Hubert Stier entworfen und ist der Nachfolgebau des für die umfangreichen Sammlungen zu klein gewordenen Künstlerhauses in der Sophienstraße. Der Relieffries der Fassade wurde von Georg Herting (1872–1951) in Zusammenarbeit mit Karl Gundelach und Georg Küsthardt geschaffen. Er lässt erkennen, was man um 1900 herum unter den »Hauptmomenten in der Entwicklung der Menschheit« verstanden hat. Selbstbewusst treten die Ureinwohner Amerikas den Europäern gegenüber, und in der Industrie ist noch Körperkraft gefragt. Wissenschaft und Kunst sind die Oberthemen.

Im Innern befinden sich fünf Abteilungen, die jede für sich unbedingt sehenswert ist. In der Landesgalerie sind Hauptwerke aller Epochen seit dem 11. Jahrhundert zu sehen: darunter gotische Altarbilder und die Gramschatzer Madonna von Tilman Riemenschneider, Gemälde von Dürer, Rembrandt, Rubens, bis in das frühe 20. Jahrhundert mit Werken von Corinth, Liebermann

Maschteichspiegelung

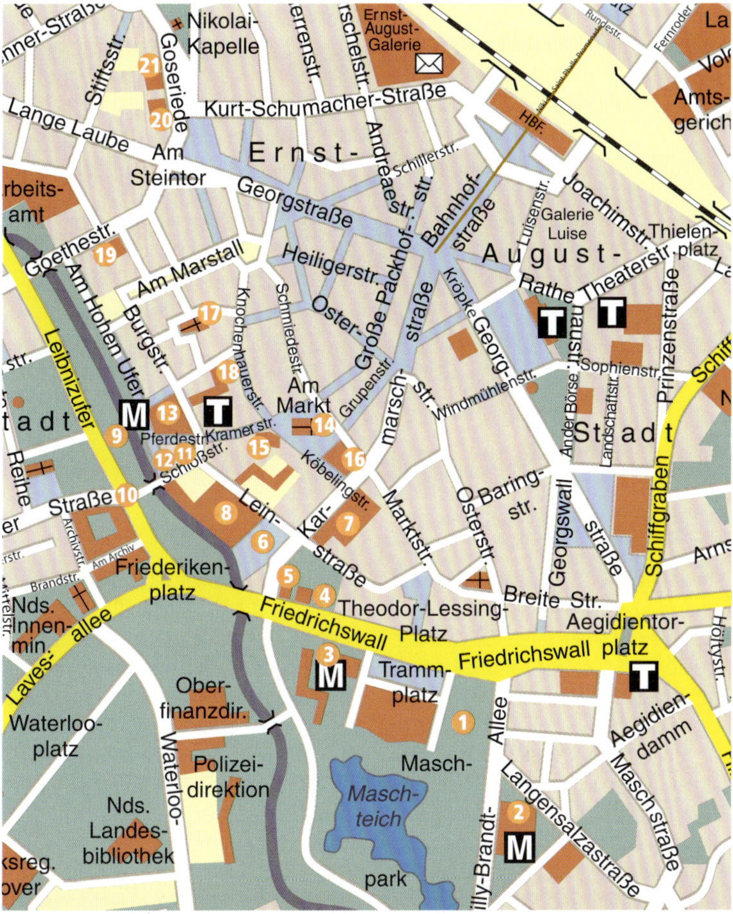

1	Maschpark	11	Holzmarktbrunnen
2	Nds. Landesmuseum	12	Leibnizhaus
3	Museum August Kestner	13	Historisches Museum
4	Laveshaus	14	Marktkirche
5	Wangenheimpalais	15	Georg-von-Cölln-Haus
6	Denkmal der Göttinger Sieben	16	Altes Rathaus
7	Markthalle	17	Kreuzkirche
8	Leineschloss	18	Ballhof
9	Nanas	19	Gehry-Tower
10	Duve-Brunnen	20	Anzeiger-Hochhaus
		21	Kestnergesellschaft

Zum Sitzen eine kesse Lippe riskieren

und zahlreichen Worpswedern. Selbst Bilder von Botticelli, Tiepolo, Monet und Sisley sind vertreten. Die weiteren Abteilungen sind der Naturkunde, der Archäologie und der Völkerkunde gewidmet. Neben Fossilien und Nachbildungen, darunter ein besonderer Dinosaurier, finden sich auch lebende Tiere. Das Münzkabinett mit mehr als 40.000 Münzen zeigt auch Zahlungsmittel, die als Heilmittel dem üblichen Geld vorgezogen wurden, und Kaori-Schnecken. Der Audioführer kann übrigens auch auf Plattdeutsch abgehört werden. Außerdem gibt es ein Bistro mit einer Terrasse im Innenhof, um das Gesehene mit Leckerem zu unterfüttern.

Nach der Umrundung des Maschteichs stößt man auf einen modernen Betonkubus mit 5000 Fensterchen. Es ist das **Museum August Kestner** (3). Nicht nur das Gebäude ist eigenartig, denn der Kubus ummantelt die vom Krieg übrig gebliebenen Neorenaissance-Mauern, sondern auch die Sammlungen. Einerseits präsentiert das Museum die unterschiedlichsten modernen Gebrauchsgegenstände in Designerqualität, andererseits findet man in der altägyptischen Abteilung Kunstwerke, deren älteste über 5000 Jahre alt sind. Besondere Schwerpunkte sind die Amarna-Kunst und unter der griechisch-römischen Antike die griechischen und etruskischen Vasen. Die Münzsammlung mit 120.000 Einzelstücken ist sogar die größte Norddeutschlands. Der Grund für diesen unorthodoxen Aufbau liegt in der Geschichte des Museums. Der Gründer August Kestner (1777 – 1853) hat als Diplomat im Vatikan mit einer Antikensammlung begonnen, die auch schon das alte Ägypten einbezog. Spätere Sammlungen anderer Leihgeber erweiterten die Bandbreite zu dem heutigen Umfang. Die Sonderausstellungen der letzten Jahre haben gerade auch auf die Präsentation moderner Produktgestaltung Wert gelegt. Passend zu diesem Schwerpunkt findet man am Friedrichswall vor dem Gebäude eine **Bushaltestelle** (geschaffen von Massimo Iosa Ghini) in besagter Designerqualität.

Schräg gegenüber auf der anderen Seite des Friedrichswalls stehen zwei klassizistische Gebäude. Das rechte davon ist das **Laveshaus** (4), das der Hofarchitekt des Königreichs Hannover Georg Ludwig Friedrich Laves 1822–24 für sich und seine Familie errichten ließ. Es steht auf einem durch seine Frau in die Ehe eingebrachten Grundstück und hat den Zweiten Weltkrieg unbeschadet überstanden. Die Familie wohnte im 3. Stock und vermietete die anderen Etagen, einschließlich der »Bel-Étage«, an Diplomaten und hochrangige Militärs. Heute wird das Gebäude von der niedersächsischen Architektenkammer und der Lavesstiftung genutzt.

Links daneben erhebt sich das **Wangenheimpalais** (5). Dieses Gebäude wurde 1829–32 von Laves für Georg Christian von Wangenheim (1780–1851), einen Oberhofmarschall im Dienst des Königs von Hannover, entworfen. Nach Wangenheims Tod residierte Georg V. zehn Jahre in diesem Gebäude. Danach wurde es umgebaut und bis zur Fertigstellung des Neuen Rathauses als ein solches benutzt. Heute ist hier das Wirtschaftsministerium untergebracht.

An einer Leine ohne Wasserkunst

An der Stelle der in den 1960er Jahren abgerissenen Wasserkunst befindet sich ein modernes Denkmal, das sehr anschaulich und figürlich daherkommt, das **Denkmal der Göttinger Sieben** (6). Ein halb geöffnetes bronzenes Portal symbolisiert den Rausschmiss der

Schützenvorbeimarsch am Landtag

sieben Göttinger Professoren, die sich gegen die Aufhebung der Verfassung durch den König gewandt hatten. Dem italienischen Künstler Floriano Bodini (1933–2005) sollen für die individuelle Darstellung der Personen Bekannte aus seinem Umkreis gedient haben.

Die **Markthalle** (7), die man rechter Hand in der Karmarschstraße findet, wird nicht nur zum Einkauf der täglichen Notwendigkeiten genutzt, sie ist auch ein beliebter Treffpunkt zu unverbindlicher Geselligkeit. Mehrere Bars und Bistros laden zum gemeinsamen Plausch über Hannover 96 und was sonst noch die Welt bewegt.

Hinter dem Platz der Göttinger Sieben leineabwärts rechter Hand schiebt sich das **Leineschloss** (8) ins Blickfeld. Das heutige klassizistische Aussehen verdankt sich einem Umbau durch den Hofarchitekten Laves in den Jahren von 1816–34. Davor war es ein eher

Flohmarkt rund um die drei prallen Grazien

schlichter Fachwerkbau, der mit der Erhebung Hannovers zum Königtum seinen Monarchen nicht mehr genügte. Immerhin zählten zu den Gebäuden bis dahin ein Hoftheater, ein Opernhaus aus Holz und zeitweilig ein Kloster mit einer Schlosskirche. Den repräsentativen Zweck des neuen Schlosses erfüllt ganz besonders der an die Form eines griechischen Tempels gemahnende Portikus mit sechs wuchtigen korinthischen Säulen und einem Giebelfeld mit dem britisch-hannoverschen Königswappen. Nach der Grundsteinlegung 1816 dauerte es fast 20 Jahre, bis das Gebäude in der Form stand, in der es im Zweiten Weltkrieg zerstört wurde. Nach 1834 wurde als wesentliche Veränderung auf Wunsch der Königin Friederike ein zum Leineufer hin vorspringender Wintergarten angefügt. Um den Schlosscharakter zu unterstreichen, wurden Gebäude jenseits der Leine abgerissen und damit ein freies Sichtfeld hin zum Waterlooplatz geschaffen.

Nach dem Zweiten Weltkrieg wurde das Leineschloss wieder errichtet, ohne es in seinem klassizistischen Äußeren wesentlich zu verändern. Seiner neuen Aufgabe gemäß wurde es im Innern als Sitz des niedersächsischen Parlaments, sprich: Landtags, nach den Plänen des

Nippes – garantiert echt

Architekten Dieter Oesterlen neu zugeschnitten und modern ausgestaltet. Neu war vor allem ein kubisches Plenarsaalgebäude, das an die Stelle des barocken Schlossopernhauses trat. Nach vier Jahren Bauzeit wurde es 1962 in Anwesenheit des Bundespräsidenten Lübke eingeweiht.

Wenn man nun am Leineufer entlang des Landtags weitergeht, kommt man an der Schlossstraße zu einem Areal an der Leine, auf dem an jedem Sonnabend der wohl älteste **Flohmarkt** Deutschlands (seit 1967) abgehalten wird. Hier darf Neuware ausdrücklich nicht angeboten werden. Im Zentrum der linksseitigen Uferpromenade stehen seit 1974 Sophie, Charlotte und Caroline, die als pralles Gegenteil der als Models im Schwange stehenden »Hungerhaken« (Zitat: Monika Gruber) gelten können. Diese **Nanas** (9) genannten vollbusigen bunten Schöpfungen der ihrerseits bildhübschen Künstlerin Niki de Saint Phalle brachten zunächst 20.000 Hannoveraner gegen sich auf. Es blieb ein Sturm im Wasserglas. Die Unterschriftenlisten sind vergilbt oder geschreddert. Heute liebt man das farbenprächtige Dreigestirn.

Auf dem Mittelstreifen an der Fußgängerampel zwischen Calenberger Neustadt und Schlossstraße wird mit dem **Duve-Brunnen** (10) ein Mann geehrt, dessen Geschäftstüchtigkeit sich innig mit dem schönen Schein der Wohltätigkeit verband. Schöpfer dieses Brunnens war 1916 Georg Herting, dessen Entwurf unter dem Titel »Er ging aus, zu säen« eingereicht wurde. Der Sämann ist eine symbolische Figur. Ein Abbild des Johann Duve befindet sich am Schaft unter der Brunnenschale.

Die Allegorie vom Unternehmer als Sämann

Die neue Altstadt

Wer sich an der Schlossstraße Richtung Altstadt bewegt, erreicht linker Hand auf dem Holzmarkt den **Holzmarktbrunnen** (11) und das **Leibnizhaus** (12). Der Holzmarktbrunnen war ursprünglich eine Werbeidee des Eisenwarenhändlers Oscar Winter, um auf das 100-jährige Jubiläum seines Geschäfts aufmerksam zu machen. Nach dem Entwurf des Bildhauers Karl Gundelach (1856 – 1920) wurde Oscar Winter als bärtiger Schmied dargestellt, der gerade sein Werk, einen Merkurstab, begutachtet. Im Zweiten Weltkrieg wurde die Figur eingeschmolzen und 1954 nach einem bartlosen Modell im Besitz von Gundelachs Tochter durch den Bildhauer Friedrich Adolf Stötebier (1896 – 1973) neu geschaffen. Im Gitter ist ein sagenbehafteter güldener Wunschring eingelassen, bei dessen Berührung – ungelogen – auch

Der Holzmarktbrunnen vor dem Leibnizhaus

Das Historische Museum wirbt in der U-Bahn-Station

die seltsamsten Begehrlichkeiten in Erfüllung gehen.

Das Leibnizhaus ist genau genommen nur ein sogenanntes Leibnizhaus. Denn das Ursprungsgebäude aus dem Jahre 1499 stand an einem anderen Ort und wurde im Zweiten Weltkrieg zerstört. Es war anfänglich ein Fachwerkgebäude gewesen, das jedoch nach dem 30-jährigen Krieg durch den Bildhauer Peter Köster eine reich verzierte Renaissance-Fassade erhielt. Der Name des Hauses geht darauf zurück, dass der illustre Hofrat Gottfried Wilhelm Leibniz 1698 mitsamt seiner Bibliothek in das Haus einzog. Einige Zeit wohnte auch sein Schüler und Sekretär, Rafael Levi, im Gebäude. Leibniz starb 1716 im Erkerzimmer des ersten Stocks. 1759 wurde im Erkerzimmer darüber der nachmalig seinerzeit berühmteste deutsche Schauspieler, August Wilhelm Iffland, der auch Dramenschreiber und Dramaturg war, geboren. Seine Karriere erlebte am Berliner Theater ihren Gipfelpunkt. Nach dem zweiten Weltkrieg wurde die Renaissance-Fassade des Hauses am Holzmarkt originaltreu rekonstruiert. Sie zeigt Szenen aus dem Alten und dem Neuen Testament und hat auch die trotzig anmutende Inschrift über dem Fries des zentralen Rundbogens wieder eingemeißelt: »Posteritate« – der Nachwelt. Das Gebäude dient heute als Gästehaus und Tagungsstätte der Hochschulen. Der Nachbau einer Leibniz'schen Rechenmaschine befindet sich in einem Winkel des großen Veranstaltungsraums.

Bevor man nach rechts in die Kramerstraße einbiegt, zieht am nördlichen Ende des Holzmarkts das **Historische Museum** (13) mit großen Plakaten der jeweils aktuellen Sonderausstellung die Aufmerksamkeit auf sich. Drei Abteilungen zeichnen die Geschichte der Stadt Hannover und der Region nach. Die erste zeigt die Entwicklung des Fürstentums Calenberg bis zum Ende des Königreichs Hannover auf. In einer zweiten Abteilung steht die Stadtgeschichte vom Marktflecken zur Großstadt im Mittelpunkt und in der dritten das Leben auf dem Lande seit dem 17. Jahrhundert. Veranschaulicht wird das Ganze durch die Sichtweisen aller möglichen Stände und Klassen und durch die unterschiedlichsten Gebrauchsgegenstände der einzelnen Epochen. Die Palette der erhaltenen Schaustücke reicht von der königlichen Kutsche bis zum »Kommissbrot« genannten Hanomag-Gefährt. Jährlich etwa sechs Sonderausstellungen und eine große Skala an Veranstaltungen vertiefen das Gebotene. Ein angeschlossenes Fotoarchiv hat über eine Million historischer Aufnahmen.

Der Beginenturm, ein Relikt der Stadtbefestigung

Das Gebäude selbst aus den Jahren 1964–67 ist diesmal kein Nachbau, sondern ein Entwurf des Architekten Dieter Oesterlen (1911–94). Es steht am vermutlichen Gründungsort der Stadt »am Hohen Ufer«. Ins Gebäude einbezogen sind Reste des herzoglichen Zeughauses und der **Beginenturm** am Leineufer. Dort kann man abends eine Leuchtschrift des amerikanischen Künstlers Joseph Kosuth mit einem Leibniz-Zitat sehen. Es ist eine Grundaussage, die Leibniz' positives naturwissenschaftliches Verständnis bebildert.

Folgt man nun der Kramerstraße, durchquert man den Kernbereich des **»Traditionsinsel«** genannten Altstadtbereichs. Hier und in der unmittelbaren Umgebung wurden Fachwerkbauten saniert, umgesetzt und nachgebaut, sodass die perfekte Illusion eines gewachsenen mittelalterlichen Gassenambientes entstand. Die Lokalitäten und kleinen Läden tun ein Übriges.

Auf dem Marktplatz steht man der ältesten Kirche der Stadt gegenüber, der **Marktkirche St. Georgii et Jacobi** (14). Sie ist von den großen Gebäuden das südlichst gelegene Beispiel der sakralen norddeutschen Backsteingotik. Urkundlich erstmalig erwähnt wird sie als Georgskirche zwar erst 1238, aber beim Wiederaufbau nach dem Zweiten Weltkrieg hat man Mauerwerk, bearbeitete Steine und Gebäudefragmente gefunden, die darauf schließen lassen, dass sie bereits vor 1150 als reich ausgestattete romanische Kirche existierte. Vermutlich wurde Anfang des 14. Jahrhunderts mit dem gotischen Neubau begonnen, der der heutigen Gestalt bereits weitgehend entspricht. Diese dreischiffige Hallenkirche sollte größer werden als der Vorläuferbau.

Wunderliche Zeichen am Turm der Marktkirche

Ganz pragmatisch ließ man die romanische Kirche zunächst weiter bestehen, schon allein um darin Gottesdienste abhalten zu können, und errichtete um sie herum das neue Gotteshaus. Als dann der Neubau so weit gediehen war, dass man in den Chören den Gottesdienst aufnehmen konnte, begann man die alte Kirche einzureißen, was den schönen Nebeneffekt hatte, dass man nutzbares Baumaterial unmittelbar vor Ort zur Verfügung hatte. 1340 wurden die ersten Buntglasfenster eingesetzt und 1347 mit dem Fundament für den mächtigen Turm begonnen. Die für den Dachstuhl verwendeten Eichen wurden – das weiß man aufgrund der dendrochronologischen Bestimmung der Jahresringe – nicht später als 1388 gefällt. Die Kirche war damit um diese Zeit in etwa fertiggestellt. Der Turm erhebt sich bis zur Spitze des Wetterhahns auf 98 m und hat damit eine vergleichbare Höhe wie die Kuppel des Neuen Rathauses.

Man betritt die Kirche durch das von Gerhard Marcks (1889 – 1981) nach dem Krieg geschaffene Westportal, das das Thema »Zwietracht und Eintracht« veranschaulichen soll. Runde Backsteinpfeiler trennen das Hauptschiff von den Seitenschiffen. Im Ostchor befindet sich in den farbigen Glasfenstern der größte Schatz des Gebäudes. Die Fenster stammen aus allen Epochen, die ältesten sind 600 Jahre alt. Künstlerisch besonders bedeutsam ist das mittlere Fenster. Hier werden die St. Georgs-Legende (links), Szenen aus dem Leben von St. Mauritius (Mitte) und der Jakobus-Zyklus (rechts) geschildert. Sehenswert sind der mittelalterliche Sakramentsaltar im Hauptchor, die Taufbecken in den Seitenchören und die neue Goll-Orgel mit 64 Registern und 4215 Pfeifen (davon

Die neue Orgel mit warmen Holztönen

Das Alte Rathaus im Stil der norddeutschen Backsteingotik

422 aus Holz) im südlichen Seitenschiff. Eine Bronzetafel weist auf das Grab des Reformators Antonius Corvinus hin. In der Turmhalle führen Treppen nach unten in den Bödekersaal, in dem die Fundamente der romanischen Vorläuferkirche und andere Relikte zu sehen sind.

An der Außenseite der Kirche stehen neben weiteren Grabmalen die beiden Standbilder Martin Luthers und Wilhelm Bödekers (1825–75) rechts und links in der Nähe des Westportals. Sie stammen von Carl Dopmeyer (1824–99). Links und rechts oberhalb des Portals befinden sich expressive Skulpturen der beiden Namenspatrone. Sie wurden 1992 vom Bildhauer Jürgen Weber geschaffen. An drei Giebelseiten des Turms sind ein Pentagramm und zwei Hexagramme zu erkennen. Letztere stehen für das Alte Testament, das Pentagramm vermutlich für die Abwehr des Bösen. Mit elf Glocken hat die Kirche das größte Geläut in Niedersachsen nach dem Dom von Hildesheim. Die älteste, der große David, stammt aus dem Jahre 1650.

In der Adventszeit dienen seit 150 Jahren der Marktplatz und große Teile der Altstadt bis hin zum Leineufer als Stellfläche und Staffage für den großen **Weihnachtsmarkt**. Er ist sehr beliebt und zieht rund 1,5 Millionen Besucher an.

Beim Gang um den Markt gegen den Uhrzeigersinn stößt man auf ein Haus, das dem niedersächsischen Landtag geeignet schien, nach einigen Um- und Einbauten dem Parlament in der Umbauphase des Leineschlosses als Plenarsaal zu dienen. Es handelt sich dabei um das zeitgleich mit dem Neuen Rathaus vollendete **Georg-von-Cölln-Haus** (15). Es ist ein denkmalgeschützter Stahlskelettbau mit einer glasgedeckten Arkadenhalle im Innern. Architekt war Rudolf Friedrichs. Auffällig sind die Rundbögen zu ebener Erde an der Schauseite und die Wappenembleme

Marktbrunnen vor Rathaus mit Tonfries

des Bildhauers Vierthaler (1875–1967) über den Bogenpfeilern.

Als Nächstes trifft man auf das **Alte Rathaus** (16), das die ganze Südseite des Marktplatzes einnimmt. Dieses Gebäude gilt als südlichstes Beispiel der weltlichen norddeutschen Backsteingotik und ist der älteste Profanbau der Stadt. Mit dem Bau wurde Anfang des 15. Jahrhunderts begonnen. Die Bautätigkeiten dauerten hundert Jahre an. Auf der Marktseite beginnt ein umlaufender Tonfries, der neben Wappen, Medaillons und anderen Szenen auch das »Luderziehen« abbildet. Dies war eine volkstümliche Kraftmeierei. Rechter Hand ist die Gerichtslaube, und linker Hand steht der Marktbrunnen vor dem Gebäude. Gotische Fialengiebel an den Frontseiten und kleinere an den Dachfenstern gehören zu den Glanzpunkten des Gebäudes. 1844 wusste eine Bürgerinitiative unter Führung des Architekten Conrad Wilhelm Hase (1818–1902) den bereits beschlossenen Abriss des städtischen Kleinods zu verhindern. Stattdessen wurde Hase beauftragt, das Gebäude zu sanieren und einen neuen Flügel anzubauen. Dieser an die Renaissance erinnernde Anbau hat den Namen »Dogenpalast« erhalten. Bei einer kürzlichen Sanierung wurde im Innenhof ein Glasdach eingezogen. Neben der Gastronomie dient das Gebäude heute als Standesamt.

Zum Kreuzkirchenviertel

Bevor man den Marktplatz Richtung Knochenhauerstraße wieder verlässt, achte man auf ein ins Pflaster eingelassenes Kreuz, denn von diesem Punkt kann man die vier Türme der Markt-, der Aegidien-, der Neustädter Hof- und Stadt- und der Kreuzkirche sehen.

Spätestens in der Knochenhauerstraße kann man zu einer Kaffeepause einkehren. Vor einem der Cafés werden Liebespaare ausdrücklich zum Küssen aufgefordert. Etwas weiter ist ein Schwitters-Gedicht in den Boden eingelassen. An einem Café mit seitlicher Arkade gelangt man nach links zur **Kreuzkirche** (17). Wenn man den Seitenweg geht, passiert man Grabsteine und die aufwendig ornamentierte Grabkapelle Johann Duves, der sich als Finanzier der im Sturm zerstörten Turmspitze ein Anrecht auf einen solchen Begräbnisort ausbedungen hatte.

Nach der Kirche ist das **Kreuzkirchenviertel** benannt, das nach dem Zweiten Weltkrieg aus einer besonderen städtebaulichen Maßnahme heraus entstand. Die Grundstückseigentümer wurden angehalten ihre Grundstücke, einer städtischen Behörde zu übergeben, die die zerstörten Gebäude nach einer Art

Die Kreuzkirche, vom Ballhofplatz gesehen

Am Ballhofplatz rotieren die Kugeln

Masterplan neu entwarf und anteilig an die ehemaligen Eigentümer zurückgab. So wurde erreicht, dass ein Wohnviertel innenstadtnah entstand, das durch Fußwege und Grünstreifen nichts mehr mit dem Vorkriegsgewusel einer heruntergekommenen Altstadt zu tun hatte. In der Burgstraße 12 blieb das älteste Fachwerkhaus (1564–66) erhalten. Ein Fußweg, der zu ihm führt, ist nach dem im KZ ermordeten Boxer und deutschen Meister im Halbschwergewicht Johann »Rukeli« Trollmann benannt. Er musste sterben, weil es unter den Nazis kein Recht auf Leben für einen Sinto gab.

Die Kirche selbst wurde 1333 als einschiffige gotische Hallenkirche begonnen. 1496/97 wurde an der Nordseite ein Seitenschiff mit der St. Annenkapelle angefügt. Dieser Anbau wurde im Krieg zerstört und nicht mehr wiedererrichtet. Der größte Schatz der Kirche ist ein Altargemälde von Lucas Cranach d. Ä. aus der Zeit vor 1537. Besonders das zentrale Bild mit den Szenen am Kalvarienberg lohnt den Blick. Es gehörte ursprünglich zur Kirche im Leineschloss. Außerdem sind zwei Epitaphe zu erwähnen: das eine, das des Stadthauptmanns Dietrich von Rinteln aus dem Jahr 1321, weil es das älteste Grabmal in Hannover ist, und das andere, das des Stadthauptmanns Johannes von Stenhus und seiner Frau Hildegardis, weil es vermutlich das erste Grabdenkmal in Deutschland ist, das eine ganze Familie mit Kindern und dazu noch mit individuellen Zügen abbildet.

Durch die Kreuzstraße führt der Weg zum verkehrsberuhigten Ballhofplatz. Der **Ballhofbrunnen** mit einem Wasserspiel der rotierenden Kugeln ist dem Komponisten Carl Orff gewidmet. Nach dem höfischen Federballspiel hat der **Ballhof** (18) seinen Namen. Die eigens 1649–64 dafür errichtete Halle diente in noblen Zeiten aber auch anderen Lustbarkeiten. Schon ab 1667 traten die ersten Komödianten auf. Später kam es zu Konzerten, Ausstellungen, Festen und sogar Tierschauen. Nach dem Krieg war der Ballhof die erste Spiel-

Mann mit Pferd vor dem Marstalltor

stätte für Theateraufführungen. In den 1970ern fand die Umwandlung in ein modernes Kammerspieltheater mit 300 Plätzen statt, und 1990 wurde ein zweites, noch kleineres Theater, der »Ballhof zwei«, angefügt. Beide Räumlichkeiten sind Spielstätten der »Jungen Oper« und des »Jungen Schauspiels Hannover«. Auf dem Platz finden häufig auch musikalische Darbietungen statt wie »Jazz am Ballhof«. Außerdem sitzt man hier gern vor dem Teestübchen und genießt das Ambiente.

Am Historischen Museum vorbei geht man über die Rossmühle zur Leine. Das Standbild **»Mann mit Pferd«** von Hermann Scheuernstuhl (1894–1982) steht oberhalb der Stelle, die als Pferdeschwemme bekannt war. Hier tränkte man die Pferde der Altstadtbewohner, und bis ins 20. Jahrhundert hinein wusch man sie auch dort. Zeitweilig war es auch ein Badeplatz für Kinder. Über einen Fußweg, der über aus Bauschutt hergestellte Mosaiken führt, gelangt man entlang der Leine bis zur Goethestraße. Hier wendet man sich nach Osten (rechts) und bewegt sich Richtung Steintor.

Architektur und Kunst am Steintor

Auf der rechten Straßenseite fällt ein Gebäude aus dem üblichen Rahmen. Über einer quadratischen Fläche erhebt sich ein neunstöckiges Gebäude, das in sich gedreht ist. Seine Außenhaut besteht aus Edelstahlpaneelen, die in der Sonne blinken. Die Fenster bleiben in der Horizontalen auf der gleichen Ebene, weichen aber mit der Drehung von einer gedachten vertikalen Linie

Der Gehry-Tower steht stabiler, als es scheint

Strandvolleyball vor dem Anzeiger-Hochhaus

ab und verstärken so den Dreheffekt. Der **Gehry-Tower** (19) wurde 2001 fertiggestellt und dient vor allem als Bürogebäude für die Verkehrsgesellschaft Üstra und ihre Töchter. Der Entwurf stammt vom kanadisch-US-amerikanischen Stararchitekten Frank Gehry (*1929).

Hinter dem Gebäude beginnt das Rotlichtviertel Hannovers. Der Platz am Steintor wird häufig für politische Demonstrationen genutzt. Eine weitere bauliche Ikone Hannovers ist das Kuppelgebäude des **Anzeiger-Hochhauses** (20). Es wurde 1927/28 von Fritz Höger (1877–1949) im Stil des Backstein-Expressionismus gebaut. Mit dem Chilehaus hatte er kurz zuvor in Hamburg bereits mächtige Fußstapfen hinterlassen. Der Verleger des Hannoverschen Anzeigers, August Madsack, gab das Gebäude in Auftrag. Es gehört zu den ersten Hochhäusern in Deutschland und hat als tragende Konstruktion ein Stahlskelett. Das zehnstöckige Gebäude ist 51 m hoch und mit einer patinierten grünen Kuppel aus Kupferblech überdacht. In dieser Kuppel war ursprünglich ein Planetarium. Nach dem Krieg wurde dort das höchste Kino Deutschlands (von der Straßenebene aus gemessen) eingerichtet, und es besteht noch heute. Der verwendete Klinker ist im Gegensatz zu üblichem Backstein frostresistent. Höger nannte ihn seinen Bauedelstein. Historisch interessant ist, dass im Anzeiger-Hochhaus zwei Nachkriegsmagazine aus der Taufe gehoben wurden: Rudolf Augsteins »Spiegel« (1947) und Henri Nannens »Stern« (1948). Beide zunächst von der britischen Besatzungsmacht lizensiert. In den Anfängen der Bundesrepublik

Das Jugendstilgebäude der Kestnergesellschaft

wechselten beide Wochenmagazine nach Hamburg.

Rechts neben dem Anzeiger-Hochhaus steht das Gebäude der **Kestnergesellschaft** (21). Es handelt sich hierbei um die Galerie eines der größten und verdienstvollsten Kunstvereine Deutschlands. Mitten im Ersten Weltkrieg gegründet, wollte der Verein das eher provinzielle Kunstverständnis der Kulturbürokratie des Kaiserreichs konterkarieren und moderne Kunstauffassungen zu ihrem Recht kommen lassen. Die Bandbreite reichte von Paul Klee bis Wassily Kandinsky, auch lokale Künstler wie Kurt Schwitters waren im Ausstellungsprogramm. 1936 war zunächst Schluss, da sich die Kestnergesellschaft weigerte, ihren jüdischen Direktor Justus Bier in die Wüste zu schicken. 1948 erfolgte die Neugründung. Das heutige Gebäude ist der Umbau eines Jugendstilschwimmbads, des 1902–05 erbauten Goseriedebads. Es verfügt in fünf Hallen auf zwei Stockwerken über 1500 m² Ausstellungsfläche, eine Bibliothek, einen Buchladen und ein Bistro. Es gibt kaum einen namhaften internationalen Künstler, der hier noch nicht dem Publikum vorgestellt worden ist. Manche, wie Joan Miró oder Rebecca Horn, hatten hier schon drei Ausstellungen.

Über die Georgstraße gelangt man zum Kröpcke und von dort zum Hauptbahnhof. Der Weg ist eine der großzügig angelegten Einkaufsmeilen. Wenn man noch einen 180°-Blick auf die Stadt werfen möchte – vielleicht passt ja die Skybar »6 Sinne« in der Heiligerstraße 15 im sechsten Stock des ehemaligen Brinkmann-Gebäudes. Zum Gucken am besten ist wohl die Zeit vor der Abenddämmerung. Zum Wohl – beim Cocktail mit Aussicht.

Unterwegs in der Calenberger Neustadt

Eine Rundtour von der Reformierten Kirche durch die Rote Reihe und zurück zum Waterlooplatz

Ausgangspunkt dieser Rundtour ist das **General-von-Alten-Denkmal** (1) am Niedersächsischen Landesarchiv an der Lavesallee unweit des Waterlooplatzes. Sie führt durch einen Stadtteil, der im Gegensatz zur Altstadt ein seltsames Paradox darstellte. Einerseits wohnten hier zunächst mehrheitlich die Menschen, die in irgendeiner Form der feudalen Herrschaft verbunden waren – also alles vom Handwerker bei Hofe bis zum höheren Staatsbeamten –, weshalb man hier einen besonders reaktionären Geist hätte vermuten können, andererseits regierte hier eine religiöse Toleranz, von der die lutherisch bestimmte Altstadt weit entfernt war. Ein Hauch davon ist noch zu spüren.

Alle Welt kennt Wellington oder Blücher, es ist aber der King's German Legion unter ihrem hannoverschen Kommandeur Carl August von Alten (1764–1840) zu verdanken, dass die beiden Alternativen Wellingtons – »Night or the Prussians must come« – bei Waterloo gegen Napoleon überhaupt zu realistischen Optionen wurden. Von Altens Truppe hielt am Gutshof La Haye Sainte im Zentrum des Gefechts so lange stand, bis schließlich tatsächlich Blüchers Preußen anrückten und die schon fast verlorene Schlacht noch umbogen. Von Alten wurde schwer verwundet, mit dem Generalsrang ausge-

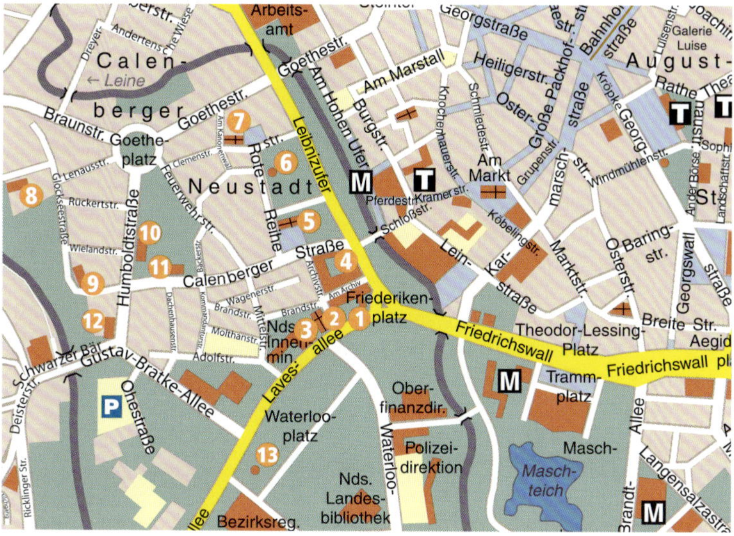

- 1 Gerneral-v.-Alten-Denkmal
- 2 Nds. Landesarchiv
- 3 Reformierte Kirche
- 4 Nds. Ministerium f. Umwelt, Energie u. Klimaschutz
- 5 St. Johannis
- 6 Gedenkstätte
- 7 St. Clemens
- 8 Theater an der Glocksee
- 9 Villa Rosa
- 10 Friederikenstift
- 11 Dachenhausenpalais
- 12 Museum für Energiegeschichte(n)
- 13 Waterloosäule

zeichnet und in den Grafenstand erhoben. Zudem setzte man ihm 1849 durch den spätklassizistischen Bildhauer Heinrich Kümmel (1810–55) ein Denkmal. Von Altens Abbild auf dem Sockel präsentiert sich dabei dandyhaft und fast etwas herausfordernd. In der Nähe erinnert ein Grabstein an seinen Offizier bei La Haye Sainte, an den Freiherrn Georg von Baring (1773–1848).

Hinter dem Denkmal steht das **Niedersächsische Landesarchiv** (2), das 1713–21 nach Vorentwürfen des Barockarchitekten Louis Remy de la Fosse (1659–1726) erbaut wurde. Es ist Deutschlands erstes Gebäude, das nur dazu errichtet wurde, Archivzwecken zu dienen. Im Innern wird alles, was aus der schriftlichen Überlieferung von Verwaltung und Justiz als archivwürdig eingestuft wird, geordnet und gesammelt. So sind bis heute ungefähr 31 Regalkilometer an Akten angefallen. Hinzu kommen 40.000 Urkunden, 14.000 Fotografien, 67.000 Karten und in der Bibliothek des Archivs 85.000 Bücher. Seit 1972 ist ein Magazin in Pattensen angeschlossen.

Jenseits der Archivstraße steht die **Reformierte Kirche** (2). Die heute im Raum Hannover über 5200 Mitglieder umfassende Glaubensgemeinschaft geht auf den 1819 vereinbarten Zusammenschluss der französisch-reformierten Gemeinde von 1697 (ehemalige ausgewanderte Hugenotten) und der deutsch-reformierten Gemeinde von 1703 zurück. Ein Gotteshaus aus dem Jahre 1705 wurde wegen Baufälligkeit 1898 durch eine neogotische Kirche des Architekten Hubert Stier ersetzt. Dieses Gebäude fiel im Oktober 1943 weitgehend einer Brandbombe zum Opfer. Beim Wiederaufbau nach den Plänen von Dieter Oesterlen ließ man den Turm als Mahnung vor den Schrecken des Krieges unvollendet und verzichtete auf die Turmhaube. Eine der drei von Königin Viktoria gestifteten Glocken musste nachgegossen werden.

Folgt man der Archivstraße nach Norden, passiert man das **Nieder-**

Der Turm von St. Johannis

Der Hofrat ruht in der Hofkirche

sächsische Ministerium für Umwelt, Energie und Klimaschutz (4) zur Rechten. Es ist im ersten Gebäude, das im hannoverschen Rundbogenstil errichtetet wurde, untergebracht. Der vierflügelige Sandsteinbau wurde 1837–45 nach den Plänen von Hermann Hunaeus (1812–93), der seit 1836 als Kriegsbaumeister für Militärgebäude zuständig war, als sogenanntes Dicasteriengebäude – der hochtrabende Name für ein Regierungsgebäude – erbaut.

Jenseits des **Neustädter Marktes** laden die Worte »Offene Kirche« zum Besuch der **Neustädter Hof- und Stadtkirche St. Johannis** (5) ein. Es ist die evangelisch-lutherische Kirche, die für die Hofbeamten dieser Konfession vom italienischen Baumeister Hieronimo Sartorio 1670 fertiggestellt wurde. Ihre Errichtung anstelle einer kleineren

Marienkapelle war der Bedeutung der Calenberger Neustadt als Regierungsviertel geschuldet, das mit der Erhebung Hannovers zur welfischen Residenzstadt vor Ort eine Hofkirche benötigte. So erklärt es sich auch, dass der Gelehrte, Bibliothekar und Historiograph Gottfried Wilhelm Leibniz als kurfürstlicher Hofrat in der Kirche seine Begräbnisstätte hat. An der Wand heißt es in schlichten Lettern »Ossa Leibnitii« – Leibniz' Gebeine – über einem ebenso schlichten Epitaph mit Namen, Geburts- und Todesdatum, daneben ein Porträt.

Die Rote Reihe

In der Roten Reihe, die dadurch, dass einst Fritz Haarmann hier wohnte, einen düsteren Klang bekommen hat, der eine Dekade später durch die Nazis ins Monströse gesteigert wurde, hier gab es als drittes Gotteshaus der Neustadt »eine Perle der hannoverschen Architektur« (Theodor Unger), nämlich die Neue Synagoge. Sie war kein verschämt in ein beengtes Ghetto verstecktes Gebäude, sondern sie erhob sich stolz auf einem ringsum freien Platz und hatte auf diese Weise vier Schaufassaden, mit großen Rosetten am Längs- und am Querschiff. Über der zentralen Vierung hatte sie eine Kuppel, wie es für Hannover fast schon charakteristisch ist. Der jüdische Architekt Edwin Oppler (1831–80) wollte mit der neoromanischen Gestaltung an einen Stil anknüpfen, den er für besonders deutsch hielt; quasi als Ausdruck der Zugehörigkeit der jüdischen Mitbürger zu Deutschland. 1870 wurde die Synagoge eingeweiht, 1938 äscherten sie die Anhänger des Nationalsozialismus ein. Nun ging der Staat den jüdischen Mitbürgern ans Leben. An der Stelle des einstigen Gotteshauses wird an die

Ein Portalrelief von St. Clemens

jüdischen Opfer und an die frevelhafte Zerstörung der Synagoge mit einer **Gedenkstätte** (6) erinnert. »Vergesst nie!«, mahnt auf Hebräisch und Deutsch eine eingemeißelte Inschrift.

Auf der anderen Straßenseite erinnert eine **Gedenktafel** an Heinrich Daniel Rühmkorff (1803–77), den Erfinder des Funkeninduktors. Er wurde in der Roten Reihe 3 geboren. Sein Geburtshaus gibt es nicht mehr. Das gilt auch für das Haus, in dem Fritz Haarman gewohnt und gemordet hat.

Am Ende der Roten Reihe erhebt sich mit der katholischen **Probstei-Kirche Basilika St. Clemens** (7) das ursprünglich vierte Gotteshaus der multireligiösen Vorstadt. Seine Gründung hängt mit dem ehrgeizigen Streben des Welfenherzogs Ernst August zusammen, Kurfürst im Kaiserreich zu werden. Er erreichte dieses Ziel unter der Bedingung, den Katholiken freie Religionsausübung zu gewähren und ihnen ein Gotteshaus zu errichten. Bis es mit dem Gotteshaus so weit war, dauerte es noch über 20 Jahre. 1718, da war ein erster Welfe schon König von England, konnte die Kirche als erstes nach der Reformation gebautes katholisches Gotteshaus in Hannover geweiht werden. Der italienische Baumeister Thomaso Giusti (1644 – 1729) hatte einen venezianischer Kuppelbau mit zwei flankierenden Türmen im Westen vorgesehen, wie man an einem Modell im Herrenhäuser Schlossmuseum sehen kann. Sie sollte Norddeutschlands einzige Kirche in italienischer Manier werden. Doch für die Kuppel reichte das Geld nicht. Die Kuppel leistete sich die Gemeinde erst nach der Zerstörung im Zweiten Weltkrieg. 1957 konnte die Kirche, nun mit Kuppel, erneut konsekriert werden. Unter dem Pontifikat von Papst Johannes Paul II. erhielt sie den Titel »Basilika Minor« und ist damit nach St. Godehard in Hildesheim die zweite Kirche mit dem Titel einer Basilika in der Diözese. In der Krypta der Kirche liegt ihr italienischer Architekt begraben. Die Bronzeportale wurden von Heinrich Gerhard Bücker (1922 – 2008) geschaffen. Die aufs Wesentliche konzentrierte Bildsprache ihrer Reliefs sollte man gesehen haben.

Östlich der Ihme

Wenn man die Clemensstraße bis zu ihrem Ende nach Westen geht, erreicht man rechter Hand den Goetheplatz mit einem Kreisverkehr. Die nach Westen abgehende Lenaustraße führt direkt auf das bunte Glockseegebäude zu. Wenn man die ›graffitibunte‹ Hofeinfahrt Richtung Ihme weitergeht, erreicht man am Ende das **Theater an der Glocksee** (8). Dieses mit 100 Sitzplätzen ausgestattete Theater bietet seit über 25 Jahren Bühnenkunst der anregenden Art. Man experimentiert, entwickelt eigene Stücke, fühlt dem Zeitgeist auf den Zahn und lockt so ein meist jüngeres, aber auch ein aufgeschlossenes älteres Publikum an.

Zurück auf der Glockseestraße, wende man sich nach Süden (rechts) und folge ihr bis zu dem Bogen, an dem sie in die Calenberger Straße übergeht. Dort im Bogen befindet sich die denkmalgeschützte **Villa Rosa** (9). Es handelt sich dabei um das letzte Gartenhaus seiner Art. Es wurde von Hofbaumeister Georg Ludwig Friedrich Laves entworfen. Um 1830 war es für die reichen Altstadtbewohner Mode geworden, sich in den Gärten vor der Stadtbefestigung niederzulassen, um dem gemeinen Volk im Zentrum zu entgehen. Als aber in der Umgebung immer mehr Industrie angesiedelt wurde, verschwanden die »Lusthäuser«, wie die etwas pompöseren Villen genannt wurden, wieder, und nur die klassizistische Villa Rosa blieb erhalten.

Wenn man auf der Calenberger Straße nach Osten bis zur Humboldtstraße weitergeht, gelangt man linker Hand an einen großen Gebäudekomplex, das **Friederikenstift** (10). 1840 war auf Initiative christlich motivierter Frauen ein Verein gegründet worden, der der Armen- und Krankenpflege dienen sollte. König Ernst August I. schenkte diesem Verein ein Gut vor den damaligen Befestigungsanlagen der Stadt. Es wurde nach der verstorbenen Königin Friederike benannt. Armen wurde Hilfe zur Selbsthilfe gewährt, und man kümmerte sich auch um Kranke. 1876/77 konnte man aufgrund von Spenden und Kirchenkollekten ein Krankenhaus im neogotischen Stil errichten. Im Laufe der Jahre kamen eine Krankenpflegeschule und eine unfallchirurgische Abteilung hinzu. Heute, nach dem Wiederaufbau, ist es eines der größten hannoverschen Krankenhäuser. Für die Medizinische Hochschule ist es zudem das akademische Lehrkrankenhaus.

1926 erwarb der erwähnte Frauenverein das denkmalgeschützte **Dachenhausenpalais** (11) an der Calenberger Straße. Es wurde zunächst an andere Institutionen vermietet und erst Ende der 1960er Jahre in den Dienst im Rahmen des Krankenhauses einbezogen. Es ist in der Neustadt das einzige erhaltene Adelspalais. Es wurde 1830 mit der heutigen, wenn auch zwischendurch sanierten klassizistischen Fassade ausgestattet. 1798 erbaut, diente es von 1836 – 55 dem namengebenden Landdrosten Friedrich Wilhelm von Dachenhausen (1791 – 1855) als Amtssitz. Ein Landdrost ist vergleichbar mit dem Präsidenten eines Regierungsbezirks. Dachenhausens dienstliche Beurteilung zeigt, welche Fähigkeiten erforderlich waren: »Ohne bedeutende persönliche Energie, stets wohlwollend, ein allgemein geschätzter Vermittler.«

An der Humboldtstraße Richtung Süden stößt man auf das **Museum für Energiegeschichte(n)** (12). Auf drei Ebenen werden etwa 1000 Exponate aus dem Bereich der Energie und der damit verbunden Technologie bis hin zum jeweiligen Endgerät vorgestellt. Einige Geräte sind nur zum Anschauen da, andere dürfen ausprobiert werden. Von der Gaslampe bis zu allerlei Telefonen, vom Stromzähler bis zum Toaster, selbst Spielzeug, das Energie braucht, all das ist in zum Teil ungewöhnlichen Exemplaren zu erleben.

Wenn man die Gustav-Bratke-Allee nach Südosten geht, sieht man schon die **Waterloosäule** (13), die auf einem ehemaligen mit grünem Rasen bewachsenen Exerzierplatz steht. Die im dorischen Stil errichtete Säule erinnert an die Schlacht von Waterloo, bei der1815 eine Koalition aus britischen, preußischen und hannoverschen Truppen dem Heer Napoleons I. die Niederlage beibrachte, die seinem Regime endgültig die Lichter ausblies. Am Jahrestag der Schlacht genau 17 Jahre später wurde die von Laves geplante Säule mit einer

Die Lorbeerkränze der Viktoria im Gegenlicht

geflügelten Viktoria an der Spitze eingeweiht. Die Siegesgöttin mit einem Lorbeerkranz auf dem eigenen Haupt und drei weiteren für die Sieger der Schlacht in den beiden Händen wurde von August Hengst entworfen und von den Kupferschmieden Conrad und Friedrich Beckmann hergestellt. In den Sockel der Säule sind erbeutete Kanonen eingelassen. Dazu sind die Namen der hannoverschen Gefallenen festgehalten. Eine enge Wendeltreppe mit 189 Stufen führt auf die Aussichtsplattform unterhalb der Viktoria. Die »Hannoversche Allgemeine Zeitung« und die Baudenkmalstiftung geben viermal im Jahr die Möglichkeit, die Säule zu besteigen, z.B. am Tag des offenen Denkmals. Es lohnt sich.

An einem schönen, warmen Tag kann man sich zum Abschluss der Rundtour in den zünftigen Waterloo-Biergarten begeben. Dort gibt es sogar eine Befreiungshalle.

Kleine Tour entlang der Skulpturenmeile

Vom Leineschloss an gibt es entlang der Leine und darüber hinaus bis zum Eingang des Georgengartens eine Folge öffentlicher Kunstwerke, die als **Skulpturenmeile** (14) ab Ende der 1960er aus der Taufe gehoben wurde. Diese modernen Artefakte stehen meist auf dem begrünten Mittelstreifen der Leibnizufer genannten Straße und dem der Brühlstraße. Die Skulpturenmeile ist rund 1200 m lang.

Die Meile beginnt gegenüber dem Leineschloss am Leibnizufer mit »Avenue K« (1968–70) vom amerikanischen Gestalter Kenneth Snelson (*1927). Es zeigt in X-Form sich kreuzende Stahlstangen. Von Niki de Saint Phalles unübersehbaren Nanas (1974) auf der Höhe des Historischen Museums am Leibnizufer war schon die Rede. Es folgt auf der Höhe der Goethestraße »Deus ex Machina« (1985) von Bernhard Heiliger (1915–95). Die Konstruktion kommt wie ein Industrie-Relikt daher, das mit dem Standpunktwechsel immer wieder neue Perspektiven eröffnet. An der Brühlstraße auf der Höhe der Andertenschen Wiese erhebt sich die als Stahlengel bekannt gewordene Figur »Stahl 17/18« (1987) von Erich Hauser (1930–2004). Obwohl er die ungleichen Schwingen schon ausgebreitet hat, ist der Engel doch fest auf dem Mittelstreifen verankert. Die »Große Familie« oder »Etude I bis V« des belgischen

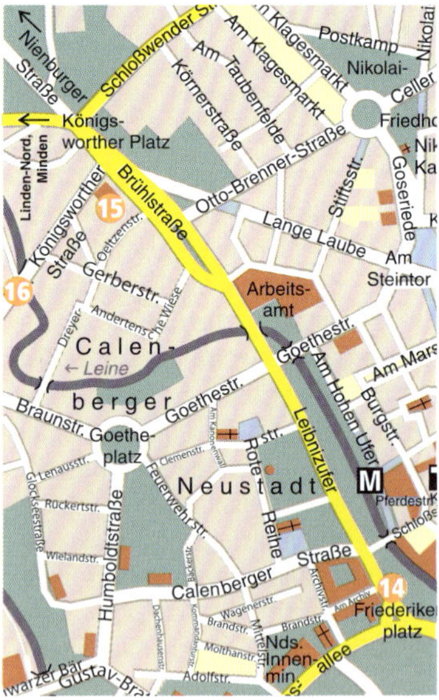

14 **Skulpturenmeile**
15 **Villa Simon**
16 **Leinebrücke**

Nach dem Volksmund: ein Stahlengel

Bildhauers Eugen Dodeigne (*1923) auf der Höhe der Otto-Brenner-Straße an der Brühlstraße zeigt grob behauene, menschenähnliche Steinfiguren wie aus einer Megalith-Kultur. Ein besonderer Hingucker ist die an ein riesiges Mikadospiel erinnernde »Symphony in Red« (2000) vom US-Amerikaner John Raymond Henry (*1943) am Königsworther Platz vor dem Designer-Busstopp des Italieners Ettore Sottsass. Die Haltestelle präsentiert sich wie ein großer Tisch, der von acht X, die jeweils paarweise für das XX. Jahrhundert stehen, gestützt wird. Etwas zurückgesetzt auf der Höhe der Fischerstraße am Königsworther Platz steht »Genesis« (1983–85) von dem Bildhauerpaar Brigitte Matschinsky-Denninghoff (1923–2011) und Martin Matschinsky (*1921). Die »Schöpfung« zeigt zwei sich windende Edelstahlschlaufen mit gekerbter Oberfläche. Den Abschluss der Skulpturenmeile bildet Alf Lechners (*1925) »Kreisteilung – Quadratanordnung – Kugel« (1987). Man ist geneigt, angesichts des Ortes am Eingang zum einst feudalen Georgengarten und der geometrischen Figuren an einen Gelehrten wie Leibniz zu denken.

Wenn man nach Südosten zurückgeht bis über die Königsworther Straße hinaus, findet man auf der rechten Seite die **Villa Simon** (15), die den Zweiten Weltkrieg unbeschadet überstanden hat, was man nicht von allen ihren Bewohnern sagen kann. Es handelt sich um ein von Christian Heinrich Tramm (1819–61) im Stil der Neorenaissance entworfenes Gebäude für den jüdischen Rechtsanwalt Eduard Simon (1805–67). Die Villa wurde 1858–60 errichtet und trug Merkmale des hannoverschen Rundbogenstils. 1895 erwarb der Gründer der Deutschen Grammophon, Joseph Berliner, die mit einer Veranda und einem Wintergarten ausgestattete Villa. Er vererbte sie 1938 seiner Tochter Klara Berliner. Die Nazis wiesen Klara Berliner an, das Haus in ein sogenanntes »Judenhaus« zu transformieren, in dem jüdische Familien, denen

Brückenkandelaber mit Flussgeschöpfen

man woanders die Bleibe genommen hatte, einzuziehen hatten. Nachdem etwa 40 Personen untergebracht waren, verkaufte Klara Berliner den Nazis das Haus zur Hälfte des Wertes, den es in Friedenszeiten hatte. Sie wurde 1943 aus einem jüdischen Altenheim heraus nach Theresienstadt deportiert, wo sie bald darauf ums Leben kam. Von den Bewohnern des Hauses wurden noch 1941 23 Personen nach Riga verschleppt und umgebracht. Vom Mobiliar der Villa war nach dem Krieg alles geplündert. Ein Lothringer Schrank aus dem Jahre 1770, den das Museum August Kestner von einem Kunsthändler erwarb, ist das einzige belegte Überbleibsel.

Wenn man in die Königsworther Straße hineingeht und an der Tanzakademie Brakel und dem Writers Corner, einem Laden für Graffitifarben, vorbeigeht, kommt man zu einer der urtümlichsten Brücken der Stadt. Die **Leinebrücke Königsworther Straße** (16) wurde 1895–98 erbaut und mit Fabelwesen und Pflanzenornamenten aus mittlerweile patiniertem Kupferblech aufgeputzt. Ebenfalls patinierte Kandelaber mit jeweils drei Laternen vervollständigen den abgefahrenen Fin-de-Siècle-Look. Diese Ausgestaltung verdankt sich dem vielfach in Hannover präsenten Skulpteur Carl Dopmeyer (1824–99).

Zum Abschluss kann man an der Brücke einen Leineweg einschlagen, der die Leine in seinem Verlauf leineaufwärts begleitet und zweimal überquert, und gelangt so, weniger vom Verkehr beeinträchtigt, auf gewundenem Pfad wieder ans Leibnizufer zurück.

Unterwegs in Linden

Das etwas andere Hannover

Linden, das erst 1920 eingemeindet wurde, erscheint trotz guter verkehrstechnischer Anbindung noch immer ein wenig als Stadt für sich. Das liegt auch an der geografischen Trennung durch die beiden Flüsse Leine und Ihme und der sie umgebenden Masch. Unterstrichen wird dieser Eindruck noch durch die modernen Bollwerke des Ihme-Zentrums und des politisch unkorrekt als die »drei warmen Brüder« bezeichneten Heizkraftwerks, hinter denen, von der Innenstadt her gesehen, Linden fast verschwindet. Auch soziologisch ist Linden besonders, denn hier lebt neben einer quirligen Studentenschaft und

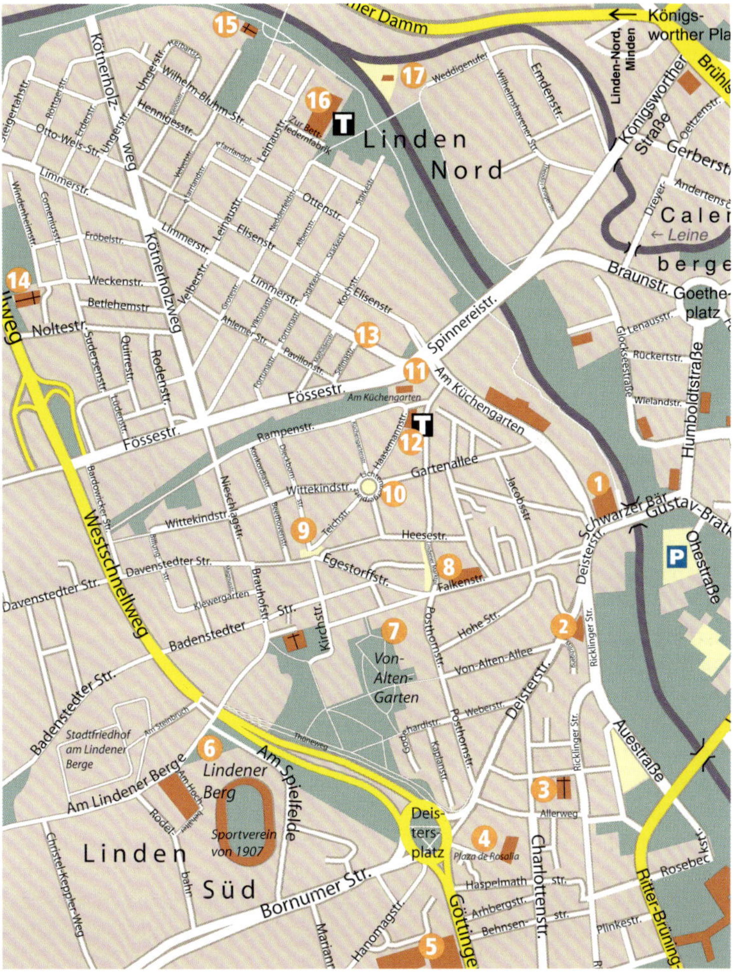

1	Capitol	10	Lichtenbergplatz
2	Altes Lindener Rathaus	11	Küchengarten
3	Erlöserkirche	12	TAK
4	Ahrbergviertel	13	Limmerstraße
5	Hanomag-Gelände	14	Bethlehem-Kirche
6	Lindener Berg	15	Gerhard-Uhlhorn-Kirche
7	Von-Alten-Garten	16	Faust
8	Lindener Marktplatz	17	Strandleben
9	Pariser Platz		

alternativen Szene auch eine internationale Gemeinschaft von Migranten, die rund ein Drittel der Bevölkerung ausmacht. Historisch betrachtet gab es einem Zusammenschluss gegenüber lange Bedenken – von der Seite Hannovers. Die Arbeiterstadt Linden mit ihren 80.000 Einwohnern hat das städtische Bürgertum lange geschreckt. In Linden hat man das nicht vergessen und sagt noch heute: »Ich gehe nach Hannover« und nicht »Ich gehe in die Stadt«.

Einstieg an der Ihme-Brücke

An der Benno-Ohnesorg-Brücke kann man einen ersten Blick auf Linden werfen. Jenseits steht Lindens erstes Hochhaus, das **Capitol** (1), im Stil des Backstein-Expressionismus. Es wurde 1930 am Schwarzen Bären nach den Plänen des Architekten Friedrich Hartjenstein (1881 – 1941) gebaut und dient seit 1986 als Veranstaltungszentrum für Live-Musik, Disco und Kino. In den Räumlichkeiten, die bis zu 1800 Zuschauern Platz bieten, sind von Joan Baez bis Robbie Williams und von den Ärzten bis Westernhagen viele internationale und nationale Showgrößen zu Gast gewesen.

Geht man über die Brücke und hält sich rechts, kommt man über die Deisterstraße zur Ricklinger Straße. Wo beide zusammentreffen, steht das **Alte Lindener Rathaus** (2). Es wurde nach den Plänen von Christoph Hehl (1847 – 1911) in neogotischem Stil errichtet. Es diente nach seiner Einweihung 1884 nur rund fünfzehn Jahre lang dem Magistrat, denn 1899 war bereits ein neues Rathaus am Lindener Markt fertiggestellt. Das alte Rathaus verlor im Zweiten Weltkrieg viel von seinem aufwendigen gotisierenden Dachaufbau, aber das Mauerwerk mit dem reich gegliederten zweiten Stock überstand das Schlimmste.

Im Capitol spielen die Stars

Wenn man der Ricklinger Straße folgt, erreicht man am Allerweg rechter Hand die **Erlöserkirche** (3). Sie ist eine dreischiffige Hallenkirche mit einem markanten Kirchturm, ebenfalls im neogotischen Stil. Der Architekt Conrad Wilhelm Hase (1818 – 1902) hat sie entworfen, 1880 ist sie geweiht worden. Das Besondere an der Kirche ist, dass sie nicht durch moderne Einbauten verändert wurde und dadurch den ursprünglichen Raumeindruck wiedergibt. Als man in den 1990ern den Innenraum renovierte, entdeckte man Rankenschmuck und Malereien aus der Anfangszeit. Mit der freigelegten und restaurierten Ornamentierung ist die Kirche wieder ein Stück näher am Original. In der ganzen Stadt bekannt ist sie auch für ihre Gospelgottesdienste.

Ein glänzender Name

Eine Straße weiter Richtung Süden biegt man in die Haspelmathstraße nach rechts ein. Am Baumhaselweg abermals nach rechts kommt man ins **Ahrbergviertel** (4). Das Viertel ist benannt nach einer Wurst- und Fleischfabrik, in die Fritz Ahrberg 1912 seine kleine Metzgerei an der Deisterstraße umgewandelt hatte. Jährlich konnten hier anderswo geschlachtete Schweine bis zu einer Gesamtzahl von 60.000 Tieren verarbeitet werden. Zu Zeiten guter Konjunktur waren bis zu 1200 Arbeiterinnen und Arbeiter in der Fabrik und in den Filialen beschäftigt. In den 1990er Jahren kam das Aus. Heute ist nach Umbauarbeiten und einigen Neubauten ein gemischtes Viertel entstanden, in dem neben Wohneinheiten einige Gewerbe und soziale und kulturelle Institutionen, darunter ein Kinderladen, ein Tanzstudio, eine Kochschule in der alten Kesselhalle und ein galizischer Kulturverein, eingezogen sind. Ein sommerliches Ahrbergfest feiert jedes Jahr die neue Gemeinschaft. Der zentrale Platz heißt wegen einer großen Zahl von iberischen Migranten Plaza de Rosalia.

Zu Hanomag und auf den Lindener Berg

Geht man die Haspelmathstraße bis zur Göttinger Straße nach Osten weiter, stößt man auf das **Hanomag-Gelände** (5). Hier war zur Zeit der Recherche für dieses Buch vieles im Umbruch, weil auf dem denkmalgeschützten Areal saniert, entgiftet und neu gebaut wurde. Einen imposanten Eindruck erhält man am Deisterplatz, wo man mit der repräsentativen Fassade der ehemaligen Kanonenwerkstatt von Hanomag konfrontiert ist. Sie trägt den goldenen Firmenschriftzug der neuen Firma Komatsu Hanomag und ist von einem Band von Majolika-Fliesen mit Firmenprodukten und floralen Motiven im Wechsel eingefasst. An den oberen Gebäudeecken sind die allegorischen Figuren »Arbeit« und »Industrie« angebracht. Das Gebäude wurde von Alfred Sasse (1870 – 1937) mitten im Ersten Weltkrieg im Stil einer »pathetischen Sachlichkeit« als Eisenkonstruktion entworfen. Die allegorischen Monumentalstatuen sind das Werk der Bildhauer Werner Hantelmann (1871 – 1939) und Georg Herting (1872 – 1951). Soweit

Umgesetzter Pavillon aus dem Küchengarten

man Zugang zum Gelände bekommt, kann man noch die denkmalgeschützte U-Boot-Halle, die Fabrikanten-Villa und das Verwaltungsgebäude sehen. Von 1993 – 1998 war in der U-Boot-Halle das »Cyberhouse«, einer der bekanntesten Technoclubs der Region, beheimatet. Zudem fanden auf dem Gelände auch Großveranstaltungen wie die »Reincarnation Parade« statt. Berühmte DJs und Musiker wie Marusha, WestBam und The Prodigy gaben sich hier die Klinke in die Hand.

Als Nächstes steht der **Lindener Berg** (6) auf dem Programm. Er ist mit fast 90 m die zweithöchste natürliche Erhebung im Stadtgebiet und liegt rund 35 m über dem Zentrum von Linden. Vom Deisterplatz aus, auf dem übrigens der einzige denkmalgeschützte **Hoch- und Rundbunker** Hannovers (1941) steht, geht man die Bornumer Straße hoch und biegt am Spielfeld rechts ein. Links der Straße auf einem Rasenstück steht das **Johann-Egestorff-Denkmal** von Georg Herting aus dem Jahre 1935 mit einem Medaillon des Firmengründers und mit Arbeiterprototypen als Reliefs. Man umgeht das Lindener Stadion und gelangt dann nach links den Berg hoch zur Kuppe. Hier drängeln sich die Sehenswürdigkeiten. Zur Rechten befinden sich die **Villa Osmers**, um 1900 erbaut, der legendäre **Jazz Club Hannover** und das **Mittwoch:Theater**. Zur Linken ist

Wasserhochbehälter auf dem Lindener Berg

ein voluminöser Wasserhochbehälter, auf dessen Dach die Volkssternwarte steht. Fast schon über den Scheitel des Bergs hinaus liegt zur Rechten der Lindener **Bergfriedhof** mit dem hierher umgesetzten **Küchenpavillon** vom Küchengarten, von dem in der Ebene am Südostende der Limmerstraße nur noch der Name kündet. Während der Scilla-Blüte, meist im März, findet das Blaue Wunder statt, ein Fest mit vielen Veranstaltungen am Berg und davor. Zur Linken geht es zum »Lindener Turmgarten«, einem Biergarten unter einem ehemaligen **Wartturm** der Hannoverschen Landwehr, der bis 1927 als Windmühle in Betrieb war. Eine Pause kann man sich hier gut und gerne gönnen.

Der Lindener Markt unter der Obhut des Nachtwächters

Ins Zentrum von Linden-Mitte

Am Lindener Berge talwärts nach Nordosten gelangt man zur St. Martinskirche und zum **Von-Alten-Garten** (7). Von der Martinskirche ist nach dem Krieg der Turm übrig geblieben, der weithin als Wegmarke diente. Von einem früheren, weitgehend aus Holz errichteten Schloss der namengebenden Adelsfamilie von Alten sind nur noch die steinerne Balustrade und die Terrasse übrig geblieben. Von dort blickt man auf die »200-jährige Von-Alten-Buche«, die es aus drei ineinander verdrehten Jungbuchen bei der Pflanzung 1835 zu einem Stammumfang von heute 6 m geschafft hat. Sie ist allerdings nicht ganz gesund und in Teilen einsturzgefährdet. Am Fuß der Terrasse befindet sich eine Grotte mit den Skulpturen von Flussgottheiten. Wenn man den Garten nach Osten zur Posthornstraße verlässt, geht man durch das 1911 errichtete einstige Torhaus zum Anwesen der seit dem 13. Jahrhundert nachgewiesenen Adelsfamilie. Ihr Wappen prangt am Torhaus.

Trinkhallen verbreiten einen Hauch von Ruhrgebiet

Auf der Posthornstraße nach Norden gelangt man unmittelbar zum neuen **Rathaus** und dem **Lindener**

Die beliebten »Bischofsstäbe« als Straßenlampen

Marktplatz (8). Dieser Marktplatz ist erst infolge der Erhebung Lindens zur Stadt im Jahre 1894 angelegt worden. Für ihn mussten etliche Bauernhöfe des alten Stadtkerns weichen. Der Marktbrunnen mit der Nachtwächterfigur vom Bildhauer Hans Dammann (1867–1942) wurde zwei Jahre später installiert. Heute fehlen ihm die Symbole der Nacht, die vier Katzen und die vier Fledermäuse. Der treue Hund wacht noch zu seinen Füßen. Das für eine Stadt erforderliche Rathaus war gegen Ende des 19. Jahrhunderts fertiggestellt. Der Hallenser Architekt Emil Seydel (1871–98) hatte ein mittelalterlich anmutendes Backsteingebäude mit Erkern, Staffelgiebeln und weiterem neogotischen Zierrat entworfen. Er starb an einem Hirnschlag, bevor das Gebäude eingeweiht werden konnte. Nach dem Zweiten Weltkrieg wurde es mit weniger Schnörkeln wiedererrichtet, und seine heutige Gestalt mit dem modernen Zweckbau entlang des Marktplatzes hat es seit der kürzlichen grundlegenden Sanierung. Es beherbergt die Stadtbibliothek, ein Selbstlernzentrum der Volkshochschule und den kommunalen Sozialdienst, dazu ein Büro des Bezirksbürgermeisters.

Viele Gebäude um den Platz herum stammen aus der Gründerzeit, die gelbe **Backsteinvilla Stephanus** eines Zie-

Liberté toujours am Pariser Platz

Das besondere Ensemble des Lichtenbergplatzes

geleibesitzers dieses Namens am Nordende vielleicht schon aus dem Jahre 1865. Am Marktplatz 2 wurde **Hannah Arendt** (1906–75) geboren. Nach drei Jahren zogen ihre Eltern nach Königsberg, dem heutigen russischen Kaliningrad. Sie verließ Deutschland rechtzeitig 1933 und vertiefte ihre Studien zur politischen Theorie in New York. Ihre lebenslange Verbundenheit mit Martin Heidegger blieb vielen ein Rätsel.

Kein Rätsel ist, wieso man im Sommer gern auf dem **Pariser Platz** (9) sitzt. Abgesehen vom Vorbeischrammen der Stadtbahn ist er nämlich weitgehend verkehrsberuhigt und hat ein paar Lokale, vor denen man schön im Freien sitzen kann. Man erreicht ihn vom Marktplatz aus über die Egestorff-Straße. Folgt man der Davenstedter Straße bis zur Beethovenstraße, erreicht man einen weiteren **Designer-Busstopp** und einen kleinen, aufwendig gestalteten Spielplatz. Der Busstopp hat vier Flüsterschalen und wurde von Wolfgang Laubersheimer (*1955) gestaltet.

Auf dem Weg zum **Lichtenbergplatz** (10) über die Beethoven- und Wittekindstraße kommt man am auffällig ornamentierten Gebäude der **Humboldtschule** aus dem Jahre 1902 und einigen besonders schönen Villen vorbei. Der Lichtenbergplatz ist nicht nach dem Aphorismen versprühenden Gelehrten, sondern nach dem ersten Bürgermeister des zur Stadt erklärten Linden benannt. Sechs Straßen führen auf den mit Gründerzeithäusern stattlich umstellten Platz. Mit seiner Kastanie in der Mitte des Rondells und der besonderen Bebauung ist er vielleicht der schönste Platz Lindens.

Auf der Haasemannstraße gelangt man zu einem Areal, das nach dem ehemaligen **Küchengarten** (11) des Fürsten- und späteren Königshofes benannt ist. In der Mitte des 17. Jahrhunderts legten die Welfen hier einen Nutzgarten an, um die Küche des Hofes mit Gemüse und Obst zu versorgen. Um 1680 existierten hier außerdem drei Teiche für Forellen, Karpfen und Hechte. Nach der

Auflösung des Königreichs 1866 wurde der Küchengarten aufgegeben und in Bauland für Wohnungen und einen Güterbahnhof umgewandelt. Ein Pavillon und der Garteneingang wurden gerettet und stehen nun auf dem Bergfriedhof oberhalb von Linden. Ein Grünstreifen erinnert noch an die einstige Gartenfläche.

Ein ehemaliges städtisches Badehaus von 1927, das errichtet wurde, weil viele Arbeiter kein eigenes Bad hatten, wurde in den 1980ern in dieser Funktion nicht mehr benötigt. 1987 zog in das Gebäude das **TAK** (12), das Theater am Küchengarten, ein. Mit 130 Sitzplätzen ausgestattet, bietet es dem Kabarett und anverwandten Kleinkunstformen wie der Satire und dem Chanson eine professionelle Heimstatt. Seit 1997 wird hier jährlich der »Gaul von Niedersachsen« verliehen. Dies ist ein Preis, der mit Drittelparität von einer Jury aus dem TAK-Team, der Presse und den Zuschauern an besonders bemerkenswerte Kabarettisten ausgelobt wird. Unter den Preisträgern sind Spitzen des deutschen Kabaretts wie Georg Schramm, Volker Pispers, Urban Priol oder Horst Evers. Das »Fohlen von Niedersachsen«, ein Nachwuchspreis, wird gelegentlich vergeben und zählt Akteure wie Hagen Rether, Claus von Wagner und Marc-Uwe Kling zu den Ausgezeichneten.

Die Limmerstraße und mehr

Wie man sehen kann, dreht Linden an keinem kleinen Rad. So ist es auch in Linden-Nord. Für entspannte Zeitgenossen ist die **Limmerstraße** (13) und ihr Einzugsbereich als Flanier- und Genießermeile ein absolutes Muss. Sei es der neue Weinladen, das asiatische Lokal, die an das Ruhrgebiet erinnernde Trinkhalle, das Antiquariat an der Ecke oder das **Apollo-Kino**, die Limmerstraße hat für jeden etwas zu bieten. Das Apollo-Kino ist beispielsweise mit seiner Gründung 1908 eines der ältesten noch bespielten Kinos in Deutschland und zugleich eines der ersten Programmkinos. Hier begann die Karriere des Gründers der Cinemaxx AG, Hans-Joachim Flebbe.

Wer ein Faible für die Gotteshäuser mit einem »neo« vor dem Stil hat, der sollte sich auch die **Bethlehem-Kirche** (14) ansehen. Die denkmalgeschützte Kirche gilt als herausragendes Meisterwerk des Historismus und ist 1906 im neoromanischen Stil vollendet worden. Es ist das Hauptwerk des Architekten Karl Mohrmann (1857 – 1927). Im Krieg hat das Gebäude mit Ausnahme des Daches und der Orgel keinen Schaden genommen. Über dem Eingang ragen drei Türme in den Himmel. Der mittlere ist 71 m hoch, und in der Adventszeit leuchtet ein Stern von Bethlehem auf

Frische Fassade in der Limmerstraße

Bei Faustens auf dem Hof

seiner Spitze. Das Portal erinnert an italienische romanische Kirchen und hat ein buntes Mosaik mit den drei Königen aus dem Morgenland im Giebelfeld. Links und rechts des Portals stehen jeweils vier ausdrucksvolle biblische Gestalten in goldhinterlegten Nischen. Im Innern hat man mit großem Aufwand die Originalmalereien an den Wänden rekonstruiert. Zum Vergleich hat man noch Reste der ursprünglichen Bemalung stehen lassen. Zur Kirche gelangt man, wenn man an der Limmerstraße nach links in die Velberstraße einbiegt und an ihrem Ende halb rechts in die Bethlehemstraße.

Ein ganz anderes, zunächst auch baulich umstrittenes Gotteshaus ist die **Gerhard-Uhlhorn-Kirche** (15) aus dem Jahre 1963 vom Münchener Architekten Reinhard Riemerschmid (1914–96). Man erreicht sie, wenn man von der Limmerstraße aus in die Leinaustraße nach Nordosten einbiegt und bis zum Fluss vorstößt. Den Weg am Fluss geht man nach links (Osten) bis über den Abzweig zur Dornröschenbrücke hinaus. Man erkennt die Kirche an ihrem Walmdach aus patiniertem Kupfer und einem schlanken freistehenden Turm, der in der Spitze eine Kornähre symbolisieren soll, manchem aber wie eine Rakete vorkommt. Die Kirche ist mittlerweile entwidmet, und über eine künftige Nutzung ist noch nichts entschieden.

Auf dem Weg zur Gerhard-Uhlhorn-Kirche ist man an der Mündung der Ihme in die Leine an einem Kulturzentrum bereits vorbeigegangen, dem **Faust** (16). Es handelt sich hier nicht um den goetheschen Faust, wiewohl es nicht ausgeschlossen ist, ihm hier einmal zu begegnen. Faust ist vielmehr die Abkürzung für »FAbrikUmnutzung und STadtteilkultur«. Auf dem Areal einer ehemaligen Bettfedernfabrik wurde nach vielem Hin und Her ein Zentrum errichtet, das eine Kunsthalle, eine Konzerthalle, Gastronomie wie den Biergarten »Gretchen« sowie die Kneipe »Mephisto« und, hier könnte ein moderner Faust ins Spiel kommen, ein Theater umfasst. Südlich des Geländes findet alljährlich das dreitägige Fährmannsfest statt. Es gilt als das größte alternative Open-Air-Festival in der Region.

Wenn schon von Open Air die Rede ist, darf der Hinweis auf das **Strandleben** (17) jenseits der Justus-Garten-Brücke am Weddigenufer nicht fehlen. Der Sandstrand an Ihme und Leine mit einem roten Bar-Container für die Selbstbedienung mit Ess- und Trinkbarem hat noch den Hauch von Authentizität gegenüber manchem künstlichen Beachclub, dessen sterile Atmosphäre hier offensichtlich nicht vermisst wird. Damit sind die lebenswerten Seiten

La Palma oder Linden, welch eine Frage!

Lindens nicht erschöpft, aber zu einer Szenestadt gehört auch, dass man sich einmal treiben lässt und spontan seinem Gusto oder seinen Eingebungen folgt. Linden ist dazu genau der Ort.

Unterwegs in ausgewählten Stadtteilen

Natürlich gibt es auch in den Stadtteilen und Stadtbezirken, die nicht vom üblichen Tourismus erfasst werden, Sehenswertes. Was nun folgt, sind Appetithäppchen, die dazu ermuntern sollen, die Stadt auch in ihren etwas weiter vom Zentrum entfernten Bereichen kennenzulernen. Im Norden beginnend, werden punktuell, also keinesfalls erschöpfend, einige besondere Orte und Örtlichkeiten angesprochen, die meist in der näheren und weiteren Peripherie der Innenstadt angesiedelt sind.

In der Nordstadt

Wenn man am Klagesmarkt, an dem zur Zeit der Recherche für das Buch noch einiges im Umbruch war, nach Norden geht, erreicht man die gerade zu einer

In der Vorstadt bleibt es bunt

Wo Kaffee und Kultur gut zusammengehen

neuen Nutzung umgewandelte **Christuskirche**. Sie wurde 1864, also zwei Jahre vor dem Exil der Welfen, als Residenzkirche für Georg V. geweiht. Wie häufig bei Conrad Wilhelm Hase, dem Architekten, ist sie im Stil der unverputzten Backsteingotik nach romantischen mittelalterlichen Vorstellungen errichtet. Eine Besonderheit ist ihr 70 m hoher Turm, der über dem Mittelschiff in einer steilen pyramidalen Form ansteigt. Im Innern wurde die Kirche so umgestaltet, dass auch weiterhin Gottesdienste abgehalten werden, sie aber in der Hauptsache als internationales Kinder- und Jugendchorzentrum genutzt werden kann.

Die Kirche liegt eingangs des **Engelborster Damms**, sodass man die Gelegenheit nutzen sollte, diese kleine, etwas schlichtere Flaniermeile zu erkunden. Außer einigen Lokalitäten und einer empfehlenswerten Kaffeerösterei (»24grad«) findet man am Engelborster Damm 30 ein Zentrum, das seit sechs Jahren und mehr **Spandau Projekt** heißt. Im ehemaligen »Möbelhaus Spandau« finden seither Ausstellungen, Partys und Konzerte statt. Ein Lokal sorgt für das leibliche Wohl.

In der Oststadt

Wenn man den Hauptbahnhof nach Osten verlässt und den nüchternen Raschplatz überquert, gelangt man zum jüngst renovierten **Pavillon** am Weißekreuzplatz. Vorher, an der Raschplatzhochstraße, kann man sich noch wundern über weiße, unter der Fahrbahn angebrachte VW-Modelle. Die Installation des Künstlers Andreas von Weizsäcker (1956–2008) mit dem ironischen Titel **»Hangover«** wurde 1991 platziert und gehört seither zu den skurrileren Hängungen. Der vorher angesprochene Pavillon ist ein El Dorado der Kreativität. Für alle Arten von Veranstaltungen stehen ein Foyer, ein kleiner und ein großer Saal, Gruppenräume und zwei Theatersäle zur Verfügung. Von der Krabbelgruppe »Freche Rübe« über eine Theaterwerkstatt und ein Zentrum für kreatives Gestalten reicht die Bandbreite bis zur Oststadtbibliothek und dem »Café Mezzo«: ein echtes Kultur- und Sozialzentrum.

Der Weißekreuzplatz mit einem **Gorlebenstein**, der an antiatomare Auseinandersetzungen erinnert, ist häufiger Zentrum von Demonstrationen oder, wie 2014, Ort eines Flüchtlingscamps. Jenseits des Platzes kommt man in den weitgehend verkehrsberuhigten Teil der **Lister Meile**. Hier lässt es sich gut schlendern, einkaufen, Kaffee oder Eis genießen und die entspannte Atmosphäre einsaugen. Donnerstagnachmittags ist Wochenmarkt. Wer seine

Wochenmarkt auf der Lister Meile

Tischtennisschläger dabeihat, kann unweit vom **Pferdebrunnen** in der Körtingstraße Pingpong spielen.

Von der Lister Meile geht nach Osten die Seumestraße ab. Wenn man ihr und der anschließenden Kleinen Pfahlstraße folgt, erreicht man die Eilenriede. Auf der rechten Seite an der Hohenzollernstraße 39 steht die vom Krieg verschont gebliebene **Villa Seligmann**. Was einst die Residenz des jüdischen Direktors der Continental AG, Siegmund Seligmann (1853–1925), war, ist heute, innen aufwendig und edel restauriert, das Europäische Zentrum für Jüdische Musik. Der Schwerpunkt des Zentrums liegt auf der religiösen Musik, wie sie in der Synagoge oder bei religiösen Feierlichkeiten üblich ist. In Konzerten und Ausstellungen kann man sie erleben oder mehr über sie erfahren. Das Gebäude selbst wurde im Jugendstil 1906 nach einem Entwurf von Hermann Schaedtler fertiggestellt.

In der List

Geht man an der Lister Meile nach Westen in die Wedekindstraße, findet man mit dem **Kanapee** in der Edenstraße 1 ein »Wohnzimmerlokal« für Konzerte, Lesungen und Kabarett. Das Etablissement ist das, was man eine Institution nennt. Und zwar seit über 25 Jahren.

In südwestlicher Richtung der verkehrsreichen Celler Straße folgend, erreicht man den **Welfenplatz**. Der große Rasenplatz bietet für Sport und Spiel mehrere Möglichkeiten: Neben einem Bolzplatz und Tischtennisplatten gibt es eine Skaterbahn, dazu Sitzecken und einen Kinderspielplatz. Dieser ehemalige Exerzierplatz aus der Mitte des 19. Jahrhunderts war mit fünf 100 m langen und 30 m hohen Kasernengebäuden umstanden, die 2000 Soldaten, 500 Pferden und 50 Feldhaubitzen Platz boten. Von den Kasernen wurden drei im Zweiten Weltkrieg so beschädigt, dass man sich entschloss, sie abzureißen. In der erhalten gebliebenen Infanteriekaserne IV wurde eine Polizeiinspektion einquartiert, in den Stallungen der Artilleriekaserne XI sind die Reiter- und Diensthundestaffel untergebracht. Ein Hochbunker aus dem Zweiten Weltkrieg beherbergt unter dem Dach ein Fledermauszentrum, in dem verletzte Tiere gepflegt und wieder in die Freiheit entlassen werden. Neben dem Hochbunker steht eine Ansammlung bunter Container für junge Obdachlose. Das Projekt nennt sich »bed by night«.

Die Kriegerstraße geht am Nordende vom Welfenplatz nach Nordwesten ab und stößt auf die Spichernstraße. Hier befinden sich ein Theater und ein Museum. Das **Theater in der List** (Hausnummer 13) mit seinen 99 Sitzplätzen ist ein freies Theater und muss ohne Subventionen auskommen. Sein Programm ist vielseitig und bedient die Interessen Erwachsener ebenso wie die von Kindern und Jugendlichen. Eine kleine Bar ergänzt das ebenso unterhaltsame wie anspruchsvolle Theatererlebnis.

Der goldene Keks ist wieder da

Ein paar Häuser weiter unter der Nummer 22 findet man das **WOK-Küchenmuseum**. WOK steht für »World of Kitchen«. Hier sind über 10.000 Koch- und Küchenutensilien versammelt. Es bleibt aber nicht beim Anschauen, denn regelmäßig werden die Utensilien benutzt, um Köstlichkeiten auf den Tisch zu zaubern. Besonders Kinder und Schüler können hier lernen, wie man ein leckeres Mahl zubereitet. Jährlich finden rund 100 Kochkurse statt.

Zurück zur **Lister Meile**. Stadtauswärts stößt sie am Lister Platz auf die Podbielskistraße. Wenn man ihr folgt, blinkt plötzlich über dem Gehsteig etwas Goldenes in der Sonne. Es ist das Firmenlogo der 125-jährigen **Keksfabrik Bahlsen** mit zwei Brezelmännern, die einen goldenen Keks tragen. Das Jugendstilgebäude aus Langensalzaer Travertin dient heute wieder der Verwaltung. Das ehemalige Fabrikationsgebäude heißt mittlerweile **Podbi-Park** und ist in ein Geschäftszentrum mit Büros, einem Hotel, dem Bürgeramt, der Stadtbibliothek und einer Einkaufspassage umgewandelt worden. Die Fassade an der Lister Straße ist sehenswert.

Wenn man halb links in die Rühmkorffstraße einbiegt, kommt man zum **De-Haën-Platz**, der für eine Bebauung mit Wohnhäusern im Backstein-Expressionismus bekannt ist. Bemerkenswert sind die Arkaden und ein Eckturm mit einem grün patinierten Aufsatz an der Ostseite des Platzes. Das Areal ist nach dem Chemiker Eugen de Haën (1835 – 1911) benannt, der hier eine chemische Fabrik betrieb. Die Hinterlassenschaften dieses Chemiewerkes im Boden wurden erst vor kurzem beseitigt.

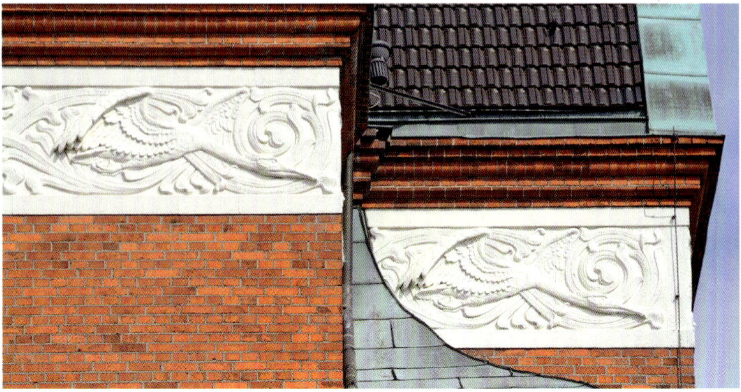
Auf den Spuren des Pelikans

Wenn man auf der Podbielskistraße weiter stadtauswärts unterwegs ist, gelangt man ins Pelikanviertel. Hier war einst die Produktionsstätte des **Schreibgerätewerks Pelikan**. An den neuen Nutzungen zugeführten Baulichkeiten kann man noch sehr schön die im Jugendstil gestalteten Pelikanfiguren sehen, die als Markenzeichen für Tinten, Tuschen und Farben der Firma weltweit bekannt sind.

Im Stadtteil Zoo

Neben dem Erlebniszoo hat der Stadtteil ein besonders markantes Glanzlicht, den Gebäudekomplex des **Hannover Congress Centrum** (HCC), schlichter auch Stadthalle genannt. Das Gebäudeensemble wurde 1911–14 von Paul Bonatz (1877–1956) und Friedrich Eugen Scholer (1874–1949) erbaut. Als Landmarke sticht der Kuppelsaal mit seinem patinierten Kupferdach heraus. Seine inneren Abmessungen mit der Länge von 32 m, der Breite und der Höhe von jeweils 24 m entsprechen klassischen Harmonievorstellungen. Ein akustisch besonders austarierter Raum ist der für mehr als 700 Zuhörer ausgelegte Beethovensaal. Hinzu kommt die polyvalent nutzbare Niedersachsenhalle A, die mit einer kaum kleineren Halle B bei Großveranstaltungen kombiniert werden kann. Außerdem gibt es über zwei Dutzend Tagungsräume und ein Hotel.

Südlich grenzt an dieses Zentrum der **Stadtpark** (auch Stadthallenpark genannt) an. Er ist nach den Zerstörungen des Zweiten Weltkriegs durch die erste Bundesgartenschau in Westdeutschland 1951 wieder zu einem öffentlichen Park geworden, der unter Denkmalschutz steht. 1963/64 wurde das große Wasserbecken wieder instandgesetzt und ein Fontänengarten angelegt. Rhododendren und ein Rosarium mit etwa 140 Rosenarten verwandeln den Park im Frühling in ein Blütenmeer. Aus der Städtepartnerschaft Hannovers mit Hiroshima ist als sichtbares Zeichen 1996 ein japanischer Garten mit einem kleinen Teehaus entstanden. Hier könnte man gut eine Rast einlegen.

Gleich neben dem HCC in der Eilenriede steht ein Stadion für Nostalgiker. Das **Eilenriedestadion** hat eine fast hundertjährige Geschichte hinter sich und war zweimal Schauplatz von Länder-

Der Kuppelsaal am Stadtpark

spielen der Fußballnationalmannschaft. Heute ist die mit einer Tribüne für 500 Zuschauer ausgestattete ehemalige Hindenburgkampfbahn die Spielstätte der Jugendmannschaften von Hannover 96.

In der Bult

Am Braunschweiger Platz und in seiner näheren Umgebung befinden sich zwei sehr unterschiedliche Museen. Das jüngere ist am Platz selbst und ist in den ehemaligen Räumen eines Einrichtungshauses kunstvoll eingepasst. Das **Steinhoff-Designmuseum** ist das kleinste, aber feine Designmuseum Deutschlands. Es existiert seit 2012 und erhebt keinen Eintritt. Seine Vernissagen sind gesellschaftliche Ereignisse.

Etwas älteren Datums, nämlich 1981 gegründet, ist das **Veterinärmedizinhistorische Museum** am Bischofsholer Damm 15. Es dokumentiert die Entwicklung der Tiermedizin von ihren Anfängen bis in die Gegenwart. Der Grund für ein solches Museum liegt darin, dass Hannover ein frühes veterinärmedizinisches Zentrum war. Es begann mit einer königlichen Tierarzneischule, die bei ihrer Gründung 1778 noch »Roß-Arzney-Schule« hieß, und führte schließlich zur ältesten eigenständigen tierärztlichen Hochschule in Deutschland mit dem Status einer Universität seit 1910. Im Museum wird an über 600 Exponaten verdeutlicht, welche Mittel in der Arbeit eines Tierarztes zu welchen Zwecken im Laufe einer Behandlung eingesetzt werden oder wurden.

In der Südstadt

Wesentliche Sehenswürdigkeiten der Südstadt werden beim Innenstadtrundgang vorgestellt oder kommen im Zusammenhang mit dem Maschsee zur Sprache. Hier beginnt die Erkundung am Aegidientorplatz und folgt zunächst der Hildesheimer Straße, die die verkehrsreiche Nord-Süd-Mittelachse des Stadtteils darstellt, nach Süden.

Nach wenigen Metern erreicht man ein Gebäude, das einen Baustil hat, der speziell in der Südstadt häufiger auch bei Wohnhäusern anzutreffen ist. Es handelt

Dat Gröne Hus heißt nach dem Bauherrn

sich um die zentrale **Stadtbibliothek** im sogenannten Backstein-Expressionismus. Der von Karl Elkart (1880–1959) konzipierte und 1929–31 errichtete Bau musste aus Platzgründen in die Höhe ausweichen. Der sogenannte Turmbau an der Südseite war das erste Bibliothekshochhaus Europas. Der historische Beginn der städtischen Büchersammlung liegt 575 Jahre zurück und macht die Institution zu einer der ältesten ihrer Art.

Auf dem Weg nach Süden findet man in der Sextrostraße ein denkmalgeschütztes Kleinod, das 1899 von Karl Börgemann (1851–1938) erbaut wurde. Es handelt sich dabei um **Dat Gröne Hus**, das von seinem Bauherrn namens Gröne von Anfang an so benannt wurde. Bei den glasierten Ziegeln, die häufig als Schmuckfliesen zu einem Relief zusammengefasst sind, herrscht denn auch ein Grünton in Kontrast zum Ziegelrot vor.

Auf der Hildesheimer etwas weiter südlich im Hinterhof zur Nummer 39a unterhält die **Hinterbühne** bis zu 80 Zuschauer am Abend mit Theateraufführungen, Kleinkunst und Kabarett. Es gibt ein eigenes Ensemble, Theater Flunderboll genannt, das sich bevorzugt zeitgenössische Stücke und aktuelle Themen vornimmt.

Um zu einem Kulturzentrum mit Tanz- und Theateraufführungen, aber auch Kunstausstellungen zu gelangen, muss man sich zurück auf die Höhe der Sextrostraße begeben. Geht man von ihr über die Hildesheimer und folgt der Feld- und der Seilerstraße bis zur Birkenstraße, kommt man zur **Eisfabrik**. Das Areal, das heute ein Kunst- und Kulturzentrum beherbergt, war ursprünglich das Gelände der Germania-Brauerei und später tatsächlich eine Fabrik für die Herstellung von Klareis. Ende der 1970er Jahre war Schluss mit Kälte, und kleinere Gewerbe zogen ein. Als sich schließlich in den 1990ern das Foro Artistico und die Commedia Futura ein-

Der Döhrener Turm

brachten, hatte Hannovers Kulturszene einen weiteren Mittelpunkt.

Wenn man die Birkenstraße nach Süden weitergeht, kommt man zum **Stephansplatz**, an dem jeden Freitag ein Wochenmarkt stattfindet. Hier und am Ende der Geibelstraße im Osten am **Geibelplatz** stehen weitere Gebäude im Stil des erwähnten Backstein-Expressionismus.

Am südlichsten Ende der Südstadt steht an der Hildesheimer der **Döhrener Turm**. Dieser 1382 als Teil der Vorfeldverteidigung der Stadt erbaute Turm diente außerdem als Zollstation und Wegsperre für missliebiges fahrendes Volk. Er wurde 1889 restauriert und mit dem oberen Aufbau versehen. Im Jahre 1975 verhinderte eine engagierte Bürgerin den Verfall und richtete sogar ein gemütliches Kaminzimmer ein. Sie ermöglichte auch Besuchern, das Gebäude von innen zu erleben.

Unterwegs in den Stadtoasen

Rund um den Maschsee

Der Maschsee ist das Trumpfass im Ärmel hannoverscher Freizeitaktivitäten, fast schon ein städtischer Mythos. Wer in der Fremde mit Hannoveranern über die Stadt spricht, kommt nicht umhin, diesen See mit schwärmerischem Unterton genannt zu hören. Und es stimmt: An der »Perle Hannovers« (Susanne Mischke) ist so gut wie immer etwas los, und wenn nichts los ist, schadet das auch nicht, denn dann genügt der See auch einfach nur zum Baumelnlassen der Seele.

Ein beliebtes Gewässer mit Vergangenheit

Der Maschsee wurde von Menschenhand geschaffen an einer Stelle, von der aus immer wiederkehrende Überschwemmungen von Leine und Ihme die Stadt bedrohten und die deshalb nach einer besonderen Lösung verlangte. Angesichts der Weltwirtschaftskrise ergriffen die Nazis die kostengünstige Gelegenheit, die lang gehegten Pläne eines Sees in der Leinemasch (hannöversch für das Marschland der Leine) zu verwirklichen. Sie ließen ihn von 1934 bis 1936 durch 1650 Arbeitslose, die ihre Werkzeuge selbst mitzubringen hatten, aus dem Boden stampfen. Dabei nutzten sie die Not dieser Leute aus und kommandierten sie für ein Eintopfgericht und kargen Lohn in die Masch, wo sie, unterstützt von vierzehn kleinen Loks, 365 Kipploren und einem 15 km langen Schienennetz, das Gelände ringsum weitgehend in Handarbeit zu verdämmen hatten. Der See wurde also nicht in die Erde eingegraben, sondern wie eine flache Badewanne mit einem umlaufenden Deich in die Ebene gesetzt und über einen **Maschseequelle** genannten Zulauf mit Wasser vollgepumpt. Wer an der Westseite einen Blick auf die angrenzende Leine wirft, erkennt den deutlichen Unterschied zwischen den Höhen der Oberflächen von See und Fluss.

Der lang gezogene See ist rund 2,4 km lang und zwischen 180 und 530 m breit. Seine mittlere Tiefe oszilliert durch Verdunstung und Nachfüllen um die 2-m-Marke. Sein Nord- und Ostufer ist mit Ausnahme kleinerer Vorsprünge weitgehend geradlinig und mit Mauern eingefasst. Sein Südufer rundet sich in einem ungefähren Viertelbogen zum Westufer, das in parallelen Krümmungen den

Kanupolo am Nordufer

Windungen der Leine folgt. Die Maschseequelle wird nur noch zu besonderen Anlässen in Funktion gesetzt und dient dabei durch seine Kaskaden auch zur Anreicherung des Sees mit Sauerstoff. Zur Wasserregulierung wird kaum mehr Leinewasser (mit seinen auszufilternden Schwebstoffen) benutzt, sondern Grundwasser. Ein Pumpwerk an den Ricklinger Kiesteichen mit drei Pumpen ist über eine 800 m lange unterirdische Leitung mit dem See verbunden und kann ihm 1000 Liter pro Sekunde zuführen. Im Winter wird nicht gepumpt, sodass der Wasserspiegel in dieser Zeit um fast einen halben Meter absinkt.

Erholung und Sport nah am Herzen der Stadt

Am Ostufer des Sees sind zwei **Segelschulen** angesiedelt, die Kurse zu diversen Bootsscheinen anbieten. Neben der Segelschule am Mittelabschnitt des Ufers ragt mit dem **Pier 51** ein gut besuchtes Lokal in den See. Den Schwimmern ist das abgesteckte Areal eines öffentlichen Freibades am Südufer vorbehalten. Daneben gibt es einen **Wellnessclub** mit einem eigenen Uferbereich, diversen Saunen, Dampfbad, Salzraum, Whirlpool und sonstigen Fitnessräumen. Auch am Südufer kann man zu Kaffee und Kuchen oder Herzhafterem einkehren. Am Westufer sind drei **Rudervereine** mit ihren Clubheimen zu Hause, darunter ein Frauenruderclub. An der Maschseequelle dienen Bootsschuppen einem Sportclub, der durch Drachenbootregatten Furore macht. Ein Biergarten, ein Hotel und andere gastronomische Einrichtungen befinden sich am Nordufer. Dort werden häufig auch wassersportliche Sonderveranstaltungen durchgeführt wie beispielsweise das eher seltene Kanupolo. Angeln und Fischen ist am See nicht zugelassen. Dies ist nur beauftragten

Blaue Nacht über den Maschseewellen

Unternehmen gestattet. Windsurfen, Segeln, Tretboot- und Kanufahren sind erlaubt, Motorboote nicht. Bei Festen und Regatten gelten Einschränkungen.

Wer es einmal ganz gemütlich haben will, begibt sich auf ein Schiff der **Maschseeboot-Flotte** und umrundet je nach Schiff mit Kaffee und Kuchen, mit Musik oder auf einem solar betriebenen Katamaran den See. Wer sich die Gesellschaft aussuchen möchte, mit der er schippert, kann für seine Freunde und sich eines der Boote mieten.

Zu den größten Veranstaltungen am See zählt das **Maschseefest**. Rund zwei Millionen Besucher lauschen den diversen Bands, die sich rund um den See die Plätze und Bastionen mit den Imbissbuden und Vergnügungspavillons teilen. Meist sorgt auch ein Fahrunternehmen dafür, dass man das festlich illuminierte Seespektakel von oben sehen kann.

Wer den See einmal zu Fuß umrunden möchte, lässt sich auf eine etwa sechs Kilometer lange Strecke ein. Für Läufer gibt es Entfernungsmarkierungen, die alle 500 m angebracht sind. Auf den asphaltierten Radwegen sind Skaten und natürlich Radfahren gestattet. Die Seeuferpromenaden werden vor allem an den Wochenenden ausgiebig zum Flanieren genutzt.

Im Winter friert der See ab und an zu. Bei einer offiziell gemessenen Dicke des Eises von rund 15 cm kann der See zum Schlittschuhlaufen und Eishockeyspielen freigegeben werden. Ist der Winter besonders streng, was immer seltener vorzukommen scheint, werden auf dem Eis Würstchenbuden und Glühweinstände errichtet. Dann verbreitet sich auf dem Eis ein Flair, wie man es fast nur noch aus Erzählungen kennt.

Der Fackelläufer im Banne des Hellebardenträgers

Skulpturen in der Diskussion

Entlang des Ostufers begegnet man einer Reihe von Skulpturen, die häufiger Gegenstand der öffentlichen Diskussion sind. Davon weitgehend ausgenommen ist der **»Hellebardenträger«** von Alexander Calder. Diese abstrakte, rötlich bemalte Eisenstahlkonstruktion von rund acht Metern Höhe war ursprünglich für den Raschplatz hinter dem Hauptbahnhof konzipiert, wurde dann 1972 zunächst am Opernplatz aufgestellt und fand schließlich kurz darauf ihren Platz gegenüber dem Sprengel Museum. Sie firmierte anfangs unter dem Namen »Guadeloupe«, bis Calder selbst aufgrund der besonderen Form eines Bogenaufsatzes den Titel »Hallebardier« vorschlug. An dieser Skulptur stören sich höchstens diejenigen, denen abstrakte Kunst sowieso nicht als Kunst gilt.

Das Menschenpaar als Ideal?

Bei Fertigstellung des Sees wurde ein 18 m hoher Pfeiler am Nordostende errichtet. Kurz darauf wurde die Figur eines **Fackelläufers** aus dem Atelier des Bildhauers Hermann Scheuernstuhl auf den Pfeiler gesetzt. Vor allem diese Statue sorgt für Kontroversen. Den einen erscheint die Figur als Nazipropaganda, wobei der rechte erhobene Arm als »deutscher Gruß« interpretiert wird. Den anderen ist sie ein Stück verhaltenen Einspruchs gegen die braunen Machthaber, da manchem Nazi der Läufer nicht kämpferisch genug erschienen sei. Die tief gehaltene Fackel sei sogar ein Hinweis, dass der Meister auf geistig finstere Zeiten hinweisen wollte. Vorbild sei der unbedenkliche antike Jüngling von Antikythera gewesen, dessen rechte Hand ebenfalls erhoben sei (allerdings nicht so, dass er mit einem Hitlergruß verwechselt werden könnte). Tatsache ist, dass Hermann Scheuernstuhl schon vor 1933 der NSDAP angehörte und seine Kunst bis ins Jahr 1944 fünfmal bei der jährlichen Großen Deutschen Kunstausstellung in München vertreten sein durfte. Hinweisschilder aus jüngster Zeit geben ein Minimum an Aufklärung vor Ort.

Von Scheuernstuhl stammt auch ganz in der Nähe am Ufer ein auf einem Fisch reitender **Putto** und, so wird vermutet, auch der vergoldete Putto auf dem Pavillon am Nordufer. Auch letzterem wollte man einen Hitlergruß nachsagen. Wenn es einer wäre, fehlte ihm tatsächlich das NS-Zackige.

Etwas weiter südlich am Ostufer stößt man auf ein nacktes **»Menschenpaar«**, dessen ebenmäßige schlanke und aufgeschossene Körper als Ideal des »nordischen Menschen« interpretiert wurden. Der Mann legt der neben und leicht vor ihm stehenden Frau den rechten Arm behutsam auf die rechte Schulter. Die Ausstrahlung beider ist eher nicht erotisch, sondern besser mit aufrecht, selbstbewusst,

Maschseefeststimmung.

ernst und in sich ruhend beschrieben. Die Skulptur von Georg Kolbe wurde 1937 aufgestellt, und wenn die Recherchen zutreffen, standen dem Bildhauer das jüdische Geschwisterpaar Hans und Renate Loewy (Levi) dafür Modell. Kolbe selbst nannte das Paar »ein Vorbild menschlicher Würde« und distanzierte sich von einer Unterordnung der Frau unter den Mann im nationalsozialistischen Sinn. »Die Körper sind von gleichem Wuchs, gleich in ihrer äußeren und inneren Haltung.« Obwohl von den Nazis zu den zwölf »Unersetzlichen« unter den »Gottbegnadeten« (Künstlern) gezählt, suchte Kolbe im Dritten Reich seine künstlerische Eigenständigkeit zu wahren.

Noch weiter südlich an der **Löwenbastion** stehen zwei wilde, lang gestreckte Bestien des Bildhauers Arno

Der Schwimmer und sein Double

Die Raubkatzen des Arno Breker

Breker. Die beiden männlichen Bronzelöwen wurden 1938 aufgestellt und scheinen sich kraftvoll jedem, der sich nähert, mit offenen Lefzen, gebleckten Zähnen und schmalen Augenschlitzen entgegenzustellen. Arno Breker, der auch nach dem Zweiten Weltkrieg – von Konrad Adenauer, Günther und Herbert Quandt bis Rudolf August Oetker, von Jean Cocteau und Jean Marais bis Ernst Jünger und Friedrich Sieburg – alles, was Rang und Namen hatte, porträtierte, blieb zeitlebens wegen seiner im Einklang mit Albert Speer und anderen Nazigrößen geschaffenen oder geplanten Monumentalwerke umstritten – und erstaunlich erfolgreich.

Auf dem Gelände des Freibads am Südende des Sees wurde 1948 noch die Statue eines zum Sprung ins Wasser ansetzenden Schwimmers aufgestellt. Es handelt sich dabei um eine Skulptur von Erich Haberland. Dem **»Schwimmer«** ist ein fast verkniffener Ernst eigen.

In Maschseenähe lockt noch mehr

An der Nordostecke des Maschsees jenseits des Rudolf-von-Bennigsen-Ufers am Kurt-Schwitters-Platz erhebt sich das **Sprengel Museum**, dessen Kunstsammlung auf einer Schenkung des Schokoladenfabrikanten und Kunstmäzens Bernhard Sprengel an die Stadt Hannover im Jahr 1969 basiert. Zehn Jahre später wurde das Museum eingeweiht. Auch bei der Finanzierung des Gebäudes erwies sich der Mäzen als großzügig und leistete seinen Beitrag. Nach den beiden Erweiterungen von 1992 und 2012/14 gruppiert sich die Sammlung moderner Kunst des 20. Jahrhunderts um zwei Schwerpunkte: die Artefakte von Kurt Schwitters, einschließlich einer teilweisen Nachbildung seines im Krieg zerstörten MERZbaus, und 400 Werke von Niki de Saint Phalle, die sie der Stadt kurz vor ihrem Ableben vermacht hat. Darüber hinaus sind Werke der klassischen Moderne von Pablo Picasso bis Paul Klee und der jüngsten Moderne von Andy Warhol bis Gerhard Richter zu sehen. Die Sonderausstellungen des Museums ziehen bundesweit Besucher an.

Rund 100 m südlich vom Museum befindet sich das Landesfunkhaus Niedersachsen des **NDR**. In seinem für 1200 Zuschauer ausgelegten Sendesaal finden regelmäßig gut besuchte Konzerte statt. Abermals etwas weiter südlich schließt sich das Landesstudio des **ZDF** an. Noch vor der Löwenbastion folgen einige Schulen, darunter

Von der Terrasse des Sprengel Museums hat man den Über(see)blick

eine Freie Waldorfschule. Im Südosten schiebt sich der große **Stadtfriedhof Engesohde** mit seiner Fülle an Prominentengräbern bis an die Uferstraße heran.

An der Nordseite des Sees jenseits des Arthur-Menge-Ufers wird der **im Zweiten Weltkrieg ermordeten Zwangsarbeiter** in vier Sprachen gedacht. Die überwiegende Mehrzahl der Toten stammte aus der Sowjet-Union. Schülerinnen und Schüler der städtischen Schulen haben mittlerweile ein Auge auf die Grabstätten, die in der Vergangenheit des Öfteren Ziel von Verunstaltungen waren.

Zwischen Ihme und Leine am nordwestlichen Ende des Sees befinden sich eine Reihe von Sportstätten und eine der modernsten Jugendherbergen. Neben Tennis- und Fußballplätzen stehen

Hannover 96

Ein englischer Sport, bei dem kräftig zugelangt wird, begeisterte einige Schüler in Hannover so sehr, dass sie 1896 einen Verein gründeten: den HFC, einen Rugby Club. Während die Rugby-Mannschaft 1899 die Stadtmeisterschaft gewann, hoben einige Mitglieder des Vereins die Abteilung für den »Association«-Fußball aus der Taufe. Bereits zwei Jahre später war Schluss mit Rugby, nur noch der heutige Fußball zählte im Verein – und weiterhin die Leichtathletik. 1913 wurde anlässlich einer Fusion der Name Sportverein angenommen, sodass man heute ab und zu im Vergleich zum Hamburger SV vom »kleinen HSV« spricht.

Nach vielen regionalen Meisterschaften wurden 1935 mit Fritz Deike und Edmund Malecki die ersten beiden 96er-Spieler in die Nationalelf berufen. 1938 schlug man in zwei endlosen Endspielen vor jeweils über 90.000 Zuschauern die Schalker und gewann die erste Deutsche Meisterschaft. Die zweite Meisterschaft war insofern sensationell, als man 1954 im Endspiel die roten Teufel vom Betzenberg besiegte, die mit den Walter-Brüdern, Werner Liebrich, Horst Eckel und Werner Kohlmeyer das Rückgrat der künftigen ersten deutschen Weltmeisterelf bildeten. Aus der 96er-Meisterelf wurde kein Spieler von Herberger berufen. Im Jahr der Meisterschaft wurde das neu errichtete Niedersachsenstadion vor 35.000 Zuschauern eingeweiht.

Beim Start der Bundesliga 1963 waren »die Roten« von 96 zwar noch nicht vertreten, sie schafften aber den sofortigen Aufstieg für die zweite Saison. 1965/66 trat das Team von Hannover 96 das erste Mal in einem internationalen Wettbewerb an, im Messepokal. Im Achtelfinale scheiterten sie nach zwei Unentschieden nur aufgrund eines Losentscheids am FC Barcelona. Die Saison 1974/75 verbrachten die 96er in der zweiten Liga und schafften auf Anhieb den Wiederaufstieg. Ein Jahr später waren sie wieder in Liga 2. Es dauerte zehn schwierige Jahre, bis sie wieder ins Oberhaus zurückkehrten, das sie ein Jahr später schon wieder verlassen mussten. Fahrstuhlmannschaft nennt man so etwas, zumal ein Jahr später der Lift nach oben und gleich darauf wieder nach unten ging. Immerhin gelang den 96ern 1992 als erster Zweitligamannschaft der viel umjubelte Gewinn des DFB-Pokals im Elfmeterschießen.

Das Jubiläumsjahr wurde zum sportlichen Tiefpunkt des Vereins, denn ausgerechnet zum 100-jährigen stieg man in die dritte Liga ab. Nun übernahm Martin Kind das Ruder im Verein. Ein Jahr später war man wieder Zweitligist. Unter Ralf Rangnick kehrte man 2002 in die Erste Bundesliga zurück, um für immer dort zu bleiben, wie Optimisten hoffen. Zehn Jahre später erreichten die 96er zweimal hintereinander einen europäischen Wettbewerb. Im Viertelfinale gegen den späteren Sieger Atletico Madrid ausgeschieden, das war bisher das Höchste.

Das Traurigste in jüngster Zeit war der Freitod Robert Enkes am 10. November 2009. Eine Stadt, ein ganzes Land waren erschüttert. Der internalisierte Druck von außen durch die Medien, die Zuschauer, die Konkurrenzsituation und eine daraus folgende Depression haben den nationalen Torhüter vermutlich zu diesem letzten Schritt bewogen. Der Sieg auf dem Sportplatz in einem mitreißenden Spiel ist schön, aber wirklich nicht alles. Die Straße am Stadion heißt heute Robert-Enke-Straße.

großzügig angeordnet die Gebäude eines Sportleistungszentrum, der Stadionsporthalle und des Stadionbads. Publikumsmagnet Nummer eins ist allerdings das **HDI Arena** genannte Niedersachsenstadion, die Spielstätte des Bundesligisten Hannover 96 und die Teilzeitheimat seiner Fans. Das Stadion wurde für die Weltmeisterschaft 2006 zu 70 % abgerissen und umfassend um- bzw. neu gebaut. Es bietet nun Platz für rund 49.000 Fußball-Enthusiasten.

Jenseits des Nordwestendes des Maschsees erstreckt sich der **Schützenplatz**. Er ist das Zentrum des traditionellen alljährlichen Schützenfestes. In der Festhalle Marris auf dem mit Buden und Fahrbetrieben übersäten Platz wird das Schützenfest durch den Fassanstich vom Oberbürgermeister der Stadt eröffnet. Während die Fahrgeschäfte in der Regel gegen Mitternacht schließen, kennen die Festzelte keinen Zapfenstreich. Auf selbigem Platz finden auch das Oktober- und das Frühlingsfest statt.

Schützen in der Stadt

Jeden Sommer findet in Hannover der Welt größtes Schützenfest statt. Beim Schützenauszug am ersten Sonntag des zehntägigen Festes marschieren unter klingendem Spiel über 10.000 uniformierte und dekorierte weibliche und männliche Schützen in vier Abteilungen durch die von rund 300.000 Zuschauern gesäumten Straßen der Stadt zum Schützenplatz. Vier Bruchmeister sorgen für den korrekten Ablauf. Ihre Ordnungsfunktion reicht bis zurück auf das Jahr 1303. Seinen Ursprung hat das Fest in den Schießübungen der bürgerlichen Landwehr in der Mitte des 15. Jahrhunderts. Die Stadtbürger hielten sich so gegen adelige und auswärtige Übergriffe bereit. Ab 1529 wurde das Schützenfest von den Welfen legalisiert. In Hannover gibt es etwa 5000 in Vereinen organisierte Schützen. Zum Fest strömen Schützen aus ganz Deutschland und dem benachbarten Ausland herbei. Auch die »gay community« ist mit einem Festzelt vertreten. An den Festtagen besuchen mehr als 1,2 Millionen Menschen Hannover.

Der Stadtwald Eilenriede

Die Eilenriede ist der Stadtwald Hannovers. Sie zieht sich im Osten der Stadt von List im großen Bogen bis fast zum Südufer des Maschsees. Sie ist mit 6,4 km² einer der größten Stadtwälder Europas und übertrifft mit ihrer jeweils rund doppelt so großen Waldfläche selbst die größeren Bois de Vincennes und Bois de Boulogne in Paris. Auch der Central Park in New York und der Golden Gate Park in San Francisco sind kleiner.

Die grüne Lunge im Osten der Stadt

Namengebend war ein Feuchtgebiet mit Erlenbäumen, sodass Eilenriede schlicht Erlensumpf heißt. Die Erlen sind aber längst in der Minderheit. Das Gros der Bäume im Stadtwald machen Eichen (42 %), Buchen (33 %), Eschen (7 %) und Bergahorn (5 %) aus. Hinzu kommen kleinere Bestände an Ulmen, Kiefern, Erlen und Birken. Außerdem gibt es zahlreiche andere Baumarten, auch einige, die ursprünglich nicht hier zu Hause waren. Auch ist die Eilenriede beileibe nicht mehr so sumpfig, wie das wohl vor über 600 Jahren der Fall war, als sie der Stadtgemeinde Hannover mit dem Auftrag, sie zu hegen und auszuweiten, übertragen wurde. Seit 1241 hatten die Stadtbürger ein Nutzungsrecht am Wald, und 1371 erhielt die Stadt den Wald als Geschenk von den Herzögen Albrecht und Wenzel von Sachsen-Wittenberg für ihre Mithilfe im Lüneburger Erbfolgekrieg gegen Ansprüche der Welfen auf das Lüneburger Erbe.

Vor dem 19. Jahrhundert schickte man sein Vieh in den Wald, sammelte Pilze und Beeren und holte sich Feuerholz für den heimischen Herd. Die Lohgerber schälten Baumrinde ab als Gerbmittel für die Lederherstellung. Heute dient der Wald dem Städter zur Erholung und zur sportlichen Betätigung. So gibt es ein Wanderwegnetz von 80 km Länge. Eine markierte Halbmarathonstrecke durchzieht die gesamte Eilenriede. Es gibt zudem kleinere markierte Laufstrecken und einen Trimmdichpfad. Für Radfahrer (und Skater) hat man 38 km Radwege, für Reiter rund 10 km Reitwege angelegt. Zum Abhängen und Erholen stehen nahezu 1000 Sitzbänke bereit. Hinzu kommen zwölf Liegewiesen und zehn Spielplätze, einer davon besitzt auch einen Seilgarten. Eine Waldstation vermittelt auf über zwei Dutzend Stationen Einblicke in die Bio- und Ökologie des Waldes. Rund zwei Kilometer vom Stadtkern entfernt ist die Waldluft so gut, dass sie beispielsweise bis zu 100-mal weniger Feinstaub enthält als im Zentrum.

Der Stadtwald ist deutlich in zwei Teile geteilt: einen Nordteil, von dem man schon Ende des 19. Jahrhunderts größere Areale im Nordwesten zu Erholungszwecken in eine Parklandschaft verwandelt hat, und einen Südteil, der im Kernbereich noch eine größere Naturwaldfläche und schwer durchdringbare Dickichte aufweist. Am Pferdeturm, wo beide Teile aufeinandertreffen, verengt sich die Eilenriede wie der Mittelhals einer Sanduhr. Hier wird der Einbruch des Stadtverkehrs in die bewahrte Natur ebenso deutlich wie an den Über- und Unterführungen des Messeschnellwegs, der die Eilenriede durchschneidet. Vor ein, zwei Generationen fristete die Ökologie noch ein Schattendasein, sodass von 1925 bis 1956 auf einem knapp fünf Kilometer langen Parcours regelmäßig vielbesuchte Motorradrennen ausgetragen wurden.

Immerhin haben die Proteste gegen den Bau der Stadtautobahn durch die Eilenriede dazu geführt, dass der Rat der Hauptstadt Hannover 1956 einen zehn- bis zwanzigköpfigen Beirat ins Leben rief, dem fortan ein Mitspracherecht gewährt wurde bezüglich aller gravierenden Veränderungen in der Eilenriede, die deren Bestand und Erholungswert mindern könnten. In dieser Satzung wurden ausdrücklich auch Lönspark, Tiergarten und die Seelhorst als zur Eilenriede gehörig und schützenswert definiert. Die Seelhorst ist ein rund einen Quadratkilometer großes Wald- und Parkgelände im gleichnamigen Stadtteil, das abgetrennt südlich der Eilenriede liegt.

Die nördliche Eilenriede

Um auf dem kürzesten Weg die Eilenriede vom Stadtzentrum aus zu erreichen, nimmt man die beiden östlich des Bahnhofs liegenden Unterführungen stadtauswärts und gelangt entweder über die Königsstraße oder den Schiffgraben zum **Emmich-Platz**. Am Platz befinden sich

Kein letzter Tango im »Neuen Haus«

vor der Staatlichen Hochschule für Musik, Theater und Medien die Überreste des »Neuen Hauses« (1894). Die Arkaden und der Pavillon gehörten zu einem eleganten Kaffeehaus, in dem sich bis in die 1920er Jahre an den Wochenenden bis zu 1000 Besucher verlustierten. Kaffee, Kuchen, Konzerte und Tanz waren hier Trumpf. Ein Vorläuferbau sollte 1712 als Isolierstation für Pestkranke außerhalb der Stadtmauern dienen, wurde aber bald zu einem Ausflugslokal. Das im Krieg kaum beschädigte Etablissement wurde bis auf die jetzt denkmalgeschützten Relikte abgerissen, um der Hochschule Platz zu machen. In der Nähe südlich davon befindet sich ein Brunnen (1925) mit einer expressionistischen Pflanzenskulptur aus Majolika, ebenfalls denkmalgeschützt.

Am Saum der Eilenriede auf der Hohenzollernstraße Richtung List befindet sich auf der Höhe der Yorckstraße eine Skulptur mit den Prinzessinnen Luise und Friederike von Mecklenburg-Strelitz. Da beide später Königinnen von Preußen beziehungsweise Hannover wurden, nennt man das Standbild in Hannover **Königinnendenkmal**. Das Original (1791) dieser strahlenden Marmorgruppe von Johann Gottfried Schadow steht in Berlin und gilt als ein Hauptwerk der klassizistischen Plastik. Die etwas größere Nachbildung, vom Bildhauer Valentino Casal geschaffen, wurde 1910 der Stadt Hannover von Wilhelm II. gestiftet, um die Verbundenheit der Hohenzollern mit den Welfen zu betonen.

Drei Straßen weiter trifft man auf einen klotzigen Kontrapunkt zu dieser jugendlich beschwingten Plastik: auf das **Walderseedenkmal**. Bernhard Hoetger, bekannt für die Ausgestaltung der Böttcherstraße in Bremen, schuf mitten im Ersten Weltkrieg zum Gedenken an den Befehlshaber der internationalen Truppen in China beim Boxeraufstand ein markiges Heldenmonument. Eine dem Zeitgeist des Weltkriegs entsprechende Parole, »Mit Gott für Kaiser und Reich«, lässt sich auf dem mittelalterlich anmutenden Schutzschild, den der steinerne Generalfeldmarschall hält, noch gut entziffern. Unter seinen Füßen krümmt sich ein Drache, vermutlich der chinesische. Es gibt übrigens auf den Wald verteilt noch einige Denkmäler ähnlicher Art. Allerdings auch eine Reihe von Tierplastiken, deren Standorte wie die der Denkmäler in einer bei der Tourismus-Information erhältlichen Broschüre über die Eilenriede zu finden sind.

Noch bevor man den Lister Turm erreicht, stößt man auf den ältesten Spielplatz Hannovers, den **Wakitu** (Wald-Kinder-Tummelplatz). Seine Anfänge gehen noch auf die Kaiserzeit zurück.

Der Lister Turm – ein beliebter Treffpunkt für Jung und Alt

Hier können Kinder schaukeln, rutschen, klettern, balancieren, Pingpong spielen, bolzen und vieles mehr. Ein kleiner Hochseilgarten gehört auch dazu. Im Knusperhäuschen können Eltern und Kinder eine Kleinigkeit essen und trinken. In der Nähe ist ein Minigolfplatz.

Im **Lister Turm** befinden sich ein Freizeitheim und ein griechisches Restaurant mit einem beliebten Biergarten. Im Sommer spielt ab und zu an den Wochenenden eine Musikkapelle im Freien, oder man guckt gemeinsam Fußball. Der Biergarten mit Maibaum, Bier und Brezeln vermittelt einen Hauch von München. Auch hier ist ein Spielplatz nahebei.

Wenn man den Radweg nach Osten einschlägt, gelangt man zum **Steuerndieb**, einer weiteren Waldgaststätte. Hier endet ein übrig gebliebenes Teilstück des Schiffgrabens, auch Bauerngraben genannt. Ursprünglich verband dieser Wasserweg ein Moor bei Altwarmbüchen mit dem Aegidientor. Auf ihm wurden Torf und Holz in die Stadt geschippert. In der Nähe der Wilhelm-Busch-Liegewiese befindet sich ein malerisches kleines Waldcafé, das **»Milchhäuschen«**. Wer einfach nur für sich sein möchte, begibt sich zum **»Rad«**, einem Wiesenlabyrinth. Seine Pfade winden sich um eine große Linde, und es befindet sich rund 250 m östlich des bronzenen »Fabeltiers«, das an der Bernadotteallee steht.

Auf der Bernadotteallee nach Süden erreicht man übrigens den zoologischen Garten (s.u.), für den ein Quadrat aus

Das Rad des Rasenlabyrinths

Kaffee und Kuchen unter Bäumen

der Eilenriede zur Verfügung gestellt wurde. Parallel zum Ostrand des Zoos verläuft der Inselgraben mit kleinem Wall und zwei parallelen Gräben. Ursprünglich war dieser Wall mit Gräben ein Teil der vorgeschobenen östlichen Stadtbefestigung, die den Lister Turm mit Pferdeturm, Bischofshol und Döhrener Turm verband. Man pflanzte zusätzlich undurchdringliches Buschwerk an, sodass der Zugang zur Stadt nur an den entsprechenden Toren und Türmen möglich sein sollte. Später dienten die Türme auch der Kontrolle von Holzdieben und Wilderern. An einen später öffentlich geräderten Raubmörder, der im 17. Jahrhundert die Eilenriede unsicher machte und 19 Morde zugab, erinnert der Hanebuthwinkel beim Steuerndieb ganz im Nordosten.

Die südliche Eilenriede

Am **Pferdeturm** erreicht man von Norden kommend die südliche Eilenriede. Sie ist nicht so üppig mit Gedenksteinen ausgestattet und fast zur Hälfte pure Naturwaldfläche. Im östlichen Zipfel ist vor über 200 Jahren eine schwefelhaltige Quelle eingefasst und mit einem Steinquader markiert worden. Sie heißt nach dem damaligen Bürgermeister Ernst Anton Heiliger **»Heiligers Brunnen«**. Er informierte seinen Hausarzt, den damals stadtbekannten königlichen Leibarzt Dr. Johann Georg Ritter von Zimmermann, und ließ auf dessen Rat hin die Beschaffenheit des zutage tretenden Wassers durch den Hofbotaniker Jakob Friedrich Ehrhart untersuchen. Der stellte den Schwefelgehalt fest, und es wird eine mögliche heilsame Wirkung bei Hautleiden vermutet.

Keine fünfzig Meter westlich davon befindet sich das auch Teufelsbrunnen genannte **Kopperloch**. Dieser Tümpel mit seinem ursprünglich kupferfarbenen Wasser, daher der Name, war zu einer kleinen Badestelle ausgebaut, später verschüttet und erst 1963 wiederentdeckt worden. Er ist mit Holzplanken

Die Schleuse bei Anderten

eingefasst, ob aber hier jemand noch Lust hat, ins Bad zu steigen, ist fraglich.

Wer den Radweg über Heiligers Brunnen hinaus Richtung Osten bis zum Mittellandkanal nach Anderten verfolgt, gelangt zu einer großen **Schleuse**, die nach fast zehnjähriger Bauzeit 1928 vom damaligen Reichskanzler Hindenburg eingeweiht wurde. Sie war die seinerzeit größte Binnenschleuse Europas. Sie verfügt über zwei 225 m lange und 12 m breite Schleusenkammern und überwindet eine Fallhöhe von fast 15 m. Ein Schleusengang dauert bis zu 15 Minuten. Jährlich passieren hier 22.000 Schiffe.

Hermann-Löns-Park und Tiergarten

Wer es nicht ganz so monumental mag, gelangt vorher in den **Hermann-Löns-Park**, wo man immerhin eine umgesetzte alte **Bockwindmühle** bewundern kann. Im Restaurant nebenan, einem ebenfalls umgesetzten niedersächsischen Hallenhaus, finden häufiger Familienfeiern statt. Der zweigeteilte **Annateich** und die umgebenden Gehölze bilden ein kleines Vogel- und Fledermausparadies. Der Park wurde als typische norddeutsche Auenland-

Windenergie war schon früher en vogue

Ein Nashorn erlebt den Zoo

schaft konzipiert und beherbergt fast ausschließlich heimische Gewächse. An seiner Stelle war von Alters her ein Tiefmoor.

Der Hermann-Löns-Park verbindet die südliche Eilenriede mit dem über 100 Hektar großen **Tiergarten**. Dieser ist älter als der zoologische Garten und war 1678 als herzogliches Wildgehege in einem Eichen- und Buchenwaldgebiet eingefriedet worden. Es fanden dort adelige Jagdgesellschaften statt, und das Fleisch des erlegten Wilds landete in den Kochtöpfen des Hofes. 1799 öffnete Georg III. das Areal der Öffentlichkeit. Seither kann man auf den Wegen spazieren und das frei umherschweifende Dammwild (über 100 Tiere) beobachten. Das Rot- und Schwarzwild ist in größeren Gehegen abgetrennt. An einem aus der Mitte des 18. Jahrhunderts stammenden Fachwerkhaus befindet sich eine geschützte Futterstelle. Manche Bäume sind sehr alt, eine Eiche wohl an die 650 Jahre.

Der Erlebniszoo

Der zoologische Garten wurde 1865 gegründet und gehört damit zu den sechs ältesten Zoos in Deutschland. Er beherbergt über 2000 Tiere auf einem Areal von 22 ha. In Deutschland zählt er, gerade auch aufgrund seiner besonderen Gestaltung, zu den beliebtesten Tiergärten und zieht jährlich weit über eine Million Besucher an. Zahlreiche gastronomische Angebote auf dem Zoogelände erhöhen seinen Reiz. An sonnigen Wochenenden brummt der Zoo.

Das Besondere und Neuartige an diesem Zoo ist, dass er nicht einfach Tiere ausstellt, sondern den Besucher in sieben fremde, lebensecht gestaltete Landschaften führt, in denen die Tiere wie zu Hause und die Gäste wie auf Besuch scheinen. Sehr gelungen sind die neue Anlage Yukon Bay mit der abgefahrenen Ästhetik einer Goldgräbersiedlung, der Dschungelpalast mit dem verblichenen Charme eines den Elefanten, Affen und Tigern überlassenen indischen Großfürstenpalais und Sambesi, eine afrikanische Steppenlandschaft, die man mit einem Flussboot erkunden kann. Nostalgiker und Kinder können auf Meyers Hof in die Landwirtschaft vergangener Zeiten eintauchen. Beliebt ist es, den Tieren beim Fressen zuzugucken. Die einzelnen Termine für die Fütterungen sind zeitlich versetzt, sodass man keinen versäumen muss.

Ist das alles für sich genommen schon ein Erlebnis, so kommen noch zusätzliche Attraktionen hinzu. Für die Jüngsten gibt es einen Streichelzoo, einen Spielplatz und eine dreispurige Rutschbahn. Zu besonderen Anlässen werden beispielsweise in Yukon Bay und im indischen Palast dem versammelten Publikum von professionellen Schauspielern mysteriöse Kriminalstücke vorgeführt. Oder im Saloon der Goldgräbersiedlung für abgezockte Herren Spielabende veranstaltet. Auf Showbühnen gibt es täglich mehrere lehrreiche und unterhaltsame Sondervorführungen.

Zoo Hannover

Adenauerallee 3 (30175), Tel.: 0511-280740, info@erlebnis-zoo.de, www.zoo-hannover.de; Öffnungszeiten Mo–Fr 10–16 Uhr

Die Herrenhäuser Gärten

Manchmal ist Nichtstun ein Glücksfall. In Bezug auf die Herrenhäuser Gärten heißt das, dass es in ihrer Geschichte Zeiten gab, in denen sich niemand so recht um sie gekümmert hat, und dass deshalb der große barocke Schlossgarten nicht, wie nach der damaligen Mode üblich, in einen englischen Landschaftsgarten umgewandelt wurde, sondern in seiner barocken Grundstruktur erhalten

Die hohe Fontäne im Großen Garten

blieb. Dadurch haben sich die Herrenhäuser Gärten eine Vielfalt bewahrt, die in Europa einmalig ist.

Schloss und Natur barock gebürstet

Der absolutistische Herrscher der Barockzeit schien es sich und der Welt schuldig zu sein, seine Bedeutung und seine ehrgeizigen Zielsetzungen in seinen Residenzen glanz- und prunkvoll zum Ausdruck zu bringen. Als 1636 der Beschluss gefasst war, Hannover zum Mittelpunkt des Herzogtums Braunschweig und Lüneburg-Calenberg zu machen, wurde am Rande der Altstadt das Leineschloss noch in eher bescheidener Manier errichtet. 1638 erwarb Herzog Georg ein Gut in **Höringehusen** mit dem Ziel, zwei Fliegen mit einer Klappe zu schlagen: einerseits sollte die aufwendige Hofhaltung von dort mit Lebensmitteln unterstützt und

Die Bühne des Heckentheaters geht in die Tiefe

andererseits dieses bäuerliche Gut in eine strahlende Sommerresidenz umgewandelt werden. Kaum dreißig Jahre später war ein herzogliches Jagdschloss ins bald darauf in **Herrenhausen** umbenannte Anwesen umgesetzt und durch den venezianischen Baumeister Lorenzo Bedogni eindrucksvoll erweitert worden. Die klassizistische Fassade, die der Neubau von 2013 wieder aufgenommen hat, wurde erst 1820–21 von Hofbaumeister Georg Ludwig Laves angefügt.

Ab 1666 wurde auch der Gestaltung des Schlossgartens größte Bedeutung beigemessen. Italienische und französische Gartenbaumeister schufen einen Lustgarten, in dem bald erste Gartenfeste, französische Komödien und karnevaleske Lustbarkeiten im Fackelschein veranstaltet wurden. Vorbild waren – nicht ganz unbescheiden – die in barocker Geometrie gestalteten Gärten des Sonnenkönigs Ludwig XIV. in Versailles. Besonders Herzogin Sophie, die Gemahlin des 1692 zum Kurfürsten avancierten Ernst August, ließ es sich angelegen sein, den Schlossgarten auszudehnen und mit immer neuen Attraktionen zu bereichern. Sie orientierte sich auch an den herrschaftlichen Gärten in den Niederlanden, wo sie ihre Jugend verbracht hatte. Das Genie des Hofrats Leibniz wurde bemüht, um die bis dahin höchste **Fontäne** eines Springbrunnens in Europa zu generieren, was aber nicht auf Anhieb zu bewerkstelligen war. Im Jahr der Erhebung zum Kurfürstentum wurde das noch immer existente und bis heute bespielte Garten- oder **Heckentheater** eingeweiht. Remy de la Fosse setzte 1707 mit den beiden Pavillons an den südlichen Eckpunkten des Großen Gartens auch einen Wendepunkt der Entwicklung; denn sieben Jahre später war London plötzlich zum Lebensmittelpunkt des welfischen Hauses Hannover geworden.

Georg I. von England kümmerte sich noch um seine geliebte Sommerresidenz

Schloss Herrenhausen im neuen Glanz

und ließ die vormals fallen gelassenen Leibniz'schen Pläne 1721 wieder aufleben und durch einen mit der Leine verbundenen Graben und die Anlage eines **Wasserkunst** genannten Pump- und Röhrensystems die erforderliche Wasserzufuhr herstellen, sodass in diesem Jahr die Schlossgartenfontäne eine beachtliche Höhe von etwas mehr als 35 Metern erreichte. Bis zu seinem Tod ließ er noch die **Orangerie** für 600 exotische Bäume fertigstellen, das große Fürstenhaus errichten und die **Herrenhäuser Allee**, die Schloss und Residenzstadt als herrschaftliche Lindenpromenade würdig verbinden sollte, ausbauen. Danach wurde Herrenhausen jahrzehntelang nur noch verwaltet, sodass, wie eingangs angedeutet, der Große Garten verwahrloste, aber seine barocke Gestalt behielt.

Bereits 60 Jahre vor der Rückkehr der Welfen nach Hannover im Jahre 1837 durfte der Große Garten schon von bürgerlichen Flaneuren besucht werden, sofern sie »nicht nach den Schwänen … werfen« und »keine Hünde (!) mit in den Park … nehmen«. Unter den Königen Ernst August I. und Georg V. setzte eine kurze Renaissance der Herrenhäuser Gärten ein. Ein Höhepunkt war 1856 die Ausstattung der Wasserkunst mit Pumpen der Lindener Maschinenfabrik Egestorff. Nun erreichte die große Fontäne die Höhe von 67 m. 1866 verlor das Königtum Hannover seine Selbstständigkeit und wurde preußische Provinz. Die Herrenhäuser Gärten wurden wieder nur notdürftig verwaltet, denn die ausgebootete Herrscherfamilie ging ins österreichische Exil. Als 1936 der Verfall aktenkundig war, kaufte die Stadt Hannover den Großen Garten und den Berggarten auf und errichtete auf der westlichen Seite parallel zum Heckentheater der östlichen Seite eine **Aussichtsterrasse**. Einige Areale südlich der rechteckigen Schwanenteiche wurden in Fortführung der allgemeinen Geometrie der Anlage als Sondergärten eingerichtet und eingefriedet.

Der größte Verlust, der die Gärten im Zweiten Weltkrieg betraf, war die Zerstörung des zugehörigen Schlosses selbst. Mit seinem Wiederaufbau hat man sich bis ins 21. Jahrhundert Zeit gelassen. In Zusammenarbeit mit der VW-Stiftung hat man das äußere klassizistische Aussehen rekonstruiert und im Inneren moderne Tagungsräume eines Konferenzzentrums geschaffen. Im Untergeschoss und den Seitenflügeln ist ein **Schlossmuseum** untergebracht, das neben einer ständigen Ausstellung auch Sonderschauen bietet. Im Zentrum stehen die barocke Pracht in Herrenhausen bis zur Mitte des 18. Jahrhunderts, die bemerkenswerten Persönlichkeiten dieser Epoche und ausgewählte Gegenstände, die diese Ära veranschaulichen.

Vor allem im Sommer sind die Herrenhäuser Gärten ein kultureller Glanzpunkt der Stadt. Neben Vernissagen, Konzerten und Lesungen im Festsaal der **Galerie** finden im Großen Garten Festwochen statt, die von Musicalaufführungen im Heckentheater über den internationalen **Feuerwerkswettbewerb** bis zu dem »Kleinen Fest im Großen Garten« reichen, bei dem zahlreiche Kleinbühnen errichtet werden und Gaukler aller Art ihre nicht ganz kleine Kunst zeigen. Zu solchen Anlässen ist auch durch Buden und Stände kulinarisch für die Besucher gesorgt, während außerdem am Schloss die Schlossküche und in unmittelbarer Nähe des Schlosses beliebte Lokalitäten mit ihren Leckereien Gäste erwarten.

Die Kaskade im trockenen Zustand

Der Große Garten

Den kostenpflichtigen Besuch des Großen Gartens beginnt man am besten damit, dass man auf eine der Terrassen der Seitenflügel des Schlosses steigt und sich von dort einen Überblick verschafft. Man gewinnt dadurch eine zusätzliche Perspektive auf den Ehren- und den Innenhof des neu errichteten Gebäudes. Der Garten selbst offenbart die barocke Geometrie seiner stilisierten Natur. Blickfang sind die 32 weißen Statuen, die Allegorien und klassische Sagengestalten darstellen, die Glockenfontäne im Zentrum des Großen Parterres, wie das Ursprungsareal des Gartens genannt wird, die allseitige Blütenpracht und in der Ferne die große Fontäne, die mit moderner Technik 80 m übertreffen kann, aber gewöhnlich bis zu 60 m in die Höhe schießt. Zu den ältesten Attraktionen gehören die **Kaskade** am östlichen Seitenflügel und die **Grotte** am westlichen. Allerdings hat die Grotte zu Beginn unseres Jahrtausends eine moderne, herrlich verspielte und prächtige Ausgestaltung erfahren. Niki de Saint Phalle hat die beiden von der golden, rot und silbrig glänzenden Eingangsgrotte abgehenden Kunsthöhlen dem Tag und der Nacht gewidmet. Natürlich nicht ohne auch hier ikonografische Nana-Versionen ins Spiel zu bringen. Unbedingt sehenswert!

Die Aussichtsterrasse im Westen ermöglicht einen weiteren guten Blick auf das Große Parterre und ein seit 1937 existentes **Labyrinth**. In der Nähe befindet sich eine Probenbühne, auf der auch mal kleinere Aufführungen stattfinden. An der Ostseite des Großen Parterres blinkt es golden durch das Laub. Hier stehen noch 17 der ursprünglich 27 vergoldeten Figuren, die durch ihre Staffelung dem Heckentheater eine glanzvolle Tiefe verleihen. Im Zuschauerrund finden etwa 600 Besucher Platz. Vor über 300 Jahren waren hier vor allem französische Klassiker von Molière, Racine und Corneille Trumpf. Georg Friedrich Händel brachte hier seine »Wasser-« und seine »Feuerwerksmusik« zur Aufführung. Letztere

Das Orangenparterre hinter dem Goldenen Tor

ist auch der Aufhänger für den äußerst beliebten internationalen Feuerwerkswettbewerb, bei dem die eingeladenen Nationen – meistens untermalt von landestypischen klassischen Kompositionen – subtile bis überwältigende Glitzerchoreografien an den Himmel zaubern.

Wer den großen Rundgang unternimmt, kommt an Schwanenteichen vorbei, an einem **Torrelikt** und an der Stelle, an der die Kurfürstin Sophie 1714 der Tod ereilt hat. Ihr zu Ehren steht hier ihr steinernes Abbild aus weißem Carrara-Marmor. Jenseits der großen Fontäne befinden sich noch zwei Pavillons: der eine, hölzerne, ist original, der andere, steinerne, ersetzte einen hölzernen, der einem Feuer zum Opfer gefallen war. Entlang der den Garten begrenzenden **Graft** darf man auf der Böschung ein mitgebrachtes Picknick verzehren. Die **Friederikenbrücke**, die über die Graft zum Georgengarten geschlagen ist, stammt noch von Hofbaumeister Laves, der ein Patent auf deren Bauweise besaß. Sie ist als sogenannte Fischbauchbrücke konstruiert, bei der der untere, an einen Fischbauch erinnernde Bogen die Spannung der leicht gewölbten Fahrbahndecke ausgleicht.

Nördlich des Heckentheaters betritt man durch das **Goldene Tor** das Orangenparterre. Hier war seit den Anfängen das Areal für exotische Pflanzen, die man, transportabel in verzierten Kübeln, während des Sommers aufstellte und im Winter in die Galerie oder die Orangerie verbrachte, um sie vor der norddeutschen Kälte zu schützen. In der Mitte befindet sich seit 2008 ein **Neptunbrunnen**, der modern und traditionell zugleich ausschaut. Dieser Eindruck ist dem Faktum geschuldet, dass die moderne Zusammenstellung des Ensembles tatsächlich auf Wasserspeier aus dem 17. Jahrhundert zurückgreift. Diese waren eine Zeitlang auf der Balustrade der Grotte angebracht.

Der Berggarten

Im Ticket für den Großen Garten (und das Schlossmuseum) ist auch der Eintritt für den Berggarten enthalten. Er liegt jenseits der Straßenbahnlinie und der Herrenhäuser Straße. Er ist seit 1666 in Gebrauch. Ursprünglich war dieser heutige **Botanische Garten** jedoch als Nutzgarten gedacht. Er wurde in der zweiten Hälfte des 18. Jahrhunderts durch den Küchengarten in Linden abgelöst. Doch schon in den Anfängen experimentierte man mit der Aufzucht landesfremder Pflanzen, womit man nicht nur den Speiseplan des Hofes erweitern, sondern auch exotische Gewächse an das hiesige Klima gewöhnen wollte. Darunter waren neben Reis, Ananas und Mangos, deren Aufzucht trotz eines mit Kachelöfen beheizten Gewächshauses nicht vorankam, auch japanische Chrysanthemen und Tabak. Eine kleine Erfolgsgeschichte stellte die Seidenraupenzucht dar. Rund hundert Jahre lang, bis zum Einzug Napoleons, versorgte man Hameln mit Maulbeerbäumchen, deren Laub die Nahrung für die Raupen abgibt. Da Frankreich selbst eine erfolgreiche Seidenraupenzucht betrieb, wurden die Bäumchen als unliebsame Konkurrenz von den französischen Truppen abgeholzt.

Eine 30 m hohe Konstruktion aus Gusseisen und Glas – der Londoner Kristallpalast lässt grüßen – wurde 1880 als Palmenhaus errichtet. Dieses Große Palmenhaus ersetzte ein bereits 1849 unter Laves gebautes kleineres Gebäude und nahm an seiner Statt die artenreichste Palmensammlung Europas auf. Nach seiner Zerstörung im Zweiten Weltkrieg wurde erst wieder zur Expo 2000 an dieser Stelle an diese Tradition angeknüpft. Unter einer 18 m hohen Glaskuppel beherbergte ein klimatisiertes **Regenwaldhaus** 6000 Pflanzen aus aller Herren Länder. Heute befindet sich an diesem Ort mit **Sea Life Hannover** ein separat geführtes Aquarium.

Hinter dem von Laves entworfenen **Bibliotheksgebäude** mit seinem charak-

Steineichen beschatten das Welfenmausoleum

teristischen flach überkuppeltem Rondell aus den Jahren 1817 – 19 befinden sich diverse Schauhäuser. Sie beherbergen eine der reichsten Orchideensammlungen der Welt. Auch bunte Schmetterlinge flattern zwischen den exotischen Pflanzen. Neueren Datums ist ein Gewächshaus mit kanarischer Flora. Der Park dahinter stellt mehrere Landschaftstypen mit der ihnen eigenen Pflanzenwelt vor, darunter auch ein Bambusgehölz und ein Sumpfgebiet mit Moorweiher. Inmitten eines Steineichenhains erhebt sich das **Mausoleum** der Welfen. Hier ruhen neben König Ernst August, Königin Friederike und Kurfürstin Sophie auch der englische König Georg I.

Sea Life

Sea Life Hannover ist ein eigenes Unternehmen und erfordert eine eigene Eintrittskarte. Zur Expo 2000 als Regenwaldhaus errichtet, ist das große Glaskuppelgebäude 2006 in ein Aquarium mit 17 themenbezogenen Becken und einigen anderen umgewandelt worden. Eines davon ist ein über 300.000 Kubikmeter fassendes Tiefseewasserbecken, das von Haien und Meeresschildkröten durchpflügt wird. Es kann in einem acht Meter langen transparenten Ozeantunnel unterquert werden, während über dem Besucher die Meereswesen wie schwerelos durchs Wasser gleiten. Im Teilbereich mit dem erhaltenen Regenwald aus der Expo-Zeit gibt es einen gläsernen Krokodilpfad, der dem Besucher einen sicheren Blick von oben auf die als besonders aggressiv geltenden Kubakrokodile ermöglicht. Ein Aussichtsturm bringt den Besucher auf Baumwipfelhöhe. Im Sea Life gibt es neben heimischen Leinefischen über Piranhas, Rochen und Pfeilgiftfrösche bis hin zu Seesternen und Seeanemonen zum Befühlen auch ein Korallenriff und Mangroven mit der jeweiligen Meeresfauna und -flora. Jedes Jahr wird zudem eine Sonderschau aufgelegt. 2014 standen Krebse im Mittelpunkt.

Der Georgengarten

Anders als im Großen Garten ist das Lustwandeln im Georgengarten für das Publikum nicht kostenpflichtig. Von diesem Angebot wird reichlich Gebrauch gemacht. Auf den Wiesen und an den Teichen wird in der warmen Jahreszeit gepicknickt, musiziert, gespielt, gelesen oder einfach nur abgehangen. Vor allem die Studenten der nahen Universität erfüllen den weitläufigen Park mit ihrem fröhlichen Treiben. Einen Höhepunkt im Veranstaltungskalender Hannovers stellt das kostenlose **Freilichtkonzert** der Chopin-Gesellschaft im Sommer dar. Ausgewählte Solisten und das Junge Sinfonieorchester entzücken die Klassikfans der Region.

Der Landschaftspark hat seinen Ursprung zu Beginn des 18. Jahrhunderts in dem Wunsch einiger Adeliger, ihre Sommerresidenzen in der Nähe des Sommer-

Ein Monopteros – Leibniz zu Ehren

Zum Schmunzeln ins Georgenpalais

sitzes der Welfen einzurichten. Sie umgaben ihre Herrenhäuser mit kleinen Parks und Gärten. Graf Johann Ludwig von Wallmoden kaufte 1768 die Gesamtheit der kleinen Gärten auf und fasste sie zu einem einzigen Wallmodengarten zusammen. Der Graf ließt sich noch in den 1780er Jahren einen schlossähnlichen Herrensitz bauen, um seine Kunstschätze und seine Bibliothek unterzubringen. Dieses Wallmodenschloss wurde im 19. Jahrhundert nach Georg IV. in Georgenpalais umgetauft. Dasselbe geschah mit dem Garten, der seit 1831 Georgengarten heißt. Unter den neuen Besitzern, den Welfen, wurde das gewonnene Areal in einen englischen Landschaftsgarten umgewandelt. Statt einer Bändigung der Natur in geometrisch festgelegte Figuren wurde nun ihre romantisch überhöhte Nachbildung angestrebt. Wasserläufe wurden zu künstlichen Teichen erweitert und ein offenes Parkgelände mit verwunschenen Hainen und kaum getrimmten Buschgruppen durchsetzt.

Nach dem Ende jeglicher Monarchie in Deutschland nahm die Stadt 1921 den Garten in Besitz. Das erste öffentliche Ehrenmal, das man einem nicht adeligen Menschen widmete, wurde 1935 vom Waterlooplatz auf ein Hügelchen im Georgengarten versetzt. Es handelte sich dabei um den als Monopteros gestalteten **Leibniztempel** mit der Nachbildung einer Büste des Universalgenies. Natürlich hatte auch der Georgengarten während des Weltkriegs Schaden genommen, so auch die schnurgerade Herrenhäuser Allee. Anfang der 1970er Jahre pflanzte man 1300 Kaiserlinden, um den geschlossenen Gesamteindruck dieser Allee wieder herzustellen.

Das **Georgenpalais** beherbergt heute das Deutsche Museum für Karikatur und Zeichenkunst, benannt nach Wilhelm Busch. Es besitzt eine umfangreiche Sammlung des Schöpfers und Dichters der »Frommen Helene«. Darüber hinaus kann es mit Werken von William Hogarth, Francisco de Goya, Honoré Daumier, Thomas Theodor Heine, Jean-Jacques Sempé und vielen anderen aus vier Jahrhunderten des spitzen Stifts und der kratzenden Feder aufwarten.

Neben anderen versammelt das **Wilhelm-Busch-Museum** zudem den Nachlass von Volker Kriegel und Karl Friedrich Waechter. Es zeichnet sich aus durch Sonderausstellungen, die dem gezeichneten Humor aller Schattierungen ein unterhaltsames Forum verschaffen. Bis hin zu Loriot und Robert Gernhardt ist die gesamte Bandbreite geistvoller Zeichenkunst Gegenstand und Thema.

Der Welfen- und Prinzengarten

Rund um ein **Welfenschloss** genanntes Gebäude erstrecken sich auf der nordöstlichen Seite der Herrenhäuser Allee zwei weitere Parks: der Prinzen- und der Welfengarten. Im sogenannten Welfenschloss, das in der Spätphase des Königreichs Hannover als Wohnsitz für die Welfen errichtet, aber nie von ihnen bezogen wurde, weil sie 1866 durch die Hohenzollern entmachtet wurden, ist seit 1879 die **Gottfried-Wilhelm-Leibniz-Universität** untergebracht. In den Anfangsjahren trug sie noch den Namen Königlich Technische Universität. Vor dem Gebäude erhebt sich die 1866 von Friedrich Wilhelm Wolff geschaffene bronzene Skulptur eines springenden Pferdes mit wilder Mähne. Seit dem späten Mittelalter gilt ein solches Pferd in der Heraldik als **Sachsenross**, wobei sich Sachsen in diesem Fall auf das Stammland der Sachsen, nämlich auf die Territorien des heutigen Niedersachsen, bezieht. Dieses Ross, das auch in den Wappen der Welfen eine wesentliche Rolle spielte, wurde zum Wappentier des 1946 neu geschaffenen Bundeslandes Niedersachsen. An seinem Hals fand sich übrigens der bereits erwähnte, vom »Krümelmonster« entwendete Bahlsenkeks wieder.

Ähnlich dem Georgengarten sind Prinzen- und Welfengarten öffentlich zugänglich und nicht barock gestaltet. Auch sie werden von den Anrainern, darunter wieder vor allem von Studenten, zur Erholung und zu geselligem Beisammensein im Grünen genutzt.

Das springende Ross vor dem Welfenschloss

Diva mit Kopfschmuck
à la Ascot

Ausflüge

Messestadt Hannover
Rund um das Steinhuder Meer
Wie reizvoll, über den Deister zu gehen
Weltkulturerbe in Hildesheim

Messestadt Hannover

Die Messe der Messen

Wie alles begann

Angesichts der deutschen Trümmerwüsten gingen die britischen Besatzungsbehörden nach dem Zweiten Weltkrieg mit einem bemerkenswerten Pragmatismus ans Werk. Während sich noch die wenigsten Deutschen vorstellen konnten, was der nächste Tag bringen würde, wurde die von den Briten installierte deutsche Nachkriegsverwaltung im Frühjahr 1947 aufgefordert, sich sehr konkrete Gedanken zu machen, wo und wie man demnächst eine Exportmesse abhalten könne, die der gewünschten wirtschaftlichen Entwicklung in der Bi-Zone, also im zusammengefassten britischen und US-amerikanischen Besatzungsgebiet, einen Schub zu geben in der Lage wäre. Der in Niedersachsen als Wirtschaftsminister fungierende Alfred Kubel schlug als Messestandort Hannover vor. Daraufhin erhielt die Stadt den Befehl, eine solche Messe innerhalb von vier Monaten auf die Beine zu stellen. Und wieder so ein Wunder: Es gelang. Pünktlich zum avisierten Termin am 18. August 1947 um die Mittagszeit öffnete die **erste Exportmesse** der künftigen Bundesrepublik auf dem Gelände der Vereinigten Leichtmetallwerke in Laatzen ihre Pforten.

Zeitlos – der Hermeskopf

In sechs wiederhergerichteten Hallen auf einer Fläche von 22.000 Quadratmetern stellten etwa 1300 deutsche Firmen ihre Konsumgüterartikel und Industrieerzeugnisse vor. Es gab also doch schon Ansätze eines wirtschaftlichen Aufschwungs. Weil die ausgehungerte Stadtbevölkerung von Hannover auf dem Messegelände bei einem Hamburger Fischhändler ohne die sonst erforderlichen Lebensmittelmarken Heringsbrötchen kaufen konnte, kamen die Einwohner in Scharen. 60 Tonnen Fisch und eine Million Brötchen gingen über den Tresen. So blieb an der ersten Industriemesse der den unmittelbaren Verzehr thematisierende Name **»Fischbrötchenmesse«** kleben.

Der Preis für eine der großen Attraktionen dieser ersten Messe war mit knapp 1000 Dollar angegeben. Die D-Mark gab es noch nicht, und die Reichsmark war wenig wert. Gemünzt war dieser Preis auf einen bucklig-schnuckeligen Kleinwagen, von dem es bald heißen sollte, dass er »läuft und läuft und läuft«. Als »Beetle« machte der Käfer sogar in den USA Karriere. Auch ein Hauch von Luxus deutete sich an: Mercedes stellte das Chassis eines Rennwagens vor. Die Zeiten von Juan Manuel Fangio und Sterling Moss waren nicht mehr fern.

Die Messe dauerte drei Wochen und war ein unerwartet großer, wenn auch erhoffter Erfolg. Ihr Signum, ein stilisierter **Hermeskopf**, ist als Logo der ersten Stunde bis heute in Gebrauch. Der damalige Messekatalog mit seinen 48 Seiten ist heute eine schon fast bibliophile Rarität. Insgesamt kamen über 700.000 Besucher, darunter 4000 ausländische Firmenvertreter und Einkäufer. Die Summe der Abschlüsse überstieg die 30-Millionen-Dollar-Marke. Die Messe hatte einen guten Start hingelegt. Die traditionelle Messestadt Leipzig lag jenseits des Eisernen Vorhangs und war aufgrund der etwas anders konzipierten dortigen Wirtschaftsordnung keine Konkurrenz.

Der Aufstieg

Ein Jahr später erhöhte sich die Zahl der Aussteller um 75 %, aber da die Währungsreform noch nicht stattgefunden hatte und deshalb eine gewisse Zurückhaltung angesagt schien, blieben die in Dollar verrechneten Abschlusszahlen hinter dem Vorjahr um etwas mehr als 50 % zurück. Im ersten Jahr nach der Währungsreform von 1948 wurden jedoch schon drei Messen abgehalten, neben der Exportmesse eine Landwirtschaftsausstellung und eine Landmaschinenschau. 1950 kam eine Baumesse hinzu. Bereits 1951 nahm Hannover unbestritten den Spitzenplatz unter den bundesdeutschen Messestädten ein. Die **»Deutsche Industrie-Messe«** versammelte nun in- und ausländische Hersteller in 20 Hallen. Auf dem großzügig bemessenen Freigelände konnten zudem werbewirksam besonders sperrige Mähdrescher, Traktoren, Lader, Kräne, Hebebühnen oder Bagger vorgeführt oder raumsprengende Konstruktionen errichtet werden. Auf der Bauausstellung **»Constructa«** im selben Jahr machte Stadtbaurat Hillebrecht mit der Präsentation seiner Wiederaufbaupläne für Hannover bundesweit Furore. Die bundesdeutschen Stadtplaner und die Bauindustrie blickten gespannt auf Hannover und seine kühne Stadtplanung.

Ursprünglich war die Büro- und Informationstechnik ein selbstverständlicher Bestandteil der Export- oder Industriemesse. Die rasante Entwicklung im IT-Bereich führte dazu, dass 1986 eine Zweiteilung der Hauptmesse in die »Hannover-Messe Industrie« und die **»CeBIT Hannover«** erfolgte. Beide Messen sind weltweit die größten ihrer Art. Zudem sind sie, ob noch gemeinsam oder getrennt, seit den 1970er Jahren zu einer Art Schaulaufen der politischen Prominenz geworden. So, wie heutzutage die Kanzlerin keine der beiden Leitmessen auslässt, um sich über die technischen Entwicklungen zu informieren, so gaben sich die Führer und Potentaten dieser Welt bald ein Stelldichein, auch damit der Glanz der Messe auf sie abstrahlen möge. Ein eigens ernannter Protokollchef hatte das vorzügliche Vergnügen, gekrönte Häupter, präsidiale Gattinnen und andere erlauchte Größen formvollendet durch die Hallen zu geleiten. Auch ein Staatsratsvorsitzender Honecker wurde seiner damaligen Stellung gemäß mit diplomatischem Aplomb hofiert.

Dieser QR-Code führt zu einem Messeplan

Das Messegelände

Der Erfolg der Messe rührt zu einem nicht geringen Teil daher, dass der Standort von vorneherein gut gewählt war. Das Messegelände liegt in unmittelbarer Reichweite einer industriell bedeutsamen und leistungsstarken Groß- und Landeshauptstadt. Durch die klare Verkehrsführung, die riesigen Parkflächen und die frühe Anbindung an den öffentlichen Personennahverkehr war und ist eine optimale Erreichbarkeit gewährleistet. Die Umgebung

Immer volles Programm

der Keimzelle der Messe in Laatzen erlaubte es, die Ausstellungsflächen schier unbegrenzt zu erweitern, sodass viele kleinere und mittlere Fachmessen auch zeitgleich abgehalten werden können.

Mittlerweile ist das weitläufige Messegelände das größte der Welt. Seine Fläche erstreckt sich über rund 1,3 Millionen Quadratmeter, und die darauf errichteten Hallen überspannen knapp eine halbe Million davon. Es gibt mehr als zwei Dutzend riesiger Hallen, die einem permanenten Wandel unterzogen werden, Neubauten inklusive. Eine der Hallen war 1984 mit über 70.000 Quadratmetern die größte ebenerdige Ausstellungshalle der Welt. Das Gebäude, an dem man sich schon von Weitem orientieren kann, ist der **Hermesturm** mit einer Aussichtsplattform in 70 Metern Höhe und dem Messelogo an der Spitze. Ganz in der Nähe befindet sich das **Convention Center** mit einem Casino-Turm, der wie eine gerade einschwebende fliegende Untertasse die Hallenkomplexe leicht überragt.

Erreichbarkeit

Wer sich Hannover von den Autobahnen A2 und A7 nähert, wird durch die Beschilderung rechtzeitig auf die Zufahrten zum Messegelände hingewiesen. Der Messeschnellweg wird bei großem Andrang am Morgen zur Einbahnstraße in Richtung Messe und am späten Nachmittag in Richtung Autobahn umfunktioniert. Es gibt große Parkflächen, deren Freigabe oder Belegung durch Personal vor Ort geregelt ist. Wem das trotz allem zu wuselig ist, sollte die Angebote des öffentlichen Nahverkehrs nutzen.

Das Gelände ist von der Stadt aus über die Stadtbahnlinien 6/16 (Kröpcke bis Endstation Messe/Ost) oder 8/18 (Hauptbahnhof oder Kröpcke bis Endstation Messe/Nord) zu erreichen. Wer zur Expo Plaza oder zur TUI Arena fahren will, ist mit der Stadtbahnlinie 6/16 am besten bedient. Am Messebahnhof Laatzen (Messe-Eingang West) halten die S-Bahnlinie S4 und die Regionalbahnen R11 und R12 sowie zu Messezeiten die Fern- und Sonderzüge der DB. Die Stadtbahnlinien 1 und 2 (beide bis Laatzen/Eichstraße/Bahnhof) führen ebenfalls zum Messe-Eingang West.

Das Luftfahrtmuseum in Messenähe

Wenn man im Bereich der Messe unterwegs ist, gibt es für Technikfans eine besondere Anlaufstation. An der Karlsruher Straße hängt auf der Höhe der Ulmer Straße ein Düsenjäger schräg in der Luft, wie kurz vor dem Aufprall. Er weist auf das **Luftfahrtmuseum Laatzen** in der Ulmer Straße 2 hin. Angefangen bei der ersten Heißluftballonfahrt in Hannover mit dem ersten Ehrenbürger der Stadt, dem Franzosen Jean-Pierre Blanchard, über die Experimente Otto Lilienthals mit einem Gleitflieger und dem vermutlich ersten Motorflieger der Welt, dem Hannoveraner Karl Jatho, bis zu den modernsten Militär- und Zivilflugzeugen bietet das Museum eine umfassende Einführung in die technische Welt der Fliegerei und in die besondere Mentalität der Fliegerinnen und Flieger von den zivilen Anfängen bis zu den monströsen Kriegseinsätzen. Die »Spirit of St. Louis« eines Charles Lindbergh kann ebenso besichtigt werden wie die fliegende Kiste, mit der die Hannoveranerin Elly Beinhorn die Welt umrundete. Eine MIG gehört ebenfalls zur Sammlung wie die Beiwagenmaschine eines Kradmelders der Wehrmacht oder der legendäre US-Jeep »Willy«.

Luftfahrtmuseum Hannover-Laatzen

Ulmer Str 2 (30880), Tel.: 0511-8791791, info@luftfahrtmuseum-hannover.de, www.luftfahrtmuseum-hannover.de; Öffnungszeiten Di–So 10–17 Uhr

Charles Lindbergh lässt grüßen

Der Messekalender

Der Messekalender ist jedes Jahr pickepacke voll mit Messen, Symposien und Tagungen. Die Palette reicht von Hochzeitsmessen bis zu Präsentationen von Schüleraustauschorganisationen. Die folgende Übersicht zeigt einen kleinen Ausschnitt aus dem Messeprogramm und kann keinen Anspruch auf Vollständigkeit erheben. Änderungen sind ebenfalls möglich. Der Ort der Veranstaltungen ist das Messegelände. In Klammern ist bei kleineren Veranstaltungen der Ausstellungs- oder Tagungsort näher bestimmt. Aktuelle und umfassende Informationen sind unter www.messe.de erhältlich.

Januar

- Interaspa – Messe für Spargel, Gemüse, Beerenobst (jährlich)
- Domotex – Weltgrößte Fachmesse für Teppiche und Bodenbeläge (jährlich)

Februar

- Didacta – Europas größte Bildungsmesse (zweijährlich)
- ABF – Freizeitmesse (jährlich)
- Gastro Trends – Fachmesse für den Gastronomiehandel (jährlich)
- Nord-GEM – Norddeutschlands größte Edelsteinmesse (2x jährlich)

März

- CeBIT – Weltgrößte IT-Messe (jährlich)
- Altenpflege – Europas größte Pflegemesse (zweijährlich)
- PSI Promotion World – Fachmesse für haptische Werbung (jährlich)
- BIG – Die Messe für Bauen, Immobilien und Wohnen (jährlich)

April

- Hannover Messe – Weltgrößte Industrieschau (jährlich)

Mai

- Ligna – Messe der Holz und Forstwirtschaft (zweijährlich)
- CeMAT – Weltgrößte Intralogistikmesse (zweijährlich)
- Postmortale – Deutsche Fachmesse für Bestattungskultur (jährlich)

Juni

- Interschutz – Weltgrößte Katastrophenschutzmesse (alle fünf Jahre)
- Maker Faire – Die Erfinder- und Mitmachmesse (jährlich)

Juli

- IdeenExpo – Jugendmesse (zweijährlich)

September

- IAA Nutzfahrzeuge – Weltgrößte Nutzfahrzeugmesse (zweijährlich)
- Cosmetica – Kosmetik-Fachmesse (jährlich)
- Bio Nord – Norddeutschlands größte Messe für den Biofachhandel (jährlich)
- EMO – Weltgrößte Metallmesse (alle 4 Jahre)

Oktober

- Biotechnica – Leitmesse für Biotechnologie, Labortechnik und Biowissenschaften (zweijährlich)
- Infa – Deutschlands größte Erlebnis- und Einkaufsmesse (jährlich)
- Trau Dich – Die Trendmesse rund ums Heiraten und Feiern (jährlich)
- eroFame – Internationale b2b Fachmesse für den Erotikmarkt (jährlich)

November

- Agritechnica – Weltgrößte Landtechnikschau (zweijährlich)
- Euro Tier – Weltgrößte Tierhaltungsmesse (zweijährlich)

Dezember

- Pferd & Jagd – Messe für Reiten, Jagen und Angeln (jährlich)

Die Expo 2000 …

Nach zögerlichem Beginn wurde aus der Expo 2000 einer großer Erfolg, wenn er auch materiell nicht immer greifbar schien. Am Ende waren über 18 Millionen Besucher zur ersten **Weltausstellung** auf deutschem Boden gekommen und in der Mehrzahl mit einem wunderbaren Erlebnis wieder nach Hause gefahren. Die Stadt Hannover konnte Teile ihrer Infrastruktur auf Vordermann bringen und viele Länder präsentierten, was ihnen wichtig und teuer war. Einige Besucher waren danach für immer für äthiopischen Kaffee gewonnen, andere für Sushi oder weißen Tee. Das changierende Logo der Expo beeindruckte im Kleinen ebenso wie eine Fahrt mit der Seilbahn, von wo aus zusätzliche Perspektiven auf die Pavillons möglich waren. Ihre Formen variierten zwischen hypermodernen Hallen aus Glas, Stahl, Holz oder Pappe (Japan) und verschnörkelten Tempeln, schlichten Jurten oder bemalten Lehmpalästen. Jemand hat ausgerechnet, dass der kürzeste Weg, um die Pavillons und Stände aller 155 beteiligter Nationen und der 27 internationalen Organisationen abzulaufen, gute 80 km betragen habe – außer für Triathleten, eine nicht ganz geringe Tagesdistanz. Die reichste Nation der Welt hatte ihre kurzfristige Absage mit Finanzierungsproblemen ihrer privaten Firmen begründet.

Das neuartige Konzept trug dazu bei, dass auch in anderen deutschen Regionen 278 Projekte – davon 68 in Niedersachsen – und weltweit zusätzliche 387

Von der Expo Plaza zum Messegelände

Vorhaben in die Planung aufgenommen wurden. Als Korrespondenzregion wurde in Sachsen-Anhalt das Dreieck Dessau, Bitterfeld und Wittenberg (34 Projekte) mit Ferropolis als spektakulärstem Projekt einbezogen. Das übergeordnete Thema für die Expo und all diese Projekte lautete **»Mensch, Natur, Technik – eine neue Welt entsteht«**. Nachhaltigkeit war die Forderung der Stunde. Bei aller Ernsthaftigkeit der Themen sollte die Unterhaltung nicht zu kurz kommen. Unter dem Motto **»Welten treffen aufeinander«** wurde ein Kultur- und Ereignisprogramm ins Werk gesetzt, bei dem in den vier Monaten 450 Konzerte aller Musikrichtungen veranstaltet wurden. Aus den Darbietungen der Hochkultur ragte eine Inszenierung von Peter Stein heraus. Er wagte sich an die selten unternommene Aufführung von Goethes ungekürztem »Faust, Teil I und II« heran.

Ein **Themenpark**, auch das ein Novum, stellte paradigmatisch künftige Entwicklungsprobleme der Welt im dritten Jahrtausend und mögliche Lösungsansätze vor. Als ein pragmatischer Pluspunkt in der Frage der Nachhaltigkeit wurde vorweg vermerkt, dass von den 160 ha Grundfläche, die für die Expo veranschlagt waren, nur 60 ha neu am Kronsberg erschlossen werden mussten, der Rest der Fläche und der Hallen konnte auf dem benachbarten Messegelände mit vergleichsweise geringem Aufwand angemietet werden. In einer Abstimmung hatten knappe 51,5 % der Hannoveraner für die Expo gestimmt, unter anderem auch weil einige Gebäude nach der Expo wiederverwendet werden sollten: die auf dem Messegelände sowieso, aber auch die auf dem zusätzlich herangezogenen Gebiet.

... und was von ihr blieb

So viel vorweg: Anders als bei früheren Weltausstellungen, nach deren Ende meist wenig übrig blieb und viel einfach wieder dem Erdboden gleichgemacht wurde, konnten nach der Expo einige Gebäude umgesetzt und rund zwei Drittel der am Kronsberg erschlossenen Grundstücke veräußert werden. Allerdings bedeutete Veräußerung nicht in jedem Fall, dass sich auf dem Grundstück etwas Positives entwickelte. Aber abgesehen vom generell auf dem Expo-Gelände waltenden Charme eines Gewerbegebiets sind nur wenige wirklich ärgerliche Relikte zu konstatieren.

Die Expo Plaza

Der zentrale Dreh- und Angelpunkt der Expo, die **Expo Plaza**, ist mit den entsprechenden Umwidmungen fast so geblieben wie zu Zeiten der Expo. Sein damaliges Flair entwickelt der meist melancholisch und verlassen wirkende Platz aber nur noch bei großen Freilichtveranstaltungen, vornehmlich den Konzerten. An der Fußgängerbrücke über den Messeschnellweg zum Messegelände stehen noch immer die schlanken Lichtsäulen aufgereiht. Von dort mit Blick auf die Plaza befindet sich links das Radisson Blu Hotel und rechts der ehemalige Bertelsmann-Pavillon **Planet M**, der wie ein gelandetes Raumschiff aus den Anfängen der Sci-Fi-Phantasien aussieht. Hier sind das Präsidium und die Verwaltung der Fakultät III der Hochschule Hannover untergebracht. Die Fakultät III umfasst die Studienbereiche Medien, Information und Design.

Zu den eindrucksvollsten Gebäuden an der Plaza gehört der **Deutsche Pavillon**, der mit 16.000 Quadratmetern der größte der Expo war. Seine nach innen gewölbte gläserne Außenhaut ist mit verblüffenden Spiegelungen ein ästhetischer Genuss. Er wird für Veranstaltungen aller Art mit bis zu 3000 Besuchern genutzt. Außerdem haben im Pavillon zahlreiche Firmen ihre Büros. So in etwa war das von Anfang an gedacht.

Zu beiden Seiten wird der Pavillon von Gebäuden der erwähnten Fakultät III flankiert. Im Gebäude, das mit dem Rücken zur Weltausstellungsallee steht, dem ehemaligen World Trade Center, finden Nostalgiker der Expo 2000 ein **Exposeeum** genanntes Museum, in dem neben Fotos viele Relikte der Weltausstellung zusammengetragen sind. Besonders bemerkenswert hinsichtlich des kunstgewerblichen Geschmacks sind die Gastgeschenke der teilnehmenden Nationen, die dem Exposeeum zur Verfügung gestellt wurden. Für eine weitere Erkundung des ehemaligen Expo-Geländes kann man sich an einem großflächigen Modell orientieren.

Exposeeum

Expo Plaza 11 (30539), Tel.: 0511-2284652, buero@exposeeum.de, www.exposeeum.de; Öffnungszeiten So 11–16 Uhr

Die konkave Außenhaut des Deutschen Pavillons

Planet M ist gelandet und geblieben

Genau gegenüber dem Deutschen Pavillon steht die **TUI Arena**, eine Multifunktionshalle, die vor allem für große Konzerte, für massenkompatible Fernsehveranstaltungen wie »Wetten, dass ...?« und diverse Sportveranstaltungen genutzt wird. Die Halle fasst bis zu 13.000 Zuschauer, bei Eishockeyspielen immerhin knapp über 10.000. Innerhalb von wenigen Stunden lässt sich die Arena in jede gewünschte Anordnung gemäß dem Veranstaltungszweck verändern.

Die Pavillons zwischen Plaza und Expowal

An der Lissaboner Straße ist noch ein Teil der Bildfolge »Der bewegte Mann« des Französischen Pavillons erhalten. Das Gebäude selbst und die ehemalige Postbox gehören nun einem bayerischen Autokonzern. Dahinter hat sich mit Ferrari eine weitere Nobelmarke einquartiert.

Das zurzeit auffallendste Relikt ist der ehemalige **Niederländische Pavillon** am Boulevard der EU. Einst eine Ikone der Expo, ist er, wie es scheint, zu einem Biotop zugewuchert und von Graffiti-Künstlern besprüht worden. Der Bau ist abgesperrt und zeigt deutliche Spuren von Verwahrlosung. Im oberen Bereich hat es auch schon gebrannt. Für die abgefahrene Ästhetik eines »Tatort«-Krimis oder eines B-Movies böte er sicherlich einen möglichen Hintergrund. Ähnliches gilt, wenngleich er weniger zugerichtet ist, für den wie ein grellgelber überdimensionierter Röhrenfernseher in der Landschaft stehenden **Litauischen Pavillon** ein paar Grundstücke weiter.

Andere Pavillons haben rührige Nutzer gefunden und sind zu Schmuckkästchen geworden. Besonders hervorzuheben ist der ehemalige **Belgische Pavillon** gegenüber dem Dänischen Pavillon. Hier hat sich ein Tonstudio, der »Peppermint Pavillon« von Mousse T., einem Musikproduzenten, etabliert und neben einer Empfangslounge, einer Rotunde und einer Veranstaltungshalle auch ein Gourmet Restaurant, »Funky Kitchen«, eingerichtet (www.funky-kitchen.de). Der **Dänische Pavillon** selbst wurde

Das wilde Biotop des Niederländischen Pavillons

von einem Modekonzern übernommen und wirkt durch seine schlichten weißen geometrischen Bauteile. In der Nähe des Sees am Ende des bebauten Geländes fällt die funktionale Halle des bekannten schwedischen Möbelhauses kontrastiv ins Auge.

Am See macht mit dem **Expowal** noch eine architektonische Besonderheit auf sich aufmerksam. Es lohnt sich, ihn aufzusuchen. Mit einer aufragenden Fluke versehen, hat sich ein künstlicher Wal aufs Land gelegt. Dieser auf den biblischen Propheten Jona verweisende Versammlungsort wird von der Inneren Mission betrieben und lädt neben Gottesdiensten, die allen offenstehen, zu Diskussionen und Lesungen, aber auch zu Musikveranstaltungen ein.

Expowal

Chicago Lane 9 (30539), Tel.: 0511-27025069, info@peppermint-event.de, www.expowal.de

Die Expo-Gärten

Für die Expo wurde vom Landschaftsarchitekten Kamel Louafi ein schmales Gartenband von der Lissaboner Straße bis zum Expowal unter dem Motto **»Gärten im Wandel«** gestaltet. Ein Einstieg am »blauen Fenster« erinnerte an Installationen der Documenta. Angedeutete Gebäude wie das Maschinenhaus, das Teehaus, das Sandhaus und das Haus der Illusionen setzten kleine Akzente zwischen den Teilgärten mit Themen wie dem Klanggarten (mit Klangskulpturen), dem Dünengarten, dem Flüstergarten (mit wispernden Gräsern) und dem Bambusgarten. Davon sind noch einige Relikte übrig geblieben, manches fiel Vandalen zum Opfer. Das Wasser für einen Wasserfall wurde aus Kostengründen abgedreht.

Der **Expo-Park Süd** in der Umgebung des Sees gehört zu den erholsamsten des ehemaligen Expo-Geländes. Ein von sogenannten **»Himmelstürmen«**

Der Expowal lebt

bekrönter Wall schützt Teile des Terrains gegen den Lärm des Messeschnellwegs. Auf den Rasensitzstufen hat man einen guten Blick auf Wal, Wiesen und Gewässer. Nach Westen hin schließt sich der **»Parc Agricole«** an. Es ist ein durchmischtes Gelände mit Streuobstwiesen, Heckengarten und landwirtschaftlich genutzten Flächen. Das Gebiet ist durch Geh- und Radwege erschlossen. Nordöstlich des Expo-Geländes befindet sich der 118 m hohe **Kronsberg**. Er ist die höchste Erhebung im Stadtgebiet. Im September findet dort ein buntes Drachenfest statt. Man erreicht den Ort mit der Stadtbahnlinie 6 (bis Feldbuschwende).

Der Park der Sinne

Ebenfalls erholsam, aber auch geistig und emotional anregend, ist der Park der Sinne, der zu den erfreulichen Relikten der Expo gehört. Der 7 ha große Park liegt am Südrand des Expo-Geländes an der Karlsruher Straße und ist über die Stadtbahnlinie 1 (Haltestelle: Park der Sinne) erreichbar. In der Nähe des Expowals gibt es eine Ausschilderung für die, die sich bereits auf dem Expo-Gelände befinden und zu Fuß den Park erreichen möchten. Der Weg führt durch das Mastbrucher Holz.

Auf einer ehemaligen Müllhalde ist eine renaturierte Anlage entstanden, die durch einen Wall aus Wildgehölzen und -rosen eingefriedet ist und die Verkehrsgeräusche ausblendet. In einem flach geschwungenen Talkessel gibt es verschiedene **Erlebnisstationen**, an denen die unterschiedlichen Sinne angesprochen werden. Ein Beispiel sind Flüsterschalen im Echo-Garten oder ein überdimensioniertes **Insektenauge**. Bereits an den Eingängen symbolisieren aus Edelstahl geschmiedete Torgriffe das Sehen, Riechen und Schmecken oder am Nordtor als stilisiertes Hermeshaupt das Sinneszentrum des Menschen, den Kopf.

Der Park ist in Teilbereiche aufgegliedert, von denen jeder einen Landschaftstyp verkörpert. So gibt es eine Moorzone, ein Trockental, eine Schlucht, eine Feuchtwiese und ein Tal der Schmetterlinge. Kleine Wasserläufe und Teiche sind über das ganze Gelände verstreut. Hinzu kommen einige Kunstinstallationen. Es wurden über 65 Pflanzenarten, zum Teil in bewusster farblicher Abstimmung, angepflanzt und über 50 Vogelarten beobachtet. Über den ganzen Park verteilt findet man exemplarische Steine aus allen Regionen Deutschlands. Der älteste ist über 380 Millionen Jahre alt. Bei schönem Wetter kann man an der Info-Station bei Kaffee und Kuchen rasten.

Vien Giac – »vollkommene Erleuchtung«

Nach so viel Erholung und Besinnlichkeit in der Natur kann man in der eher gewerbsmäßig orientierten Messelandschaft noch eine spirituelle Überraschung erleben. In der Karlsruher Straße 6 befindet sich die größte **buddhistische Pagode** in Deutschland. Angeschlossen ist ein Kloster. Das religiöse Zentrum vietnamesischer Buddhisten wurde von den hauptsächlich nach dem Vietnam-Krieg nach Europa geflohenen Gläubigen gegründet. Mittlerweile erhebt sich im Kloster ein über sieben Meter hoher und zwei Tonnen schwerer Avalokiteshvara Bodhisattva, ein goldglänzender Buddha des Mitgefühls und des Erbarmens. Er ist der größte seiner Art in Europa. Er wurde im August 2014 vor 7000 Gästen geweiht. Fast genau ein Jahr davor stattete der Dalai Lama dem Kloster einen Blitzbesuch ab. Wer selbst zu Besuch

Facettenaugen sehen dich an

kommen möchte, kann sich über die Öffnungszeiten und Veranstaltungen unter deutsch.viengiac.de erkundigen.

Unterwegs in der Umgebung

Rund um das Steinhuder Meer

Wer über die B 441 aus Hannover kommend in Steinhude anlangt und an das Ufer des Steinhuder Meeres tritt, könnte erwarten, dass es deshalb Meer heißt, weil es so groß ist, dass man das gegenüberliegende Ufer nicht sehen kann. Aber außer bei Nebel kann man sehr wohl diesen Binnensee überblicken. Der großsprecherisch scheinende Name rührt eher daher, dass in der deutschen Sprache die Wörter »Meer«, »Moor«, »Maar« und »Marsch-(Land)« eine gemeinsame Abkunft haben. Wer das Meer auf dem rund 35 km langen gut ausgeschilderten **Radweg** einmal umfährt, durchquert Gebiete, in denen die Übergänge zwischen Meer (See) und Moor (Sumpf) fließend sind. **Aussichtspunkte** mit erklärenden Bildtafeln erlauben, die Vielfalt der geschützten Pflanzen- und Vogelwelt besser kennenzulernen. Neben verschiedenen Stadien der Versumpfung und Verlandung begegnet man Feuchtwiesen, Heideflächen, Nieder- und Hochwald. Bei etwas Glück und Stille kann man sogar einen Seeadler kreisen sehen.

Mit fast 30 km² ist das Steinhuder Meer der größte Binnensee Niedersachsens. Seine ovale Grundform hat eine Länge von rund 8 und eine Breite von etwa 4,5 Kilometern. Außer an seinen Zu- und Abläufen ist er nirgends tiefer als 3 m. Seine Durchschnittstiefe liegt irgendwo zwischen 1,30 und 1, 80 Metern. Diese geringe Tiefe macht den See zu einem idealen Surf- und Kite-Revier, vor allem auch für Anfänger. Surfer dürfen den ganzen See benutzen, Kiter müssen sich auf ein Areal von einem Quadratkilometer Größe auf der Steinhude gegenüberliegenden

Seite beschränken. Motorboote sind außer für Rettungskräfte untersagt, es sei denn, sie haben einen Elektroantrieb. Das Gesamtbild wird von Segelbooten und Windsurfern geprägt. Man spricht von rund 5000 Booten und Yachten am See. Da sich der Wind wegen der Offenheit der Landschaft für alle Segler auf dem See ziemlich gleichbleibend auswirkt – also einen fairen Wettbewerb verspricht –, werden jährlich etwas mehr als drei Dutzend Regatten ausgetragen.

Zwei künstliche Inseln im naturgeschützten Meer

Im Steinhuder Meer gibt es zwei Inseln. Beide wurden künstlich aufgeschüttet. Die eine ist eine 1975 für den Fremdenverkehr geschaffene **Badeinsel** mit einem hellen, breiten Sandstrand und einem Gastronomiebetrieb. Sie liegt am nordöstlichen Seeufer von Steinhude und ist zu Fuß oder per Rad über einen Steg zu erreichen. Besonders Familien mit Kindern scheinen sich hier wohlzufühlen. Vor allem in warmen Sommern muss man jedoch im See mit Algen rechnen. Blaualgen gefährden beispielsweise Hunde so sehr, dass sie unrettbar verloren sein können. Also Warntafeln beachten!

Die andere Insel hat eine besondere Geschichte. Sie wurde nämlich zwischen 1761 und 1767 als Verteidigungsbastion errichtet. Sie trägt den Namen **Wilhelmstein**, nach ihrem Auftraggeber Fürst Wilhelm zu Schaumburg-Lippe, dessen Familie damals den ganzen See mit seinem südlichen Umland besaß. Wilhelm befürchtete, dass adelige Rivalen sein relativ kleines und gestückeltes Fürstentum annektieren könnten. Die Festung im See sollte so lange ein uneinnehmbares Refugium bieten,

Wassersport auf flachem Gewässer

Weites Land und stilles Meer

bis verbündete Heere oder diplomatische Initiativen den Gegner zum Rückzug zwingen würden.

Was zunächst wie eine Schnapsidee erschien, erwies sich 1787 als weitsichtig. Der Landgraf von Hessen-Kassel versuchte tatsächlich einen Teil von Schaumburg-Lippe gewaltsam seinem Territorium einzuverleiben und belagerte die Festung Wilhelmstein. Es gelang aber weder, die Festung durch Artillerie zu zerstören, denn der sumpfige Untergrund am Festland gab den Kanonen nicht genügend Halt, noch die Besatzung auszuhungern, denn man hatte die Lebensmittelvorräte vorausschauend großzügig aufgestockt.

Inselfestung Wilhelmstein

Tel.: 05033-1436, info@wilhemstein.de, www.wilhelmstein.de; April–Mitte Okt. tägl. 9.30–17.30 Uhr

Steinhuder Rauchaal und ein hölzerner Hecht

Während der klassische Steinhuder Rauchaal noch heute von den Räuchereien rund um den See angeboten wird, hatte ein besonderer »Steinhuder Hecht« nur einen kurzen Auftritt. Im Zusammenhang mit der Bastion auf der Insel Wilhelmstein baute man 1772 ein **U-Boot**, das im Falle seiner Brauchbarkeit die Inselbesatzung bei einer Belagerung heimlich mit Nachschub versorgen können sollte. Das Boot war aus Holz und sollte mit Rudern unter Wasser fortbewegt werden. Es tauchte tatsächlich zwölf Minuten ab und erschien danach wieder an der Oberfläche. Bei weniger als drei Metern Wassertiefe war das schon ein etwas seltsames Unterfangen. Wenn dem alles so war, wäre dieser »Hecht« das erste U- oder Tauchboot auf deutschem Grund gewesen. Als die

Ein geschütztes Paradies für Wasservögel

Auf der Badeinsel tummeln sich gern Familien

Insel als Festung obsolet geworden war, verwandelte man die Kasematten der ehemaligen Soldaten in Gefängniszellen. Heute ist Wilhelmstein für den Tourismus erschlossen.

Wer die Insel mit ihrem musealen Ambiente besuchen will, lässt sich von sogenannten Auswandererschiffen übersetzen. Man kann dort sowohl übernachten als auch speisen und tagen. Von einem **Observatorium** aus hat man einen guten Rundumblick.

Freizeitangebote ohne Ende

Das Geschäft mit dem Tourismus hat alle Anrainerortschaften dazu animiert, nicht nur die Hotellerie und Gastronomie auszubauen, sondern auch den Erlebniswert eines jeden Städtchens und Dorfes zu steigern.

So hat zum Beispiel Münchehagen einen **Dinosaurier-Park** mit rund 230 originalgetreuen Nachbildungen der prähistorischen Tiere eröffnet. Der größte Themenpark der Republik bietet zudem einen Abenteuerspielplatz, verschiedene Mitmach-Aktionen und jede Menge weitere Attraktionen für die kleinsten Besucher. **Heimatmuseen** oder Museen für Stadtgeschichte gibt es in Mardorf, Rehburg und Neustadt am Rübenberge. In Steinhude und Dudensen sind noch **Windmühlen** erhalten, in Neustadt-Laderholz eine **Wassermühle**.

Tourist-Information Steinhude

Meerstr. 15–19 (31515), Tel.: 05033-95010, steinhude@steinhuder-meer.de, www.steinhuder-meer.de; Jan–Ende März u. Nov.–Dez. Mo–Fr 9–13 Uhr; Ende März–April u. Okt. Mo–Fr 9–17 Uhr, Sa 10–17 Uhr, So 12–17 Uhr; Mai–Sept. Mo–Fr 9–18 Uhr, Sa 10–17 Uhr, So 12–17 Uhr

Dinosaurier-Park Münchehagen

Alte Zollstraße 5 (31547), Tel.: 05037-6999990, info@dinopark.de, www.dinopark.de; 14. März–1. Nov. tägl. 9–18 Uhr

Wer auf der Anfahrt von Hannover den Riesenberg mit Aushub und großem Werksgelände bemerkt hat, wird sich nicht wundern, dass es auch ein **Bergbaumuseum** gibt: in Hagenburg, wo auch der Garten am Schloss der Öffentlichkeit zugänglich ist. Ein **Web- und Textilmuseum** hat in Rehburg-Loccum seine Pforten geöffnet, während es in Steinhude ein **Fischerei- und Webermuseum** gibt. Im letztgenannten Ort kommen noch ein **Spielzeugmuseum**, ein **Insektenmuseum** mit einer Schmetterlingsfarm und eine Kastenmangel dazu. Wer sich über Klostergeschichte informieren will, findet ein **Museum im Kloster** Mariensee. In Neustadt im **Torfmuseum** erfährt man alles über das Moor.

Ein Erlebnis der besonderen Art bietet das **Hufschmiedemuseum** Helstorf. Nicht nur, dass an bestimmten Tagen die Esse angeworfen wird, sondern dass darüber hinaus auch eine ganze Palette von Gewerken mit Ausstellungsstücken vertreten ist, lohnt den Besuch. Im Netz findet man die Schmiedetage. Modernere Technik wird im **Ju52-Museum** in Wunstorf gezeigt. Um eine aus den eisigen Wassern Norwegens geborgene Junkers-Maschine gruppiert sich eine ganze Reihe von großen Fluggeräten. Diese Ausstellung verbindet eine Partnerschaft mit dem Luftfahrtmuseum in Laatzen am Messegelände.

In Neustadt am Rübenberge hat die Stiftung Kulturregion Hannover das **Schloss Landestrost** in ein Kulturzentrum verwandelt, in dem man Konzerten lauschen, aber auch das Gebäude selbst sowie ein Torfmuseum, eine Sektkellerei und das Archiv der Region besichtigen kann. Außerdem ist in dem aus dem 16. Jahrhundert stammenden Landsitz im Stil der Weserrenaissance auch eine Weinhandlung untergebracht. Also alles Gründe, dort einmal vorbeizuschauen.

Wie reizvoll, über den Deister zu gehen

Wer in Zeiten des mit der englischen Krone verbandelten Königreichs Hannover über den Deister ins preußische Herrschaftsgebiet ging, war für die Welfenkönige verloren. Er konnte nicht für den Krieg gegen die amerikanischen Freischärler, die sich von England lossagen wollten, rekrutiert werden. Wer heute im wortwörtlichen Sinn über den Deister geht (oder fährt), genießt den hohen Freizeitwert der im Südwesten gelegenen Hausberge der Region Hannover.

Orte zum Verweilen

Zwischen dem (Großen) Deister und dem Kleinen Deister liegt **Springe** mit seinem von Fachwerkhäusern gesäumten Markt. Überall im Ort hat man die Sau rausgelassen: Mit diversen Wildschweinplastiken wird auf das Naturschutzgebiet **Saupark** hingewiesen. Keine fünf Kilometer entfernt in Richtung Kleiner Deister befindet sich in diesem Areal ein weiträumiges Wisentgehege. Dort kann man neben dem größten europäischen Landtier auch Wölfe, Braunbären, Wildkatzen, Luchse und andere Geschöpfe beobachten.

Wisentgehege Springe
Wisentgehege 2 (31832), Tel.: 05041-5828, info@wisentgehege-springe.de, www.wisentgehege-springe.de

Von Springe aus erschließt sich in südwestlicher Richtung auch das malerische

Einfahrt in den Feggendorfer Stollen

Weserbergland mit der weltbekannten Rattenfängerstadt Hameln, die sich vom Hauptbahnhof Hannover in einer Dreiviertelstunde erreichen lässt.

In Bad Münder empfiehlt es sich, wenigstens eine Erholungspause am Gradierwerk einzulegen und seiner Lunge einen Schwung solehaltiger Luft zu gönnen. Dreißig Minuten in stiller Kontemplation und mit bewusster, entspannter Atmung dienen der Heilung und der Vorbeugung gegen Krankheiten.

Bei Lauenau oberhalb von Feggendorf kann man sich einer Führung durch den **Feggendorfer Stollen** anschließen. In Osterwald (Kleiner Deister) und Barsinghausen gilt Ähnliches für ein **Besucherbergwerk**. Beide sind mit einem Museum verbunden. Man erfährt dabei spannende Dinge: nämlich, dass es im Deister einmal rund 40 Minen zum Steinkohleabbau gab. Oder dass man den Deister von einem Ende zum anderen auch unterirdisch durchwandern könnte, wenn die eingestürzten Stollen wieder entsprechend instandgesetzt würden.

Klosterstollen Barsinghausen

Hinterkampstr. 6 (30890), Tel.: 05105-514187, info@klosterstollen.de, www.klosterstollen.de; Einfahrten nur nach Voranmeldung von Mo–Sa

Von den verschiedenen Glashütten ist fast nichts mehr übrig. In **Steinkrug** bei Bredenbeck findet man allerdings noch einen der beiden letzten in Deutschland vorhandenen **Glashüttentürme**. Der 13 m hohe kegelförmige »englische Turm« wird seit 1928 nicht mehr benutzt und steht als Industrierelikt unter Denkmalschutz. Um 1900 arbeiteten noch über 100 Glasarbeiter an 12 Öfen in der zum kniggeschen Grundbesitz gehörenden Glasfabrik. Der Export der farbigen Hohlgläser ging bis nach Afrika und Amerika.

Barsinghausen kommt vor jeder Fußball-WM neu ins Gespräch, weil die deutschen Ex- und Fastweltmeister in den Medien ihre Anekdoten über die Vorbereitungszeit in der Sportschule zum Besten geben dürfen. Dieses Zentrum liegt wirklich wie am Ende der Welt und wird doch gerne für den sportlichen Spitzennachwuchs genutzt. Wer die Einsamkeit liebt, kann im Kloster übernachten (Tel.: 05105-61938, info@kloster-barsinghausen.de).

Wenn man nicht gerade an dem Augusttag nach **Bad Nenndorf** kommt, an dem sich die radikale Rechte nun seit 2006 mit ihrem sogenannten Trauermarsch zum Wincklerbad gegen den ausdrücklichen Willen der Mehrheit der einheimischen Bevölkerung in Szene zu setzen versucht und dadurch ein Polizeiaufgebot auf sich zieht, das den Rahmen dieser idyllischen Kurstadt deutlich sprengt, erlebt man einen der Gesundheit und dem Genuss vielfältig verschriebenen Ort mit einer einmaligen **Süntelbuchenallee** und mehreren Wellness-Oasen.

Wandern und Radeln

Durch Bad Nenndorf vom Mittellandkanal im Norden herkommend verläuft der **europäische Fernwanderweg E1**. Er führt in grob südöstlicher Richtung über den zentralen Höhenweg des Deister bis zu seiner höchsten Erhebung, dem 405 m hohen Bröhn. Von dort, wo der Annaturm eine weite Rundumsicht erlaubt und wo auch ein Gasthaus gleichen Namens zur Rast lädt, geht er in Richtung Springe und Bad Münder weiter, um den Deister danach in westlicher Richtung wieder zu verlassen.

Neben zahlreichen Wanderwegen durchzieht den Deister auch ein ausgedehntes Radwegenetz. Für den Anfang empfiehlt sich der sogenannte **Deisterkreisel**, ein Parcours einmal rund um den Großen Deister von etwa 80 Kilometern Länge. Die Strecke lässt sich gut in beiden Richtungen befahren und ist mit einem stilisierten Deistergrundriss ausgeschildert. In Bad Nenndorf, Hohenbostel, Barsinghausen, Wennigsen, Springe und Bad Münder gibt es **Reparaturstationen** fürs Rad. Als Ausgangspunkte sind Bad Nenndorf oder Springe eine gute Wahl. In beiden Orten gibt es einen **Fahrradverleih**. Außerdem verläuft das Streckennetz der S-Bahn von Hannover nach Bad Nenndorf mit mehreren Haltestellen entlang des Nordostrands des Deister und ein Abzweig nach Bad Münder mit mehreren Haltestellen im Südosten, darunter einer in Springe.

Schloss Marienburg

Leineaufwärts am Schulenburger Berg vor Nordstemmen hat sich ein Welfenschloss der Öffentlichkeit verschrieben. Das damals noch unfertige **Schloss Marienburg** wurde vor dem Exil der Welfen 1866 noch für einen Sommer von ihnen bezogen und dann erst wieder nach dem Zweiten Weltkrieg. Heute ist es Restaurant, Museum, Theater, Freilichtkonzertsaal, Heirats- und Filmkulisse. Der Turm ermöglicht einen weiten Blick über die Leineauen bis zum Deister und bis nach Hildesheim.

Schloss Marienburg

Marienberg 1 (30982), office@schloss-marienburg.com, www.schloss-marienburg.de; Öffnungszeiten Mi–So 11–16 Uhr

Weltkulturerbe in Hildesheim

Kaum 30 Kilometer von Hannover entfernt erreicht man auf der A7 oder der B6 in südlicher Richtung mit Hildesheim ein wahres Kleinod früher deutscher Kultur- und Kirchengeschichte. Zwei Gotteshäusern hat die UNESCO den Status des **Weltkulturerbes** zuerkannt. Beide muss man gesehen haben, um zu verstehen, welche unerschütterliche Ruhe die romanische Architektur ausstrahlt. Wer mehr Zeit hat, sollte sich auch einige der anderen stilbildenden Kirchen anschauen. Es lohnt sich. Darüber hinaus lockt die Stadt mit einem Museum der Extraklasse: dem **Roemer- und Pelizaeus-Museum**. Jede seiner Sonderausstellungen allein rechtfertigen, einen Besuch in der Stadt.

Der Bilderbuchmarktplatz von Hildesheim

Schaut auf diese Stadt!

Die vielleicht spannendste Art, Hildesheim kennenzulernen, beginnt damit, die 364 Stufen des höchsten Kirchturms Niedersachsens (etwa 115 m hoch) der **St.-Andreas-Kirche** zu erklimmen und sich von oben einen Überblick zu verschaffen. Auf der vorletzten Plattform sind ringsum die Sehenswürdigkeiten der Stadt und der näheren Umgebung angezeigt. Schnell erkennt man die herausgehobene **St.-Michaelis-Kirche** und den **Mariendom**, beides Stätten des Weltkulturerbes. Bevor man sich aber aufmacht, diese anzusteuern, empfiehlt es sich wegen der Nähe zur St.-Andreas-Kirche, auf ein schmächtiges, sich von oben nach unten stufenweise verjüngendes Fachwerkhaus (deshalb auch **»Umgestülpter Zuckerhut«** genannt) zuzugehen und den Hohen Weg zu queren, um als Nächstes den Marktplatz mit dem Rathaus und einem Ensemble besonderer Fachwerkhäuser zu besichtigen. Wer jetzt schon Lust auf ein Museum hat, kann am Markt das originalgetreu wiedererrichtete **Knochenhauer-Amtshaus** mit dem Stadtmuseum besichtigen und eine Zeitreise durch die Geschichte Hildesheims und seiner Umgebung unternehmen.

Sankt Michaelis und ein Doppelmuseum

Wenn man vom Markt rechts am Stadtmuseum vorbei zurück zum Hohen Weg geht und diesen überquert, folgt man dem Kurzen Hagen und der Michaelisstraße und gelangt zur 1000 Jahre alten **St.-Michaelis-Kirche**. Ihr Hauptschiff wird beiderseits von je einem Seitenschiff flankiert und von zwei Querschiffen gekreuzt. Über der jeweiligen Kreuzungsfläche erhebt sich ein mächtiger Vierungsturm. An die vier Querschiffenden schließen sich schlanke Treppentürme an. Das Hauptschiff

St. Michaelis – mächtig in sich ruhende Romanik

wird im Osten und Westen jeweils durch einen Chor abgeschlossen. Im Innern fällt die – bis auf die Deckenbemalung über dem Hauptschiff – zurückhaltende Ausschmückung auf, sodass die architektonischen Strukturen des Gotteshauses ihre ganze Wirkung und Wucht ausspielen können. Das bunte **Deckengemälde** aus der Epoche um 1200 erzählt die Geschichte der Herkunft Jesu in bunten Ahnenporträts. In der westlich gelegenen **Krypta**, die im Gegensatz zur übrigen Kirche immer katholisch geblieben ist, ruhen die Gebeine des heiligen Bernward in einem schlichten Sarkophag. Von den Kapitellen der Säulenreihen zwischen dem Mittelschiff und den Seitenschiffen sind nur wenige Originale erhalten.

Wenn man den Kirchhügel verlässt und die Burgstraße nach Süden geht, erreicht man zur Rechten das **Roemer- und Pelizaeus-Museum**. Diese aus zwei Museen zusammengefasste Institution glänzt durch wertvolle Exponate chinesischen Porzellans und altamerikanischer Kunst sowie altägyptische Fundstücke. Zu Sonderausstellungen werden alle einschlägigen Museen der Welt kontaktiert, um den eigenen Fundus durch deren Leihgaben zu ergänzen. Die anschaulichen und wissenschaftlich fundierten Präsentationen genießen Weltruf. Wer nach dem Museumsbesuch für sein leibliches Wohl sorgen möchte, kann sich im Museumscafé bei Kaffee und gutem Kuchen erholen oder kann in einem um 1540 gebauten, leicht asymmetrischen Fachwerkhaus gleich neben dem Museum speisen. Schlegels Weinstuben sind täglich, außer sonntags, ab 17 Uhr geöffnet.

Im Mariendom

Vom Museum nach Osten hin sind noch Teile der einst den ganzen Dombezirk umfassenden **Bernwardsmauer** er-

Der Westaufbau des Mariendoms erinnert an eine feste Burg

halten. Sie wurde zu Beginn des vorletzten Millenniums errichtet. Dahinter erstreckt sich das großzügige Areal des großen und kleinen Domhofes mit dem **Dom** und dem Domschatzhaus, dessen Exponate ebenfalls zum Weltkulturerbe zählen. Der heutige Dom erhebt sich auf einer Fläche, die bereits nach dem Ende der Sachsenkriege Karls des Großen, also zu Beginn des neunten Jahrhunderts, mit einer Kirche bedacht wurde. Durch die weitgehende Zerstörung des Gotteshauses im Zweiten Weltkrieg nutzte man die Gelegenheit, dem Dom ein Aussehen zu geben, das die ursprünglichen romanischen Stilprinzipien – mit Ausnahme der gotischen Seitenschiffkapellen und des Vierungsturms, der seinem Vorläufer aus dem 18. Jahrhundert nachempfunden ist – wieder zur Geltung bringt. So mutet der gesamte wuchtige Westaufbau an wie ein burgartiges mittelalterliches Bollwerk des christlichen Glaubens.

Vom Innenraum aus erreicht man die bronzene **Bernwardtür**, die sich hinter dem im Westen befindlichen Haupteingang anschließt. Allein wegen der Ausdrucksstärke der Reliefs dieses fast fünf Meter hohen Portals muss man dem Dom seine Aufwartung machen. Die beiden 1015 in jeweils einem Stück gegossenen Flügel wirken so modern, als hätte sie ein expressionistisch inspirierter Künstler im letzten Jahrhundert geschaffen. Der linke Flügel entnimmt seine Darstellungen von oben nach unten der Genesis des Alten Testaments, beginnend mit dem vom göttlichen Odem beseelten Adam über den Sündenfall im Paradies bis zum Brudermord Kains an Abel. Der rechte Flügel erzählt aus dem Neuen Testament in aufsteigender Folge vom Heilsplan Gottes, der beginnend mit der Verkündigung Marias in der Auferstehung des Herrn gipfelt. Auch wer nicht religiös ist, kommt kaum umhin, der manchmal einfachen, aber im Kern exakt getroffenen Gestik und Haltung der archaischen Figuren seine Bewunderung zu zollen.

Der heilige Bernward hat seinem Atelier noch einen weiteren sehenswerten Bronzeguss abverlangt: die ursprünglich in der St.-Michaelis-Kirche aufgestellte **Christussäule**. Angelehnt an die Form der römischen Trajanssäule erzählt sie in einem spiralig aufstrebenden Reliefband das Leben Jesu mit besonderer Hervorhebung seiner Wundertaten. Auch diese Säule ist ein Zeugnis für das hohe künstlerische und handwerklich-technische Können des häufig für ausschließlich barbarisch gehaltenen Mittelalters.

Ähnlich ausdrucksvoll sind die Reliefs des bronzenen **Taufbeckens** im westlichen Teil des Mittelgangs aus dem frühen 13. Jahrhundert. Das Becken ruht auf vier knienden Figuren, die, erkennbar an den Wassergefäßen in ihren Händen, die vier Flüsse des Gartens Eden symbolisieren. Der plastische Schmuck auf der Abdeckung zeigt neben anderem den Kindermord von Bethlehem durch einen unbarmherzigen Schergen des Königs Herodes und eine über die Maßen bußfertige Magdalena, die dem Gottessohn demütigst die Füße wäscht.

Im Zentrum des Mittelschiffs ist ein romanischer **Radleuchter** mit einem Durchmesser von etwas mehr als sechs Metern aufgehängt. Er ist der größte und zweitälteste erhaltene seiner Art. Bischof Hezilo hat ihn kurz nach der Hälfte des 11. Jahrhunderts in Auftrag gegeben. Er erinnert der Form nach an eine stilisierte, kreisrunde Stadtmauer mit zwölf Türmen und zwölf Toren. Damit soll er das »neue Jerusalem«, dessen Tore allen Gläubigen offenstehen, symbolisieren. Dasselbe gilt für den kleineren und älteren Thietmar-Leuchter im Altarbereich.

Kulturelle Angebote

Für die (Abend-)Unterhaltung sollte man sich rechtzeitig um das Programm des **Stadttheaters** (www.tfn-online.de) kümmern, schauen, ob es im glamourösen **Thega-Filmpalast** (www.thega-filmpalast.de) einen guten Film beziehungsweise eine lohnende Sonderveranstaltung gibt oder herausfinden, was im **Literaturhaus St. Jakobi** (www.stjakobi.de) angeboten wird. Letzteres ist übrigens eine zum Kommunikationszentrum der Stadt umgewidmete einschiffige Saalkirche aus dem frühen 16. Jahrhundert. Im Lichterspiel der hohen gotischen Glasfenster erlebt sich Literatur besonders stil- und stimmungsvoll.

Leben und Wunder Jesu in Bronze gegossen

Von A bis Z

Aktuelle Infos
Essen und Trinken
Unterkünfte
Nachtleben
… und vieles mehr

Von A bis Z

Hannover per Telefon

Die Vorwahl von Hannover ist 0511.

HannoverCard

Diese Karte kann man unter www.hannover.de im Internet bestellen. Sie gilt je nach Wunsch für einen, zwei oder drei Tage und für Einzelpersonen oder Gruppen mit bis zu fünf Mitgliedern. Sie erlaubt, in der angegebenen Zeit das öffentliche Verkehrsnetz unbeschränkt zu benutzen. Außerdem erhalten der Besitzer oder die Gruppe in eigens aufgelisteten Hotels, Lokalen, Theatern, Museen, Bädern, im Zoo etc. Rabatt.

Anreise

Hannover ist ein Verkehrsknotenpunkt erster Ordnung. Hier kreuzen sich die **Bundesautobahnen** 2 (E30, Ost-West-Verbindung) und 7 (E45, Nord-Süd-Verbindung), ebenso wie die **ICE-Strecken** (Auskunft und Buchung: Tel.: 01805996633, www.bahn.de) von Hamburg/Bremen nach Kassel und von Berlin ins Ruhrgebiet. Im Norden gibt es in Hannover-Langenhagen **einen internationalen Flughafen** (Flughafen Hannover, Flughafenstr. 4, Tel.: 9770, www.hannover-airport.de) mit jährlich über 5 Mill. Fluggästen. Selbst **per Boot** kann man Hannover über den Mittellandkanal erreichen.

Archive

Niedersächsisches Landesarchiv, Am Archiv 1 (30169), Tel.: 1206601, Hannover@nla.niedersachsen.de, www.nla.niedersachsen.de; Mo 9–16 Uhr, Di–Do 9–18 Uhr, Fr 9–13 Uhr.

Stadtarchiv Hannover, Am Bokemahle 14–16 (30171), Tel.: 16842173, stadtarchiv@hannover-stadt.de; Di/Do 11–18, Fr 8.30–15.30 Uhr.

Auskunft

Hannover Tourist Info, Ernst-August-Platz 8 (30159), Tel.: 12345111, info@hannover-tourismus.de; Mo–Fr 9–18 Uhr, Sa 10–15 Uhr (im Sommer bis 17 Uhr), So 10–15 Uhr (nur im Sommer) oder Infoschalter im Neuen Rathaus, tägl. 11–16.30 Uhr, im Sommer 10–18.30 Uhr.

Autovermietungen

Auras, Schulenburger Landstr. 115 (30165), Tel.: 3521112, www.auras-autovermietung.de

Avis, Am Klagesmarkt 22 (30159), Tel.: 121740, www.avis.de

Buchbinder, Heuerstr. 5 (30519), Tel.: 84864910, www.buchbinder.de

Die Leihe, Schulenburger Landstr. 130 (30165), Tel.: 639595, www.die-leihe-hannover.de

Europcar, Vahrenwalder Str. 197 (30165), Tel.: 358660, www.europcar.de

Hertz, Ernst-August-Platz 1 (30159), Tel.: 3536609, www.hertz.de

Hoffmann, Lister Damm 12c (30163), Tel.: 663088, www.hoffmann-autovermietung.de

Sixt, Georgstr. 50 (30159), Tel.: 0180-6252525, www.sixt.de

Bibliotheken

Stadtbüchereien (Auswahl)

Zentrale Stadtbibliothek Hannover, Hildesheimer Str. 12 (30169), Tel.: 16842169; Mo–Fr 11–19 Uhr, Sa 11–16 Uhr.

Stadtbibliothek Linden, Lindener Marktplatz 1 (30449), Tel.: 16842180; Mo/Do 12–19, Di/Fr 11–17, Sa 10–13 Uhr.

Nordstadtbibliothek, Engelborster Damm 57 (30167), Tel.: 16844068; Mo/Do 12–19 Uhr, Di/Fr 11–17 Uhr, Sa 10–13 Uhr.

Oststadtbibliothek, Lister Meile 4 (30161), Tel.: 16843959; Mo 12–19 Uhr, Di 11–17 Uhr, Do 12–19 Uhr, Fr 11–17 Uhr, Sa 10–13 Uhr.

Jugend- und Stadtbibliothek List, Lister Str. 11 (30163), Tel.: 16843570; Mo/Di/Do 11–18 Uhr, Mi/Fr 11–14 Uhr, Sa 10–13 Uhr.

Wissenschaftliche Bibliotheken (Auswahl)

Gottfried Wilhelm Leibniz Bibliothek, Waterloostr. 8 (30169), Tel.: 12670, www.nlb-hannover.de

Technische Informationsbibliothek und Universitätsbibliothek , Welfengarten 1B (30167), Tel.: 7622268, www.tib.uni-hannover.de

Bibliothek der Hochschule für Musik, Theater und Medien, Emmichplatz 1 (30175), Tel.: 3100279, www.hmtm-hannover.de/de/studium/hochschulbibliothek

Campingplätze

Arnumer See, Osterbruchweg 5 (30966), Tel.: 05101-3534, www.camping-hannover.de

Donnerstags ist Markt auf der Lister Meile

Birkensee, (30880), Tel.: 529962, www.camping-birkensee.de

Blauer See, Am Blauen See 119 (30823), Tel.: 05137-89960, www.camping-blauer-see.de

Parksee Lohne, Alter Postweg 12 (30916), Tel.: 05139-88260, www.parksee-lohne.de. Alle ganzjährig.

Einkaufen

Bauern- und Wochenmärkte

Bauernmärkte, Mo 14 – 18 Uhr: Ernst-August-Platz (Mitte); Di 14 – 18 Uhr: Fiedelerplatz (Döhren); Do 14 – 18 Uhr: Hans-Lilje-Platz (Mitte) und an der Lutherkirche (Nordstadt); Fr 8 – 13 Uhr: Kleiner Hillen (Kirchrode) und 14 – 18 Uhr: Ernst-August-Platz (Mitte); Sa 8 – 13: Moltkeplatz (List) und Rimpaustr. (Bult).

Wochenmärkte (Auswahl), wenn nicht anders angegeben 8 – 13 Uhr. Di: Klagesmarkt (Mitte), Lindener Marktplatz und Platz an der Friedenskirche (Zoo); Mi: Moltkeplatz (List) und Jahnplatz (Vahrenwald); Do 14 – 18 Uhr: Lister Meile (Oststadt); Fr: Fiedelerplatz (Döhren), Stephansplatz (Südstadt), Klopstockstr. (List) und Hogrefestr. (Stöcken); Sa: Klagesmarkt (Mitte), Lindener Marktplatz, Pfarrlandstr. (Linden-Nord), Meldaustr. (Herrenhausen) und Kardinal-Galen-Schule (Misburg).

Bücher

Annabee, Stephanusstr. 12 – 14 (30449), Tel.: 1318139, www.annabee.de; Mo – Fr 10 – 19, Sa 10 – 14. Von einem Frauenteam geführter linker Buchladen für Frau und Mann.

Antiquariat Joachim Wilder, Limmerstr. 60 (30451), Tel.: 452000, www.antiquariat-wilder.de; Mo – Fr 11 – 19, Sa 10 – 15 Uhr. Wechselndes Sortiment aller Sachbuch- und Literaturgenres.

Buchhandlung an der Marktkirche, Hans-Lilje-Platz 4 – 5 (30159), Tel.: 306307, www.buchhandlung-marktkirche.de. Theologischer und philosophischer Schwerpunkt.

Decius, Marktstr. 51 – 52 (30159), Tel.: 364760, www.decius-hannover.de. Ne-

Stände in der Markthalle

ben einer Vielzahl an nationalen und internationalen Titeln umfasst das Sortiment auch regionale Werke. Die Buchhandlung bietet zudem mit der »Literaturtankstelle« eine Plattform für junge hannoversche Autoren.

Hugendubel, Bahnhofstr. 14 (30159), Tel.: 36750, www.hugendubel.de. Mehrgeschössige Buchfiliale in den Räumlichkeiten der traditionsreichen 1852 gegründeten Schmorl & von Seefeld Buchhandlung.

Internationalismus, Engelborster Damm 4 (30167), Tel.: 7100441, www.internationalismus.de; Mo – Fr 9 – 18.30 Uhr, Sa 9 – 14 Uhr. Aktuelle Literatur und Antiquariat.

Leuenhagen & Paris, Lister Meile 39 (30161), Tel.: 313055, www.leuenhagen-paris.de; Mo – Fr 9.30 – 19 Uhr, Sa 10 – 16 Uhr. Eingeführte Prädikatsbuchhandlung seit über 60 Jahren.

Unibuch Witte, Königsworther Str. 6 (30167), Tel.: 1691061, www.unibuch-witte.de; Mo – Do 9 – 19 Uhr, Fr 9 – 18 Uhr. Schöne und wissenschaftliche Literatur.

Einkaufsmeilen

Wer in erster Linie zu einem Einkaufsbummel nach Hannover kommt, kann schon auf den Ebenen des **Hauptbahnhofs** damit anfangen. Seitlich am Bahnhof im Nordwesten (rechts) befinden sich die gläserne **Ernst-August-Galerie** und im Südosten (links) die exklusive **Galerie Luise** und die **Kröpcke-Passage**, Richtung Stadtzentrum die tiefer gelegte **Niki-de-Saint-Phalle-Promenade** mit Boutiquen aller Art. Am Kröpcke wendet man sich nach rechts (oder NW) und findet die größeren Warenhäuser in der verkehrsberuhigten **Georgstraße** und in den angrenzenden Bereichen der ausgedehnten Fußgängerzone. Wer vom Kröpcke der Karmarschstraße folgt, gelangt hinter dem Alten Rathaus linker Hand auf die als Treff beliebte **Markthalle**. Wer ein beschaulicheres Flair bevorzugt, wendet sich vom Hauptbahnhof aus in die Gegenrichtung und erreicht die ebenfalls weitgehend verkehrsberuhigte Lister Meile. Die Mischung aus kleineren und mittleren Läden zusammen mit Cafés, Eisdielen und kleinen Imbissen hat etwas Anheimelndes. In Linden sind das Areal um den Marktplatz und die alternativ angehauchte Limmerstraße einen Besuch wert.

Erotik

Liebhabereien, Knochenhauerstr. 5 (30159), www.liebhabereien.com; Mo–Fr 11–19 Uhr, Sa 12–18 Uhr. Die unaufgeregte Boutique für erotische Anregungen richtet sich in erster Linie an Frauen.

Kindersachen

Mini und Ma, Joachimstr. 8 (30161), Tel.: 2208549, www.miniundma.de; Mo–Fr 10–18 Uhr, Sa 10–16 Uhr. Große Auswahl an Kinderbekleidung und Spielen. Eine kleinere Filiale mit gemütlicher Atmosphäre gibt es in der Sedanstr. 37 (30161), Tel.: 2208550.

Werner und Werner, Osterstr. 24 (30159), Tel.: 326531, www.wernerund-werner.de; Mo–Fr 10–19 Uhr, Sa 10–18 Uhr. Alle besonderen Marken für Kinderbekleidung.

Steps, Im Haspelfelde 12 (30173), Tel.: 89865688, www.steps-kinderschuhe.de; Mo–Fr 10–18 Uhr, Sa 10–14 Uhr. Alles, was gut an Kinderfüße passt.

Kleidung

Angezogen, Gretchenstr. 9a (30161), Tel.: 33655193, www.eveinparadise.de; Mo–Fr 10–19 Uhr, Sa 10–16 Uhr. In Hannover entworfene Damenbekleidung aus Naturmaterialien.

Bekleidungssyndikat, Kornstr. 32 (30167), www.bekleidungssyndikat.de; Mi 16–19 Uhr. Lagerverkauf von fair gehandelter, veganer, nachhaltig produzierter Kleidung mit ästhetischem Pfiff.

Designkombinat, Paulstr. 1A (30167), Tel.: 7635445, www.design-kombinat.com; Mo–Fr 11–19 Uhr, Sa 11–16 Uhr. Klamotten, die hip sind und doch irgendwie eigen.

Fabian, Egestorffstr. 12 (30449), Tel.: 54307864, fabian.hannover@gmx.net; Di–Fr 9–13 u. 15–18 Uhr, Sa 9–13 Uhr. Reparaturen und Änderungen für Schuhe, Lederjacken und Gürtel, außerdem Einzelstücke nach Wunsch.

Glücksgriff, An der Lutherkirche 5 (30167), Tel.: 94033062, g.vetter51@gmx.de; Di–Fr 10–18 Uhr, Sa 10–13 Uhr. Secondhand-Laden mit Klamotten, auch für Männer.

Hut Up, Lindener Marktplatz 10 (30449), Tel.: 455796, www.hut-up.de; Mo–Fr 10–18 Uhr, Sa 10–14 Uhr. Handgefertigte Hüte, Mützen und Kappen für sie und ihn.

Incorknito, Flüggestr. 14 (30161), Tel.: 65514434, www.incorknito.de; Di–Fr 14–18.30 Uhr, Sa 11–15 Uhr. Taschen, Gürtel und andere modische Accessoires aus Kork.

Modecafé, Ferdinand-Wallbrecht-Str. 11 (30163), Tel.: 52489840, www.mo decafe-hannover.de; Di–Fr 10–18 Uhr, Sa 10–14 Uhr. Aktuelle Modeboutique mit Café.

Mothers Finest, Marienstr. 32 (30172), Tel.: 279200100, www.mo thersfinest-hannover.de; Mo–Fr 10–19 Uhr, Sa 10–14 Uhr. Was Schwangere gut tragen können.

Opulenta, Höltystr. 23/Marienstr.14 (30171), Tel.: 70814675, www.opulen ta.de. Schicke Kleidung in Übergrößen.

UVR Connected, Davenstedter Str. 8 (30449), Tel.: 3009572, www.uvrconnected.de; Mo–Fr 11–19 Uhr, Sa 10–14 Uhr. Mode und Accessoires für sie und ihn.

Kulinarisches

Käse Schaub, Hildesheimer Str. 31 (30169), Tel.: 855904; Mo–Mi 10–18

Uhr, Do/Fr 9–18 Uhr, Sa 9–13 Uhr. Das Molkereifachgeschäft führt mehr Käsesorten, als es alt ist. Der seit fast 100 Jahren bestehende Laden hat dazu passende französische Weine vom Winzer, Brote und Pasteten.

Markthalle, Karmarschstr. 49 (30159), Tel.: 341410; Mo–Mi 7–20 Uhr, Do/Fr 7–22 Uhr, Sa 7–16 Uhr. Die Hannoveraner nennen ihre Markthalle liebevoll »Bauch von Hannover«. Und der Bauch ist gut gefüllt mit Lebensmitteln aus aller Welt.

Olioceto, Kramerstr. 25 (30159), Tel.: 3536888, mail@oliocet-hannover.de; Mo–Fr 11–19 Uhr, Sa 10–18 Uhr. Die Palette reicht von Antipasti über Essig und Öl bis zu besonderen Weinen.

One Kitchen, Ernst-August-Galerie (30159), Tel.: 3536520, www.one-kitchen.com; Mo–Sa 10–20 Uhr. Hier gibt es alles, was der geneigte Hobby- oder Profikoch braucht: Das Sortiment reicht von qualitativ hochwertigen Schneidemessern über Küchenmaschinen und Kochbücher, bis hin zu ausgewählten Feinkost-Artikeln.

Vom Fass, Grupenstr. 1 (30159), Tel.: 94050552, www.hannover-mitte.vomfass.de; Mo–Fr 10.30–18 Uhr, Sa 10.30–16 Uhr. Essige, Öle, Whiskys, Weine, Liköre, Grappas, Edelbrände und was sonst noch den Gaumen verwöhnt.

Weinhaus Rehwinkel, Lister Meile 654 (30161), Tel.: 315001, Mo–Fr 9.30–19 Uhr, Sa 9–16 Uhr. Auswahl aus 600 Weinen. Ableger in Linden, Limmerstr. 11 (30451), Tel.: 442236.

Maritimes

Seilerei Rockmann, Hildesheimer Str. 37 (30169), Tel.: 854252, www.seilerei-rockmann.de; Mo–Fr 9–13 u. 14–18 Uhr, Sa 9–13 Uhr. Seit fast 140 Jahren sind Taue und was der Seemann braucht, ihre Stärke.

Schallplatten

Ohrwurm, Deisterstr. 32 (30449), Tel.: 454265, www.ohrwurm-cds.de; Mo–Fr 10–20 Uhr, Sa 10–18 Uhr. CDs und DVDs aller Stilrichtungen.

Rockers Records, Weckenstr. 1 (30451), Tel.: 212299, www.rockers.de; Mo–Fr 11–19 Uhr, Sa 11–16 Uhr. Große Auswahl und Schätze aus Vinyl.

25 Music, Lister Meile 25 (30161), Tel.: 3880369, www.25-music.de; Mo–Fr 10–20 Uhr, Sa 10–16 Uhr. Das breite Sortiment reicht von aktuellen CDs bis hin zu Sammlerstücken jenseits des Musik-Mainstreams.

Schuhe

Anne Behne 2, Lutherstr. 40 (30171), www.annebehne.de; Do/Fr 12–18 Uhr, Sa 11–15 Uhr. Schuhe zwischen klassischen Möbeln anprobieren und bei Bedarf beides kaufen.

Schuhcaffé, Holzmarkt 3 (30159), Tel.: 3530680, www.schuhcaffe.de; Mo–Fr 11–19 Uhr, Sa 11–17 Uhr. Italienische Schuhe in Ruhe bei einem selbstgerösteten Kaffee ausgesucht.

Spielzeug

Fridolin's, Lister Meile 21 (30161), Tel.: 312356, www.fridolins-spielzeug.de; Mo–Fr 10–19 Uhr, Sa 10–16 Uhr. Seit 1980 existenter Laden mit einem Riesensortiment an Spielen für Kinder und Erwachsene.

Liebgewonnen, An der Lutherkirche 3 (30167), Tel.: 0177-6884981, www.atelier-conny-fiedler.de; Mo–Fr 10–18 Uhr, Sa 10–13 Uhr. Spielwaren, auch zum Ausprobieren, und Geschenkideen.

Lokal im Lindener Rathaus

Verkauf von Gespendetem

FairKauf, Limburgstr. 1 (30159), Tel.: 3576590, www.fairkauf-hannover.de; Mo–Sa 10–18 Uhr. Der Laden hat mehrere Filialen in Hannover und beschäftigt Menschen ohne Arbeit, die Spenden abholen, sie auf den Gebrauchswert hin untersuchen, reparieren, ausstellen, verkaufen und bei Bedarf zustellen. Von Büchern und DVDs über Kinderbekleidung bis hin zu Möbel und Geschirr reicht das vielfältige, etwas andere Sortiment.

Wolle

Wollana, Grupenstr. 1 (30159), Tel.: 2203565, www.wollana.de; Mo–Fr 10–18 Uhr, Sa 10–16 Uhr. In Hannover wird kunstvoll von Künstlerinnen gestrickt, hier gibt es die Wolle dazu.

Essen und Trinken

Biergärten

Alter Bahnhof Anderten, An der Bahn 2 (30559), Tel.: 591710, www.alter-bahnhof-anderten.de

Bischofshol, Bemeroder Str. 2 (30559), Tel.: 953900, www.hotel-bischofshol.de

Dornröschen, In den Kämpen 54 (30167), Tel.: 703270

Finca, Inge-Machts-Weg 2 (30169), Tel.: 1319999, www.finca-hannover.de

Gretchen, Zur Bettfedernfabrik 3 (30451), Tel.: 12468038.

Insel, Rudolf-von-Bennigsen-Ufer 81 (30519), Tel.: 381214, www.dieinsel.com

Kaiserschänke, Ferdinand-Wilhelm-Fricke-Weg 4 (30169), Tel.: 9206920, www.kaiserschaenke-hannover.de

Leibniz Lounge, Wilhelm-Busch-Str. 2 (30169), Tel.: 1698191, www.leibniz-lounge.de

Lindener Turm, Am Lindener Berge 29a (30449), Tel.: 76355251, www.lindener-turm.de

Lister Turm, Walderseestr. 100 (30177), Tel.: 16842402, www.lister-turm-biergarten-hannover.de

Loretta's, Culemannstr.14 (30159), Tel.: 5905780, www.lorettas-hannover.de

Meyers Hof, im Zoo, Adenauerallee 3 (30175), Tel.: 856266200.

Café in der Knochenhauerstraße

Piergarten, Rudolf-von-Bennigsen-Ufer 51 (30173), Tel.: 8071800, www.pier51.de

Rick's Almbiergarten, Ricklinger Stadtweg 1 (30459), Tel.: 2343509, www.ricks-bistro.de

Roof Garden, Parkdeck Mehlstr. 2 (30159), Tel.: 89700717, www.roofgarden.de

Schöne Aussichten 360 Grad, Parkdeck Röselerstr. 7 (30159), Tel.: 9826833.

Seebiergarten und Seeterrassen, Arthur-Menge-Ufer 3 (30169), Tel.: 8060610.

Strandleben, Weddigenufer 59 (30167), Tel.: 12357095.

Vier Jahreszeiten, Waldhausenstr. 1 (30519), Tel.: 841212, www.restaurantvierjahreszeiten.de

Waterloo, Waterloostr.1 (30169), Tel.: 15643, www.waterloo-biergarten.de

Wülfeler Biergarten, Hildesheimer Str. 380 (30519), Tel.: 876060, www.wuelfeler-biergarten.de

Cafés

Efendi Bey, Münzstr. 7 (30159), Tel.: 17507, www.efendibey.de; täglich 8–22 Uhr. Café, Patisserie und Bistro, etwas für Süßschnäbel und Freunde türkischer Kaffeehauskultur.

Giovanni L., Georgstr. 26 (30159), Tel.: 21359221, www.giovannil.de; Mo–So 9–21 Uhr. Der experimentierfreudige Eisweltmeister ist nicht aufzuhalten. Inzwischen gibt es Giovanni-L.-Eisdielen in mehreren Ländern.

Glücksmoment, Schuhstr. 11 (30159), Tel.: 20308518, www.gluecksmoment-cafe.de; Mo–Sa 8.30–19.30 Uhr. Geräumiges Altstadtcafé mit ausgezeichneten selbstgemachten Torten. Es gibt auch Herzhaftes für den kleinen Hunger.

Hannoversche Kaffeemanufaktur, Liepmannstr.21 (30453), Tel.: 79020181, www.hannoversche-kaffeemanufaktur.de; Mo–Fr 14–18 Uhr, Sa 10–14 Uhr. Kaffeerösterei mit Probierstube in Limmer. Beste Sorten.

Holländische Kakao-Stube, Ständehausstr. 2–3 (30159), Tel.: 304100, www.hollaendische-kakao-stube.de; Wo 9–19.30 Uhr, Sa 9–18.30 Uhr. Kakao-Stube, Café und Konditorei mit Straßenterrasse, feinste Torten und Pralinen, heiße Schokolade als Trinkspezialität.

Café K, Egestorffstr. 18 (30449), Tel.: 2134496, www.cafek.de; täglich 9–24 Uhr. Café und Bistro mit preiswerten und schmackhaften Gerichten, eine schöne Auswahl an guten Kuchen, im Sommer Tische und Stühle unter Sonnenschirmen auf ruhigem Platz, ab und zu kommt die Straßenbahn vorbei.

Café Kränzchen, Knochenhauerstr. 16 (30159), www.back-und-naschwerk.de; täglich 9–19 Uhr, So 10–18 Uhr. Bunte Stühle zieren die Hausfassade, Straßenterrasse unter Arkaden, vorzügliche Backwaren.

Menagerie, Kötnerholzweg 47a (30451), Tel.: 1623802, www.menagerie-hannover.de; täglich 9–18.30 Uhr, Sa/So ab 10 Uhr. Ruhiges Café, serviert Produkte aus biologischem Anbau in einem hellen Lokal und auf einem kleinen Vorplatz in der Nähe der Limmerstraße.

Mövenpick Kröpcke, Georgstr. 35 (30159), Tel.: 32628445; Mo–Do 8–22 Uhr, Fr/Sa 8–23 Uhr, So 9–22 Uhr. Großes Kuchenbuffet, reich belegte Tartine-Brote an der Frischetheke, saisonal wechselnde Speisekarte.

Rockzipfel, In der Steinriede (30161), Tel.: 31048773, www.das-rockzipfel.de; Di–Fr 9.30–18 Uhr, Sa/So 9.30–19 Uhr. Kleines Café mit Stühlen und Tischen drinnen und draußen an einem Platz zum Spielen. Regionale und fair gehandelte Produkte, toller Kakao, besondere Tees und – Wostok.

Teestübchen, Ballhofplatz 2 (30159), Tel.: 3631682, www.teestuebchen-hannover.de; Mo–Fr 10–23.30 Uhr, Sa/So 10–24 Uhr. In der Auswahl sind 40 Teesorten und Torten vom Feinsten. Im Sommer schwelgt der ganze Ballhofplatz, z.T. in Liegestühlen.

24grad, Engelbosteler Damm 52 (30167), Tel.: 37074732, www.24grad.net; Wo 8–19 Uhr, Sa 9–19 Uhr, So 11–19 Uhr. Café und Rösterei, Ambiente innen und vor der Tür im 1950er-Jahre-Stil, ausgezeichnete Kaffees aus besten Anbaugebieten zwischen beiden 24-Grad-Breitenkreisen, gute Brownies und Muffins.

Wein für Kenner

Restaurants

An Nam, Kramerstr. 5–7 (30159), Tel.: 89706620, www.annam-hannover.de; tägl. 11.30–15 u. 17–23 Uhr. Mitten im Zentrum der Altstadt bietet das vietnamesische Restaurant Spezialitäten der gehobenen asiatischen Küche. Mit Sommergarten.

Bei Mario, Schlossstr. 6 (30159), Tel.: 328665, www.beimario.com; tägl. 11.30–23 Uhr. Mit Blick auf die Leine unter der sinkenden Sonne nach dem Flohmarktbesuch eine gute Pizza oder Pasta genießen.

Ente von Peking, Brühlstr. 17 (30169), Tel.: 14011; täglich geöffnet. Eines der ältesten chinesischen Restaurants Hannovers. Alle Speisen sind Glutamatfrei.

Hiller, Blumenstr. 3 (30159), Tel.: 321288, www.restaurant-hiller.de; Mo–Sa 12–23 Uhr. Gute vegane Küche.

Le Monde, Podbielskistr. 107 (30177), Tel.: 781211, www.le-monde-bistro.de; Di–Sa ab 18 Uhr. Feine französische Küche, ausgesuchte Weine und eine reiche Auswahl an Pastis.

Piccolis Roadhouse, Nikolaistr. 2–4 (30159), Tel.: 7011888, www.piccolis-roadhouse.de; So–Do 15–23 Uhr, Fr/Sa 15–1 Uhr. Typische amerikanische Gerichte, Billardhalle, Dart, Poker.

Plümecke, Voßstr. 39 (30161), Tel.: 660969; Mo–Fr 17–24 Uhr. Im Lokal, in dem die Zeit stehen geblieben zu sein scheint, gibt es Hausmannskost der soliden Art zu bekömmlichen Preisen.

Schlossküche, Alte Herrenhäuser Str. 3 (30419), Tel.: 2794940, www.schlosskueche-herrenhausen.de; tägl. 11–23 Uhr. Die gehobene Küche bedient sich bei regionalen Anbietern mit Produkten aus biologischem Anbau. Das lichte Restaurant verfügt über eine Sommerterrasse an der Grotte des Schlossgartens. Wer in einem lauschigen Winkel des Schlossgartens picknicken will, kann unter mehreren Varianten gefüllter Picknickkörbe auswählen.

Seestern, Andreaestr. 2 (30159), Tel.: 328783; Mo – Fr 11 – 18 Uhr, Sa 11 – 17 Uhr. Das 1928 gegründete Fischlokal gehört zu keiner Kette und ist richtig schön altmodisch und gut.

Sultan Palace, Schaumburgstr. 3 (30419), Tel.: 2357070, www.sultanpalace.de; tägl. 17 – 23 Uhr. Das osmanische Restaurant mit Außenterrasse wird seinem Anspruch gerecht und lässt den Gast zum Sultan werden. Beste türkische Küche, zu besonderen Anlässen ein Fahrservice mit einem Oldtimer und ab und an Bauchtanz.

Tandure, Deisterstr. 17D (30449), Tel.: 453670, www.tandure.de; tägl. 12 – 24 Uhr. Türkische Spezialitäten aus dem Lehmofen werden in einem begrünten Hinterhof am Ihmeufer serviert.

Wein & Lachbar, Lichtenbergplatz 2a (30449), Tel.: 37078705, www.weinundlachbar.de; Mo – Do 15 – 23 Uhr. Lokal für Weinkenner und solche, die es werden wollen. Monatlich Weinseminare und Verkostungen. Antipasti, ausgewählte Käse, Espresso und Pralinen gibt es obendrein.

XS All Areas, Voßstr. 53 (30163), Tel.: 37076302, www.xs-all-areas.de; Di – Sa 18 – 22 Uhr. Küche mit Rock- und Popstar-Appeal. Der Koch war war für das leibliche Wohl der Stones, von Queen und Tina Turner zuständig. Devotionalien bevölkern die Wände.

Zurück zum Glück, Hindenburgstr. 7 (30175), Tel.: 89978880, www.zurueckzumglueck.de; Mo – Do 9 – 21 Uhr, Fr/Sa 9 – 18 Uhr, So 10 – 18 Uhr. Lokal mit schmackhafter zertifizierter Biokost. Ein kleineres Schwesterlokal ist einen Katzensprung entfernt in der Eichstr. 2.

Fahrradverleih

Fahrradverleih am Hbf., Fernroder Str. 2 (30161), Tel.: 3539640, team.fahrradstation@step-hannover.de; Mo – Fr 6 – 23 Uhr, Sa/So 8 – 23 Uhr. Fahrräder für Damen, Herren und Kinder, auch Räder mit Kindersattel.

Pro Beruf Fahrradwerkstatt, Bonifatiusplatz 1 – 2 (30161), Tel.: 633293, www.pro-beruf.de; Di – Fr 13.30 – 18 Uhr, Mi auch 10 – 12.30 Uhr.

FKK

Der **Sieben-Meter-Teich**, einer der drei Ricklinger Kiesteiche, ist der Treffpunkt der textilfreien Sommerfrischler.

Flughafen

Flughafen Hannover-Langenhagen, Flughafenstr. 4 (30855), Tel.: 9770, www.hannover-airport.de; täglich mehrere **Direktflüge nach Hannover** (Auswahl) von Brüssel (3), Frankfurt (6), London-Heathrow (3), München (9), Paris (4), Stuttgart (6), Wien (5) und Zürich (4). Alle großen **Autovermietungen** haben ihre Büros zwischen Terminal A und B.

In unmittelbarer Flughafennähe befinden sich die Vier-Sterne-Hotels:

Leonardo Hotel Hannover Airport, Petzelstr. 60 (30669), Tel.: 77070, www.leonardo-hotels.com.

Maritim Airport Hotel, Flughafenstr. 5 (30669), Tel.: 97370, www.maritim.de.

Freizeitaktivitäten

Baden im Freibad

Hainhölzer Naturbad, Voltmerstr. 56 (30165), Tel.: 16849413; tägl. 10–19 Uhr. Das Wasser wird nicht durch Chlor, sondern durch Naturverfahren gereinigt. Große Liegewiese mit altem Baumbestand.

Kleefelder Bad (Annabad), Haubergstr. 17 (30625), Tel.: 559618; Mo–Fr 6–20 Uhr, Sa/So 8–20 Uhr. Schnellschwimmstrecke, Zwei Beachvolleyballplätze, Fußball- und Beachsoccerplatz,Tischtennis, Federball, Kinderspielplatz, Fußballtennis.

Lister Bad, Am Lister Bad 1 (30179), Tel.: 16848266; Mo–Fr 6–20.30 Uhr, Sa/So 8–20.30. 50-m-Becken und 10-m-Sprungturm.

Ricklinger Aegir Bad, Kneipweg 25 (30459), Tel.: 4104244; tägl. 9–20 Uhr. 50m-Becken und 5m-Sprungturm.

RSV-Bad Leinhausen, Elbestr. 39 (30419), Tel.: 752711; tägl. 8–19.30 Uhr. 50-m-Becken, Ein- und Dreimeterbrett, Tischtennis.

Strandbad Maschsee, Rudolf-von-Bennigsen-Ufer 83 (30519), Tel.: 89979700; tägl. 10–20 Uhr. Benachbart ist der Aspria Wellness Club, Tel.: 899797159; Mo–Fr 6–23, Sa/So 8–22 Uhr.

Volksbad Limmer, Stockhardtweg 6 (30453), Tel.: 2110108; tägl. 7–20 Uhr. 50-m-Becken, Tischtennis, Tischfußball, Basketball, Kinderspielplatz, großes Fußballfeld.

Baden im Hallenbad

Misburger Bad, Ludwig-Jahn-Str. 1 (30629), Tel.: 16836267. Kombibad aus Frei- und Hallenbad plus mehreren Saunen.

Nord-Ost-Bad, Podbielskistr. 301 (30655), Tel.: 16848300; Mo 14–21.50 Uhr, Di–Fr 6–21.50 Uhr, Sa 8–21.50 Uhr, So 8–18 Uhr. Sauna.

Stadionbad, Robert-Enke-Str. 5 (30169), Tel.: 16845411; Mo 14–22.30 Uhr, Di/Fr 6.30–20.30 Uhr, Mi 6.30–22.30 Uhr, Do 6.30–19 Uhr, Sa 9–17, So 9–18 Uhr.

Vahrenwalder Bad, Vahrenwalder Str. 100 (30165), Tel.: 16844629; Mo 12–18 Uhr, Di 6–17 Uhr, Mi 6–16.30 Uhr (Frauenbadezeit: 17–21), Do 6–18 Uhr, Fr 6–21.30 Uhr, Sa 8–21 Uhr, So 9–18 Uhr. Sauna.

Bootfahren

Bootsverleih Yachthafen Hannover, Reuterdamm 100b (30853), Tel.: 7639076, www.bootsverleih-hannover.de. Verleih von modernen Sportbooten, die ohne Bootsführerschein auf dem Mittellandkanal gefahren werden dürfen.

Klettern

Escaladrome, Am Mittelfelde 39 (30519), Tel.: 4756444, www.escaladrome.de; Mo/Di/Do/Fr 13–23 Uhr u. Mi/Sa/So 11–23 Uhr. Boulder-Halle mit 600 m² Kletterfläche mit 4000 Griffen auf 1000 m² Gesamtfläche. Kaffeebar und Gärtchen zur Erholung zwischendurch.

Paddeln

Auf Leine und Ihme kann man bis zum Leineschloss im Herzen Hannovers paddeln. Ausleihmöglichkeiten unter www.kanuverleih-hannover.de oder www.paddeltouren.de.

Radfahren

Der **Grüne Ring** ist mit blauer Farbe auf Gullys, Pfosten, Geländern, etc. ausgeschildert und umrundet Hanno-

Paddeln auf der Leine

ver auf 160 km Länge durch 10 Städte und Gemeinden.
Der **Julius-Trip-Ring** ist 25 km lang und durch einen grünen Kreis mit einem roten Punkt markiert. Er umrundet die Innenstadt in einem Bogen, der vom Maschsee über die Herrenhäuser Gärten und die Eilenriede wieder zurück an den See führt.

Reitunterricht

Lister Ponyschule, Schulweg 2 (30916), Tel.: 0178-7154517, www.lister-ponyschule.de/index.htlm

Reiterverein Hannover, Am Jagdstall 25 (30179), Tel.: 632280, www.reiterverein-hannover.de

Reiterverein Wilkenburg, Steinweg 10 (30966), Tel.: 425483, rv-wilkenburg.de

Reitstall Stolberg, Lindemannallee 27 (40173), Tel.: 5427050, www.reitstall-stolberg.de; auch Ponyreiten.

Reit- und Voltigierschule Hannover, In der Bebie 1 (30539), Tel.: 632280, www.rvshannover-bremerode.de

RVV Badenstedt, Albrecht-Schaeffer-Weg 131 (30455), Tel.: 493747, www.rvv-badenstedt.de

Segelschulen

Yachtschule Hannover, Rudolf-von-Bennigsen-Ufer 51 (30173), Tel.: 882314 oder 8060534, www.yachtschule-hannover.de.

Maschsee Nord, Segel- und Yachtschule, am See gegenüber dem Sprengel Museum, Tel.: 884940, www.maschseenord.segelschulehannover.de

Skaten

Auf den Fahrradwegen rund um den Maschsee (6 km) und der Eilenriede-Rundtour (12 km) ist das Skaten erlaubt. Eine große Hannoverrunde (23 km, davon nur 1,5 km über Straßen) führt vom Maschsee über den Schnellen Graben entlang der Ihme bis zu den Herrenhäuser Gärten und auf der Herrenhäuser Allee zur Schlosswender Straße, über den Klagesmarkt und die Celler Straße zur Eilenriede. Durch die Eilenriede führt der Weg wieder bis zum Maschsee. Weitere Touren unter www.inlinemap.net. Über spezielle Skaternächte auf öffentlichen Straßen erfährt man alles unter hannover.skatebynight.de. In Hannover-Badenstedt (Empelder Str. 124, Tel.: 2793679) gibt es eine Skaterhalle (www.yard-skatehall.de). Alle Skaterplätze findet man unter www.hannover-gis.de.

Trimm-dich-Pfad

Gegenüber vom Parkhaus des Erlebniszoos beginnt in der Eilenriede ein knapp 2 km langer Trimm-dich-Pfad mit Fitnessstationen nach jeweils 200 Metern.

Fundbüro

Herrenstr. 11 (30159), Tel.: 16842457; Mo 8.30 – 15 Uhr, Di/Fr 8.30 – 12 Uhr, Do 8.30 – 18 Uhr.

Galerien

Bei Koc, Hahnenstr. 8 (30167), Tel.: 0172-4013022, info@cemkoc.de, www.cemkoc.de; Mo – Fr 17 – 20 Uhr. Alternative Kunstgalerie mit besonders kreativen Vernissagen.

GAF, Seilerstr. 15D (30171), info@fotobrigade.com, www.gafeisfabrik.de. Die Galerie für Fotografie stellt in der umgestalteten Blauen Halle der Eisfabrik Klassiker, Zeitgenossen und Nachwuchs aus.

KUBUS, Theodor-Lessing-Platz 2 (30159), Tel.: 16845790, KUBUS@Hannover-Stadt.de; Di – Fr 11 – 18 Uhr, Sa/So 11 – 16 Uhr. Die Städtische Galerie versteht sich als Forum für zeitgenössische Kunst mit dem besonderen Schwerpunkt auf KünstlerInnen der Stadt, der Region und der Partnerstädte Hannovers.

Kunsthalle Faust, Zur Bettfedernfabrik 3 (30451), Tel.: 2134860, info@kulturzentrum-faust.de, www.kulturzentrum-faust.de; Do – Fr 16 – 20 Uhr, Sa/So 14 – 18 Uhr.

Nord/LB art gallery, Friedrichswall 10 (30159), Tel.: 3612250, gabriele.marx@nordlb.de, nordlb.de; Di – So 12 – 18 Uhr. Die global orientierte Kunstgalerie dient der Vorstellung von Kunstgegenständen aus der eigenen Sammlung und der Darstellung zeitgenössischer Positionen.

per-seh, Kantplatz 3 (30625), Tel.: 89905888, info@per-seh.de, www.per-seh.de; Mi – Fr 15 – 20 Uhr, Sa 11 – 16 Uhr, So (am 1. im Monat) 11 – 16 Uhr. Zeitgenössische Kunst aller Sparten.

Stiftung Ahlers Pro Arte/Kestner Pro Arte, Warmbüchenstr. 16 (30159), Tel.: 51949741, info@ahlers-proarte.com, ahlers-proarte.com; Fr – So 12 – 17 Uhr. Die meist zeitgenössischen Ausstellungen sind dem Thema gewidmet, welche Spuren der deutsche Expressionismus in der modernen Kunst hinterlassen hat.

Hotels

Hannover hat ein riesiges Angebot an Hotels aller Kategorien. Zu beachten ist, dass zu den großen Messen Preisaufschläge bis zum Dreifachen erhoben werden. Über www.visit-hannover.com können Unterkünfte auch übers Internet gebucht werden. Eine zentrale Hotelreservierung per ist unter Tel.: 12345555 eingerichtet.

Grand Hotel Mussmann, Ernst-August-Platz 7 (30159), Tel.: 36560, Grandhotel@Hannover.de, www.grandhotel.de. Vier-Sterne-Hotel mit langer Tradition und gutem Ruf. Ab 123 € pro Nacht.

Avalon, Ferdinand-Wallbrechtstr. 10 (30163), Tel.: 62626338, info@avalon-hannover.de, www.avalon-hannover.de. Schmucke Unterkunft in Jugendstilhaus. Doppelzimmer ab 90 € pro Nacht.

Courtyard Marriott, Arthur-Menge-Ufer 3 (30169), Tel.: 366000, www.marriott.de. Das einzige Hotel direkt am Maschsee und in Stadionnähe. Ab 73 € pro Nacht.

Hotel Ahrberg Viertel, Ilse-ter-Meer-Weg 7 (30499), Tel.: 21978350, info@hotel-ahrberg-viertel.de, www.hotel-ahrberg-viertel.de. Ruhige Lage in der Nähe von Linden-Mitte, Ihme und der Calenberger Neustadt. Doppelzimmer ab 44 € pro Nacht.

Kastens Hotel Luisenhof, Luisenstr. 1–3 (30159), Tel.: 30440, info@kastens-luisenhof.de, www.kastens-luisenhof.de. Das hannoversche Traditionshaus. Fünf Sterne Superior. Standard Doppelzimmer ab 139 € pro Nacht.

Internetadresse

Auf www.hannover.de findet man sehr viel Wissenswertes über und praktische Tipps für die Stadt.

Internetcafés

Cyberbar, Bahnhofstr. 7 (30159), cyberbar@karstadt.de

Internet-Café, Geibelstr. 45 (30137), Tel.: 2192336, www.cafe-office.com

Tele Call Shop, Kurt-Schumacher-Str. 35 (30159), Tel.: 3577605

Jugendherbergen und Jugendgästehäuser

Jugendgästehaus Hannover Wilkenburg, Wilkenburger Str. 40 (30519), Tel.: 864440, jugendgaestehaus@email.de, www.jugendgaestehaus-hannover.de. Ein- bis Dreibettzimmer, Spielwiese, Sportplatz, an der Leine.

Jugendherberge Hannover International, Ferdinand-Wilhelm-Fricke-Weg 1 (30169), Tel.: 1317674, hannover@jugendherberge.de. Zwei- bis Vierbettzimmer, Maschseenähe.

Naturfreundehaus, Hermann-Bahlsen-Allee 8 (30655), Tel.: 691493, info@naturfreundehaus-hannover.de, www.naturfreundehaus-hannover.de. Ein- bis Vierbettzimmer, ruhige Lage am Rande der Eilenriede.

Naturfreundehaus Misburg, Am Fahrhorstfelde 50 (30629), Tel.: 580537, NaturFreundeHaus@naturfreunde-misburg.de, www.naturfreunde-misburg.de. Vier- und Mehrbettzimmer, für kleine Gruppen geeignet, Lage am Blauen See.

Kinderaktivitäten

Bauernhof

Auf dem **Stadtteilbauernhof Sahlkamp** (Rumpelstilzchenweg 5 (30179), Tel.: 6044703, www.stadtteilbauernhof-hannover.de; Mo/Di und Do/Fr 14.30–18 Uhr) können Kinder, Jugendliche und Erwachsene tätig erleben, was das bäuerliche Pflichtprogramm dem Menschen abverlangt. Streicheln, Spielen und Reiten sind danach die Kür.

Kindertheater

Das **Kindertheaterhaus** im alten Magazin (Kestnerstr. 18 (30159), Tel.: 816981, mail@kindertheaterhaus-hannover.de, www.kindertheaterhaus-hannover.de) hat über ein Dutzend Stücke für Kinder bis zwölf Jahren im Programm.

Kindermuseum

Zinnober, Badenstedter Str. 48 (30453), Tel.: 89733466, info@kindermuseum-hannover.de, www.kindermuseum-hannover.de; Mo–Fr 9–17 Uhr, So 11–17. Mitmachmuseum in einer umgestalteten ehemaligen Werkskantine. Hier können Kinder experimentieren und spielerisch zu Erkenntnissen gelangen.

Kosmetik

Biocosmetica, Voßstr. 45 (30161), Tel.: 39492565, www.biocosmetica-maerz.de; Mo/Mi 10 – 15 Uhr, Di/Fr 10 – 17 Uhr, Do 15 – 20 Uhr. Behandlung mit Naturprodukten für die feine Haut.

Krankenhäuser

Medizinische Hochschule Hannover, Telefonzentrale: Tel.: 5320, Zentrale Notfallaufnahme (24-Stunden-Dienst): Tel.: 5322052, Kindernotfälle: Tel.: 5323220, Geburtshilfenotfälle: Tel.: 5326056, Herzinfarkt-Tel.: 5322147.

Unfallklinik des Friederikenstifts, Marienstr. 37 (30171), Tel.: 30431, www.friederikenstift.de

Museen (Auswahl)

Für folgende Museen ist der Freitagsbesuch kostenlos: Historisches Museum, Kestnergesellschaft, Kunstverein, Museum August Kestner und Sprengel Museum. Das gilt freitags von 14 – 17 Uhr auch für die Sammlungen im Niedersächsischen Landesmuseum.

Deutsches Museum für Karikatur und Zeichenkunst (Wilhelm-Busch-Museum), Georgengarten (30167), Tel.: 16999911, mail@karikatur-museum.de, www.karikatur-museum.de; Di – So 11 – 18 Uhr.

Erlebniswelt Hannover Airport, Flughafenstr. 4 (30855), Tel.: 9771238, www.hannover-airport.de/erlebnis; Mo – Fr 9 – 18 Uhr, Sa/So 10 – 19 Uhr.

Exposeeum, Expo Plaza 11 (30539), Tel.: 2284652, buero@exposeeum.de, www.exposeeum.de; So 11 – 16 Uhr.

Historisches Museum Hannover, Pferdestr. 6 (30159), Tel.: 16842352, Historisches.Museum@Hannover-Stadt.de; Di 10 – 19 Uhr, Mi – Fr 10 – 17 Uhr, Sa/So 10 – 18 Uhr.

Kestnergesellschaft, Goseriede 11 (30159), Tel.: 701200, kestner@kestnergesellschaft.de, www.kestnergesellschaft.de; Di/Mi u. Fr – So 11 – 18 Uhr, Do 11 – 20 Uhr.

Kunstverein Hannover, Sophienstr. 2 (30159), Tel.: 16992780, mail@kunstverein-hannover.de, www.kunstverein-hannover.de; Di – Sa 12 – 19 Uhr, So 11 – 19 Uhr.

Museum August Kestner, Trammplatz 3 (30159), Tel.: 16842730, museum-august-kestner@hannover-stadt.de; Di u. Do – So 11 – 18 Uhr, Mi 11 – 20 Uhr.

Niedersächsisches Landesmuseum Hannover, Willy-Brandt-Allee 5 (30169), Tel.: 9807686, info@landesmuseum-hannover.de, www.landesmuseum-hannover.de; Di – Fr 10 – 17 Uhr, Sa/So 10 – 18 Uhr.

Sprengel Museum, Kurt-Schwitters-Platz (30169), Tel.: 16843875, www.sprengel-museum.de; Di 10 – 20 Uhr, Mi – So 10 – 18 Uhr.

WOK Museum, Spichernstr. 22 (30161), Tel.: 54300858, www.wok-museum.de; Di – Sa 11 – 19 Uhr, telefonische Reservierung erforderlich.

Nachtleben

Wie es sich für eine große norddeutsche Stadt mit Metropolanspruch gehört, hat auch Hannover ein (Klein) St. Pauli vorzuweisen: Im **Steintorviertel** findet man eine Vielzahl an Discotheken, Bars, Kneipen und Restaurants, aber auch das Rotlichtviertel. Vielseitige Möglichkeiten zum ausgedehnten Partyhopping bieten zum Beispiel das Szeneurgestein Heartbreak Hotel, die Ambulance Stati-

Vergangene Welten im Museum

on, das Bayerstadl sowie der Eve Club. Für Rock-Fans lohnt ein Besuch des nahegelegenen Nachtclubs Rockhouse.

Feierwütiges Volk kommt aber auch im **Bermuda-Dreieck** auf ihre oder seine Kosten. Rund um den Raschplatz locken die Osho Diskothek, genannt »Baggi«, der deutschlandweit bekannte Club Palo Palo, die Dax Bierbörse mit ihrer ungewöhnlichen Preispolitik und der Glaspalast Zaza, der auch noch zu sehr später Stunde beste Unterhaltung bietet.

Das Casa Blanca auf der **Lister Meile** ist Kult! In Deutschlands kleinster Diskothek verkehrt nicht nur der ein oder andere Promi, sondern auch sein Inhaber Bodo – der Mann ohne Socken – und das schon seit 25 Jahren.

Auch die **Altstadt** ist reich an Restaurants, Kneipen und Bars: Besonders bekannt sind das Brauhaus Ernst-August, die Traditionshäuser Alt Hanovera und Broyhan Haus sowie die bekannten Kneipen Bavarium, Jack the Ripper's, Spiegel und Ständige Vertretung Hannover. Currywurst und Bier gibt es es im Kneipenoriginal Plümmecke in der Voßstraße.

Kinos

Apollo, Limmerstr. 50 (30451), Tel.: 452438, www.apollokino.de. Das 1908 gegründete Kino besitzt 201 Plätze und ist ein echtes Kiezkino mit Atmosphäre und ansprechendem Programm.

ASTOR Grand Cinema, Nikolaistr. 8 (30159), Tel.: 01805-333966, www.astor-grandcinema.de. Gerade neu eröffnetes Luxuskino mit Service am Platz in den Logen. Da perlt der Veuve Clicquot.

Cinemaxx Raschplatz, Raschplatz 6 (30161), Tel.: 04080806969. Zentral gelegenes Kino mit 10 Leinwänden.

Hochhaus-Lichtspiele, Goseriede, 9 (30159), Tel.: 14454, www.hochhaus-lichtspiele.de. Das höchste Kino Deutschlands mit 275 Sitzen unter der Kuppel eines ehemaligen Planetariums zeigt anspruchsvolle Filme, am Sonntag auch Matinée-Vorstellungen.

Kino im Künstlerhaus, Sophienstr. 2 (30159), Tel.: 16844732, www.koki-hannover.de. Das kommunale Kino hat 160 Sitze und zeigt Programmkino.
Kino am Raschplatz, Raschplatz 5 (30161), Tel.: 317802, www.kinoamraschplatz.de. Programmkino mit 4 Sälen zwischen 54 und 160 Plätzen.
Kino im Sprengel, Klaus-Müller-Kilian-Weg 1 (ehemalige Schaufelder Str. 33) (30167), Tel.: 703814 oder, wenn kein Programm läuft, Tel.: 1690684, www.kino-im-sprengel.de. Unabhängiges Kino mit eigenwilligem Programm und Filmreihen in ehemaliger Schokoladenfabrik. Preisgekrönt.
PUKI – Puschenkino, Wolfstr. 36 (30519). Tel.: 270464553, www.pflegeheime-wilkening.de Stadtteilkino in Hannover-Waldheim mit langer Tradition.

Kleinkunst

UHu-Theater der Kleinkunst, Böhmerstr. 8 (30173), Tel.: 889583, www.uhu-theater.de. Von Gesang, Kabarett, Comedy bis Burleske reicht die Palette. Vor und nach der Show darf gespeist werden.

Kultur-Events

In der **Cumberlandschen Galerie** im Hof des Schauspielhauses (www.staatstheater-hannover.de) reichen die Angebote vom avantgardistischen Drama über Konzerte bis hin zu Disconächten. Das Ambiente dieses reich verzierten Treppenhauses schafft eine Atmosphäre des historisierend Außergewöhnlichen.

Off-Theater

Hinterbühne, Hildesheimer Str. 39a (30169), Tel.: 3506070, www.die-hinterbuehne.de. Das Rückgrat des Programms sind die Stücke, die sich das Theater Flunderboll erarbeitet hat. Hinzu kommt eine reiche Palette an Kleinkunst und Konzerten.

Lesungen

Der **Literarische Salon** im 14. Stock der Uni am Königsworther Platz 1 (www.literarischer-salon.de) verbindet aktuelle, nicht nur literarische Themen mit einem Ausblick auf die pulsierende abendliche oder nächtliche Stadt.

Varieté

GOP, Georgstr. 36 (30159), Tel.: 30186710, www.variete.de. Der Georgspalast bietet seit der Neueröffnung 1992 modernes Varieté der Extraklasse. Es gibt sechs Spielstätten in Deutschland. Dies ist das Original.

Notrufnummern

Ohne Vorwahl: Polizei: 110, ärztlicher Notruf bei akuter Lebensgefahr: 112.
Mit Vorwahl: Feuerwehr: 9120, Ambulanzen: ASB: 358540, DRK: 35710, Johanniter: 5438910, Malteser: 959860. Frauennotruf: 332112, mobiler ärztlicher Notdienst: 314044, Giftnotruf der Uni Göttingen: 0551-19240, zahnärztlicher Notfalldienst: 311031, privatärztlicher Notdienst: 19257, kinderärztliche Notfallsprechstunde: 3803300, tierärztlicher Notdienst: 555092.

Personennahverkehr

Auskünfte über Linien, Fahrpläne, Tickets und Cards (für einen längeren Aufenthalt) gibt es unter www.gvh.de oder am Kiosk auf dem Platz vor dem Hauptbahnhof.

Postfiliale mit Sonntagsdienst

Toto-Lotto-Kiosk, Goethestr. 15 (30169), tägl. 8–24 Uhr.

Romane, die in Hannover spielen

Karl Philipp Moritz, »Anton Reiser«. Der erste psychologische Roman deutscher Zunge wurde von Goethe, Heine, Arno Schmidt und anderen hoch gelobt. Rio Reiser hat sich nach der Titelfigur benannt.

Karl Jakob Hirsch, »Kaiserwetter«. Gesellschaftliche Verhältnisse vor dem Ersten Weltkrieg.

Adam Seide, »Im Zustand wie gesehen«. Familienchronik von 1890 bis in die 1950er.

Regionalkrimis (Auswahl): **Marion Griffiths-Karger,** »Tod am Maschteich«, **Günter von Lonski,** »Mord auf dem Schützenfest«, **Susanne Mischke,** »Der Tote am Maschsee«.

Sauna

Stadtpark-Sauna, Kleefelder Str. 39 (30175), Tel.: 816880, www.stadtparksauna.de; Mo 14–21 Uhr, Di u. Do 11–22 Uhr, Mi 9–22 Uhr, Fr 11–23 Uhr, Sa 9–17 Uhr, So 10–17 Uhr. Seit über 70 Jahren wird in dieser Sauna, die zu den wenigen kleinen gehört, die überlebt haben, geschwitzt.

Schiffsfahrten

Hannoversche Personenschifffahrt, Werftstr. 3 (30926), Tel.: 14064, www.ihme-schifffahrt.de. Der Hauptanleger ist an der Leinertbrücke über die Ihme. Im Angebot sind über 50 Erlebnisfahrten auf Ihme, Leine, Mittellandkanal und Weser.

Üstra Reisen, Nordmannpassage 6 (30159), Tel.: 700950, www.uestra-reisen.de. Die Maschseeflotte der Üstra verfügt über vier Schiffe, darunter ein solar betriebener Edelstahl-Katamaran. Rundfahrten (Dauer: rund eine Stunde) und Überfahrten möglich. So mit Kaffee und Kuchen. 6 Anlegestellen rund um den See.

Stadtführungen

Team Städtereise, Ernst-August-Platz 8 (30159), Tel.: 12345333, staedtereise@hannover-tourismus.de

Szenetreffpunkte

Eisfabrik, Seilerstr. 15F (30171), Tel.: 2834590, www.eisfabrik.com. Um das Off- und Tanztheater Commedia Futura herum gruppieren sich (Foto-)Galerien, Tonstudios, Ateliers, Aufführungsstätten und Probenräume auf dem Gelände der früheren Germania-Brauerei.

Helmkehof, Helmkestr. 5a (30173), www.helmkehof.de. Aus einer ehemaligen Gummifabrik, in der die Scorpions vor Urzeiten ihre Musik entwickelten, ist ein Kreativzentrum geworden. Probenräume, Auftrittslokalitäten (Kesselhaus oder Hof), Ateliers, Boutiquen, Unterkünfte, Café, und bald noch mehr.

Taxitarife

Der Grundpreis beträgt 2,50 €. Pro km kommen zwischen 1,60 und 1,80 € hinzu. Eine Stunde Wartezeit kostet 24 €.

Theater (Auswahl)

Neues Theater, Georgstr. 54 (30159), Tel.: 363001, info@neues-theater-hannover.de, www.neuestheater-hannover.de. Seit etwa 60 Jahren gibt es Komödien, Boulevardstücke und Krimis für rund 150 Zuschauer hautnah.

Das **Niedersächsische Staatstheater** hat mehrere Spielstätten, nämlich das **Schauspielhaus** in der Prinzenstr. 9 mit der **Cumberlandschen Galerie**, die **Staatsoper** am Opernplatz 1, und **Ballhof 1** am Ballhofplatz und **Ballhof 2** in der Knochenhauerstr. 28, wo das Junge Schauspiel und die Junge Oper zu Hause sind. Die zentrale Telefonnummer ist Tel.: 999900, www.staatstheater-hannover.de

TAK, Am Küchengarten 3–5 (30449), Tel.: 445562, mail@tak-hannover.de, www.tak-hannover.de

Theater am Aegi, Aegidientorplatz 2 (30159), Tickethotline Tel.: 12123333, service@haz-ticketshop.de, www.theater-am-aegi.de

Theater an der Glocksee, Glockseestr. 35 (30169), Tel.: 1613936, info@theater-an-der-glocksee.de, www.theater-an-der-glocksee.de

Theater in der List, Spichernstr. 13 (30161), Tel.: 89711946, info@theater-in-der-list.de, www.theaterinderlist.de

Zimmervermittlungen

Zu Messezeiten wende man sich an www.deutsche-messezimmervermittlung.de. Ferienwohnungen gibt es in großer Zahl unter www.wimdu.de/hannover ab 43 € pro Nacht.

Zuschauersport

Eishockey

Die **Hannover Indians** spielen in der Arena am Pferdeturm – Am Pferdeturm 7 (30625), Tel.: 30020010, info@hannover-indians.de – und waren 2014 in der Oberliga Nord. Die **Hannover Scorpions** spielen in der Eishalle Langenhagen – Brüsseler Str. 1 (30855), Tel.: 897900 – und sind Konkurrenten der Hannover Indians in derselben Liga.

Fußball

Hannover 96, HDI-Arena, Robert-Enke-Str. 1 (30169), Ticket Hotline Tel.: 01806-189600. Der Verein spielt in der 1. Bundesliga eine gute Rolle, wenn auch nicht die erste Geige.

Handball

TSV Hannover Burgdorf, Swiss Life Hall, Ferdinand-Fricke-Weg 8 (30169), Tickets online unter www.eventim-sports.de/ols/recken; die »Recken« spielen in der 1. Bundesliga. Bei besonderen Anlässen wechseln sie in die TUI Arena auf dem Expo-Gelände.

Rugby

DSV Hannover 1878, Ferdinand-Wilhelm-Fricke-Weg 2 (30169), Tel.: 18780, www.hannover78.de; der DSV 78 spielt in der 1. Bundesliga, und das Sportgelände dieses ersten deutschen Rugby-Clubs befindet sich nördlich des Schnellen Grabens zwischen Ihme und Maschsee.

Register

A

Abstürzende Brieftauben 30
A-cappella-Woche 35
Aegidienkirche 75, 77, 91
Aegidientorplatz 11, 74, 119, 135
Ahrberg, Fritz 107
Ahrbergfest 107
Ahrbergviertel 107
Albrecht, Wilhelm Eduard 53
Alten, Carl August von 96–97
Altes Lindener Rathaus 106
Altes Rathaus 61, 91
Am Hohen Ufer 25, 43, 61, 88
Annateich 137
Anna von Großbritannien 20, 48, 62
Anzeiger-Hochhaus 80, 95–96
Apollo-Kino 112
Arendt, Hannah 111
Askanier 44, 61
Augstein, Rudolf 95

B

Backstein-Expressionismus 95, 106, 117, 119, 120–121
Backsteinvilla Stephanus 110
Bahlsen, Hermann 18, 55, 63
Bahlsen Keksfabrik 117, 148
Ballhof 10, 43, 93–94
Bandel, Ernst von 70
Bankenviertel 72
Baring, Georg von 97
Baum, Vicki 70
Beckmann, Conrad u. Friedrich 102
Bedogni, Lorenzo 140
Beginenturm 88
Behrens, Elieser 46
Béi Chéz Heinz 34
Beindorff, Fritz 54
Beinhorn, Elly 23–24, 155
Benno-Ohnesorg-Brücke 26, 106
Berliner, Emil 32, 63
Berliner, Joseph 63, 103
Berliner, Klara 103
Bernward von Hildesheim 42, 78, 175
Bethlehem-Kirche 112
Bier, Justus 96
Bischofshol 136
Blanchard, Jean-Pierre 62, 155
Blaues Wunder 109
Bockwindmühle 137
Bödeker, Wilhelm 90
Bodini, Floriano 83
Bonatz, Paul 118
Börgemann, Karl 72
Borghesischer Fechter 74
Börse 72
Brandolini, Andreas 11
Breker, Arno 128
Broyhan, Cord 46
Buchholz, Francis 30
Bücker, Heinrich Gerhard 100
Bulloch, Angela 75
Bult 119
Burg Lauenrode 42–44, 61
Busch, Wilhelm 147

C

Calder, Alexander 124
Calenberger Neustadt 14, 48, 52, 61, 85, 96, 99
Capitol 34, 106
Casal, Valentino 134
Chöre 15, 34–35
Christuskirche 115
Commedia Futura 120
Continental 37, 54–55, 116
Corvinus, Antonius 90
Cranach, Lucas d. Ä. 93
Cumberlandsche Galerie 74, 194

D

Dachenhausen, Friedr. Wilh. von 101
Dachenhausenpalais 101
Dahlmann, Friedrich Christoph 53

Dalai Lama 162
Dammann, Hans 110
Dat Gröne Hus 120
Daumier, Honoré 147
De-Haën-Platz 117
Deike, Fritz 130
Deister 54, 169–171
Deutsche POP 34
Dodeigne, Eugen 103
Döhrener Turm 63, 77, 121, 136
Dopmeyer, Carl 70, 90, 104
Dornröschenbrücke 113
Dürer, Albrecht 73, 80
Duve-Brunnen 85
Duve, Johann 46, 85, 91

E

Ebeling, Ernst 72
Egestorff, Georg u. Johann 54, 108
Egestorff Maschinenfabrik 142
Ehrengard Melusine von der Schulenburg 20
Ehrhart, Jakob Friedrich 136
Eilenriede 13, 44, 116, 118, 132–139
Eisfabrik 120
Elkart, Karl 120
Engelborster Damm 115
Enke, Robert 131
Erhardt, Heinz 71
Erich I. von Calenberg-Göttingen 45
Erlöserkirche 106
Ernst August (*1983) 30
Ernst-August-Denkmal 67
Ernst-August-Galerie 68, 180
Ernst August II., Fürstbischof von Osnabrück (*1674) 99
Ernst August I., König von Hannover (*1771) 52–53, 62, 68, 70, 100, 142, 146
Ernst August, Kurfürst von Braunschweig-Lüneburg (*1629) 29, 46, 61, 140
Ernst-August-Platz 67–68
Ernst August von Hannover (*1954) 28–30
Ernst-Grote-Haus 77
Etz-Chaim-Synagoge 63
Europ. Zentrum f. Jüdische Musik 116
Ewald, Heinrich 53

F

Fachwerk 10, 60, 88, 93, 169, 172
Fährmannsfest 35, 113
Fahrradverleih 65, 171
Faust 34–35, 113
Feinkost Lampe 34
Flebbe, Hans-Joachim 112
Flohmarkt 85
Flughafen Hannover-Langenhagen 60, 63, 65
Foro Artistico 120
Fosse, Remy de la 97, 140
Friederikenstift 100
Friederike v. Hannover 84, 100, 146
Friedhöfe 23, 25–26, 35–37, 46, 109, 129
Friedrichs, Rudolf 90
Friedrichswall 11, 49, 75, 77, 83
Fröbe, Gert 71
Furtwängler, Maria 75
Fury in the Slaughterhouse 30

G

Galerie Luise 180
Gehry, Frank O. 11, 95
Gehry-Tower 95
Georg, Herzog von Braunschweig-Lüneburg (*1582) 29, 45, 139
Georg I., König von Großbritannien (*1660) 19–21, 48, 61, 140, 146
Georg III., König von Großbritannien (*1738) 30, 70, 138
Georg IV., König von Großbritannien (*1762) 147

Georg V., König von Großbritannien (*1865) 52, 68, 83, 115, 142
Georgspalast 71
Georgstraße 7, 10, 49, 63, 70, 180
Georg-von-Cölln-Haus 90
Gerhard-Uhlhorn-Kirche 113
Germania-Brauerei 120
Gernhardt, Robert 148
Gervinus, Georg Gottfried 53
Gilde Parkbühne 34
Giusti, Thomaso 100
Glocksee 34
Goethe, Johann Wolfgang von 36, 70, 157
Göldo Music 32
Gorlebenstein 115
Göttinger Hainbund 21
Göttinger Sieben 52–53, 83
Goya, Francisco de 147
Gradierwerk 170
Grans, Hans 56
Grimm, Jacob u. Wilhelm 53
Grotefend, Georg Friedrich 36
Grünspan, Herschel 58
Gullyman 68
Gundelach, Karl 80, 85

H

Haarmann, Fritz 37, 56–57, 63, 99
Haberland, Erich 129
Haën, Eugen de 117
Händel, Georg Friedrich 47, 143
Hanebuthwinkel 136
Hannover 96 83, 119, 130–131
Hannover Congress Centrum 11, 118
  Beethovensaal 118
  Kuppelsaal 34, 118
  Niedersachsenhalle 118
Hannover, Rafael Levi 36, 87
Hannoversche Architekturschule (Rundbogenstil) 67, 72–73, 98, 103
Hanomag 54, 88, 107
Hanse 45, 61
Hantelmann, Werner 107
Hartjenstein, Friedrich 106
Hase, Conrad Wilhelm 73, 91, 106, 115
Hauptbahnhof 10, 55–57, 60, 65, 67–68, 80, 96, 115, 124, 133, 180
Hauser, Erich 102
HDI Arena 34, 130–131
Hehl, Christoph 106
Heiliger, Bernhard 102
Heiligers Brunnen 136–137
Heine, Thomas Theodor 147
Heinrich der Löwe 29, 33, 42, 61
Heinrich VI. 42, 61
Heizkraftwerk 104
Hengst, August 70, 102
Henry, John Raymond 103
Hermann-Löns-Park 133, 137–138
Herrenhäuser Gärten 7, 13, 25, 35, 47, 60–61, 63, 100, 103, 139–149
Herting, Georg 80, 85, 107
Hesemann, Heinrich 70
Hildebold von Roden 42
Hildesheim 42–43, 45, 90, 100, 171–175
Hillebrecht, Rudolf 10, 60, 153
Hindenburg-Schleuse 55, 137
Hinterbühne 120
Hochschule für Musik, Theater und Medien 33, 134
Hodler, Ferdinand 78
Hodler-Saal 45, 78
Hoetger, Bernhard 134
Hogarth, William 147
Höger, Fritz 95
Hohenbostel 171
Holocaust-Mahnmal 59, 71
Hölty, Ludwig 21, 35
Holzmarktbrunnen 85
Honecker, Erich 153
Hornemann, Carl 54

Huber, Stefan 73
Humboldt, Alexander von 73
Humboldtschule 111
Hunaeus, Hermann 98
Hurtzig, Georg 70

I

Iffland, August Wilhelm 87
Ihme-Zentrum 104
Inselgraben 136
Iosa Ghini, Massimo 11, 70, 83

J

Jabs, Matthias 30
Jatho, Karl 155
Jazz Club Hannover 34, 108
Jünger, Ernst 70, 128
Jünger, Friedrich Georg 70
Justus-Garten-Brücke 113

K

Kanapee 34, 116
Kandinsky, Wassily 96
Karl der Große 29, 42, 174
Karmarsch, Karl 72
Kestner, August 82
Kestner, Charlotte Sophie 36
Kestnergesellschaft 96
Kind, Martin 32, 130
Kloster Mariensee 35, 169
Kolbe, Georg 128
Kommunales Kino 73
Königsmarck, Philipp Chr. Graf 20
Kopperloch 136
Köster, Peter 87
Kosuth, Joseph 88
Krancke, Friedrich 36
Kreuzkirche 46, 91
Kreuzkirchenviertel 91
Kriegel, Volker 148
Krolow, Karl 8, 24–25
Kronsberg 157–158, 162
Kröpcke 10–11, 68, 70, 96, 180
Kröpcke, Wilhelm 63, 68
Kubel, Alfred 151
Küchengarten 109, 111, 145
Küchenpavillon 109
Kugelmann, Louis 37
Kümmel, Heinrich 97
Künstlerhaus 73, 80
Kunstverein 73
Küsthardt, Georg 80

L

Laatzen 63, 151, 154
Laubersheimer, Wolfgang 11, 111
Lauenburg 78
Laves, Georg Ludwig 33, 70, 83, 101, 140, 144–145
Laveshaus 83
Leander, Zarah 71
Lechner, Alf 103
Leibniz, Gottfried Wilhelm 18–19, 36, 43, 47, 61, 72–73, 78, 85, 87–88, 99, 103, 140
Leibniz Universität Hannover 32, 57, 148
Leinebrücke Königsworther Str. 104
Leinert, Robert 55
Leineschloss 11, 33, 47, 61, 70, 83–84, 90, 93, 102, 139
Lessing, Theodor 57–58
Lichtenbergplatz 111
Lilienthal, Otto 155
Limmerstraße 35, 112–113, 181
Lindbergh, Charles 155
Linden 11, 54–55, 63, 104–114, 145, 181
Lister Meile 14, 35, 115–117, 180
Literaturbüro 73
Loewy, Hans u. Renate 128
Loriot 148
Louafi, Kamel 160
Löwenbastion 128–129
Lübke, Heinrich 85

Luther, Martin 45, 90
Lüttje Lage 24

M

Madsack, August 95
Malecki, Edmund 130
Marcks, Gerhard 89
Mardorf 168
Markthalle 83, 180
Marktkirche 10, 80, 88, 91
Marktplatz 88, 90–91
Marlene 34
Marschner, Heinrich 72
Martinskirche 109
Maschsee 11, 13, 35, 37, 58, 63, 121–132
Maschteich 80, 82
Matschinsky, Brigitte u. Martin 103
Mecklenburg-Strelitz, Friederike u. Luise von 134
Medizinische Hochschule 101
Meine, Klaus 30
Mendini, Alessandro 11
Menge, Arthur 57
Messe 60, 63, 70, 145–146, 151–163
Meyer-Landrut, Lena 31, 63
Milchhäuschen 135
Mischke, Susanne 121
Mittellandkanal 55, 137, 171
Mohrmann, Karl 112
Molière 70, 143
Morrison, Jasper 11
Mousse T. 159
Mühlhaus, Heike 11
Museen 192
  Historisches Museum 77, 87, 102
  Luftfahrtmuseum Laatzen 154, 169
  Museum August Kestner 11, 82, 104
  Museum für Energiegeschichte(n) 101
  Niedersächsisches Landesmuseum 80
  Sprengel Museum 11, 26, 124, 129
  Steinhoff-Designmuseum 119
  Theatermuseum 74
  Veterinärmedizinhist. Museum 119
  Wilhelm-Busch-Museum 148
  WOK-Küchenmuseum 117
Musikschule der Stadt Hannover 34
MusikZentrum 34
Musmann, Hans-Georg 32

N

Nanas 14, 25, 68, 85, 102
Nannen, Henri 95
Napoleon Bonaparte 49, 52, 62, 96, 101, 145
NDR 34–35, 129
Neuenhausen, Siegfried 21
Neues Rathaus 45, 53, 58, 63, 67, 77, 80, 83, 90
Neue Synagoge 63, 99
Neustädter Hof- und Stadtkirche St. Johannis 48, 91, 98
Newton, Isaac 19
Niedersächsisches Landesarchiv 96–97
Niedersächsisches Ministerium für Umwelt, Energie und Klimaschutz 98
Niki-de-Saint-Phalle-Promenade 60, 68, 180
Nikolaikirche 9
Norddeutsche Backsteingotik 88, 91
Norddeutsche Landesbank 75, 77
Nordstadt 114
Noske, Gustav 37

O

Oesterlen, Dieter 85, 88, 98
Ohnesorg, Benno 26
Oppler, Edwin 99
Oststadt 115
Otto, das Kind, 43, 61

P

Paillard, Claude 73

Parc Agricole 162
Pariser Platz 111
Pavillon 34, 115
Pelikan 118
Pferdebrunnen 116
Pferdeturm 133, 136
Pistoletto, Michelangelo 71
Plaza de Rosalia 107
Podbi-Park 117
Probstei-Kirche Basilika St. Clemens 99

R

Rangnick, Ralf 130
Rarebell, Herman 30
Reformation 45, 61, 77–78, 100
Reformierte Kirche 96–98
Rehburg 168
Remarque, Erich Maria 70
Richter, Hans 23
Ricklinger Kiesteiche 13, 122
Riemerschmid, Reinhard 113
Rinteln, Dietrich von 93
Rökk, Marika 71
Rote Reihe 56, 63, 96, 99
Rovatkay, Lajos 33
Rühmkorff, Heinrich Daniel 99
Rundbunker 108

S

Sachsenross 148
Sachsen-Wittenberg, Albrecht von 133
Sachsen-Wittenberg, Wenzel von 133
Saint Phalle, Niki de 14, 25–26, 85, 102, 129, 143
Sankt-Marien-Kirche 36
Sartorio, Hieronimo 98
Sasse, Alfred 107
Schad, Robert 75
Schaedtler, Hermann 116
Schaumburg-Lippe, Wilhelm zu 164
Schauspielhaus 73–75
Schenker, Rudolf 30
Scheuernstuhl, Hermann 94, 125
Schiller, Friedrich 70
Schloss Landestrost 35, 169
Schloss Marienburg 171
Schmalstieg, Herbert 60
Schmidt, Harald 8
Scholer, Friedrich Eugen 118
Schorsenbummel 70
Schröder, Gerhard 26, 28
Schützenfest 61, 131–132
Schwitters, Kurt 21–23, 37, 96, 129
Scorpions 30–31
Seelhorst 133
Seligmann, Siegmund 116
Sempé, Jean-Jacques 147
Sennheiser 32
Seydel, Emil 110
Siebenmännerstein 77
Simon, Eduard 103
Skulpturenmeile 14, 25, 102–103
Snelson, Kenneth 102
Sophie Charlotte von Preußen 19
Sophie Dorothea 20, 47
Sophie von der Pfalz 19–20, 47, 62, 78, 140, 144, 146
Sottsass, Ettore 11, 103
Spandau Projekt 115
Spiegel 95
Sprengel, Bernhard 54, 129
Springe 169, 171
Stadtbibliothek 120
Städtische Galerie Kubus 77
Stadtpark 118
Steffani, Agostino 32–33
Steinhuder Meer 163–169
Stein, Peter 157
Steintor 10–11, 63, 94–95, 192
Stenhus, Johannes von 93
Stern 95
Steuerndieb 135–136
Stier, Hubert 67, 80, 98
St. Martinskirche 109
Stötebier, Friedrich Adolf 85
Strandleben 113
Strohmeyer, Louis 72

Strousberg, Bethel 54
Südstadt 119
Süntelbuchenallee 171
Swinging hannover 35
Swiss Life Hall 34

T

Täger, Ludolf 70
Telemax 9
Terry Hoax 30
Theater 196
  Mittwoch-Theater 108
  Niedersächsisches Staatstheater 33
  Theater am Aegi 74–75
  Theater am Küchengarten 112
  Theater an der Glocksee 100
  Theater in der List 117
Tiergarten 133, 138
Tourist Information 65, 134
Tramm, Christian Heinrich 103
Tramm, Heinrich 77–78
Trammplatz 67, 77
Trimm-dich-Pfad 133, 190
Trollmann, Johann »Rukeli« 93
Tusquets Blanca, Oscar 11

U

Ulrichs, Timm 74

V

Vahrenwalder Heide 55
Veranstaltungen (Musik) 35
Viên-Giác-Pagode 162
Vierthaler, Ludwig Karl Maria 91
Viktoria von Großbritannien 29, 48, 98
Villa Osmers 108
Villa Rosa 100
Villa Seligmann 116
Villa Simon 103
Vischer, Peter d.Ä. 73
Volkssternwarte 109
Von-Alten-Garten 109

W

Waechter, Karl Friedrich 148
Wagner, Günther 54
Wakitu 134
Wallmoden, Johann Ludwig von 147
Wangenheim, Georg Christian von 83
Wangenheimpalais 83
Warhol, Andy 129
Wasserhochbehälter 109
Wasserkunst 11, 83
Wassermühle 168
Waterlooplatz 84, 96, 147
Waterloosäule 49, 101
Weber, Jürgen 90
Weber, Wilhelm Eduard 53
Weihnachtsmarkt 90
Weizsäcker, Andreas von 115
Welfen 29, 42, 44, 61–62, 132–134, 142, 146–148, 171
Welfenplatz 116
Wennigsen 171
Wessel, Bernhard 70
Wiesenlabyrinth 135
Wilhelm II. 29, 52–53, 63, 77–78, 134
Wilhelm III. von Oranje 20
Wilhelmstein 164–165, 168
Windmühlen 168
Winter, Oscar 85
Wolff, Albert 67
Wolff, Friedrich Wilhelm 148

Z

ZDF 129
Zimmermann, Johann Georg Ritter von 136
Zoologischer Garten 135, 138–139

Die Deutsche Bibliothek verzeichnet diese Publikation in der Deutschen Nationalbibliografie; detaillierte bibliografische Daten sind im Internet unter http://dnb.ddb.de abrufbar.

Bildnachweis:
Archiv Herbert Schwarzwälder: 49, 50/51, 57; Torsten Krüger: 16/17; Verlagsarchiv: 42, 43, 44, 45, 56, 59; alle übrigen Abbildungen: Bernd F. Gruschwitz

Titelabbildung:
iStock.com/Mapics

Kartografie:
Kartendienst Andreas Toscano del Banner, München

Der Autor und der Verlag danken Tim-Alexander Blankenburg von der Tourist Information Hannover für seine tatkräftige Unterstützung.

Dieser Reiseführer wurde nach bestem Wissen zusammengestellt. Im Sinne des Produkthaftungsgesetzes weisen Autor und Verlag darauf hin, dass inhaltliche Fehler und Änderungen nach Drucklegung dennoch nicht auszuschließen sind. Aus diesem Grund übernehmen Verlag und Autor keine Verantwortung und Haftung, alle Angaben erfolgen ohne Gewähr. Hinweise, Änderungs- und Verbesserungsvorschläge seitens der Leser nimmt der Verlag gerne entgegen.

Hohenlohestr. 21 – 28209 Bremen
Tel.: 0421-34843-0 – Fax 0421-348094
info@edition-temmen.de
www.edition-temmen.de

ISBN 978-3-8378-3006-4